U0583492

国家社科基金特别委托项目
西夏文献文物研究（批准号：11@ZH001）

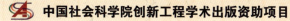
中国社会科学院创新工程学术出版资助项目

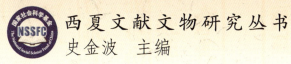

西夏文献文物研究丛书

史金波 主编

《天盛律令》与《庆元条法事类》比较研究

A Comparative Study on *Tianshenglvling* and *Qingyuantiaofashilei*

刘双怡　李华瑞◎著

社会科学文献出版社
SOCIAL SCIENCES ACADEMIC PRESS (CHINA)

总　序

近些年来，西夏学发生了两项重大变化。

一是大量原始资料影印出版。20世纪90年代以来，在西夏学界的不懈努力下，我国相继出版了俄、中、英、法、日等国收藏的西夏文献。特别是《俄藏黑水城文献》刊布了20世纪初黑水城遗址出土的大量文献，其中包括涵盖8000多个编号、近20万面的西夏文文献，以及很多汉文及其他民族文字资料，实现了几代学人的梦想，使研究者能十分方便地获得过去难以见到的、内容极为丰富的西夏资料，大大改变了西夏资料匮乏的状况，使西夏研究充满了勃勃生机，为西夏学的发展开辟了广阔的前景。此外，宁夏、甘肃、内蒙古等西夏故地的考古工作者不断发现大量西夏文物、文献，使西夏研究资料更加丰富。近年西夏研究新资料的激增，引起学术界的重视。

二是西夏文文献解读进展很快。自上世纪70年代以来，经过国内外专家们的努力钻研，已经基本可以解读西夏文文献。不仅可以翻译有汉文文献参照的文献，也可以翻译没有汉文资料参照的、西夏人自己撰述的文献；不仅可以翻译清晰的西夏文楷书文献，也可以翻译很多难度更大的西夏文草书文献。翻译西夏文文献的专家，由过去国内外屈指可数的几位，现在已发展成一支包含老、中、青在内的数十人的专业队伍。国内外已有一些有识之士陆续投身到西夏研究行列。近几年中国西夏研究人才的快速成长，令学术界瞩目。

以上两点为当代的西夏研究增添了新的活力，带来了难得的发展机遇。

西夏文献、文物研究蕴藏着巨大的学术潜力，是一片待开发的学术沃土，成为基础学科中一个醒目的新学术增长点。

基于上述认识，我于 2011 年初向中国社会科学院科研局和陈奎元院长呈交了"西夏文献文物研究"重大项目报告书，期望利用新资料，抓住新的机遇，营造西夏研究创新平台，推动西夏学稳健、快速发展，在西夏历史、社会、语言、宗教、文物等领域实现新的突破。这一报告得到奎元院长和院科研局的大力支持，奎元院长批示"这个项目应该上，还可以考虑进一步作大，作为国家项目申请立项"。后经院科研局上报国家社会科学基金办公室，被国家社会科学基金领导小组批准为国家社会科学基金特别委托项目，责任单位为中国社会科学院科研局，我忝为首席专家。

此项目作为我国西夏学重大创新工程，搭建起了西夏学科学研究、人才培养、学术交流、资料建设的大平台。

项目批准后，我们立即按照国家社科规划办"根据项目申请报告内容，认真组织项目实施，整合全国相关学术力量和资源集体攻关，确保取得高质量研究成果"的要求，以中国社会科学院西夏文化研究中心和宁夏大学西夏研究院为基础，联合国内其他相关部门专家实施项目各项内容。宁夏大学西夏学研究院院长、中国社会科学院西夏文化研究中心副主任杜建录为第二负责人。为提高学术水平，加强集体领导，成立了以资深学者为成员的专家委员会，制定了项目管理办法、项目学术要求、子课题中期检查和结题验收办法等制度，以"利用新资料，提出新问题，凝练新观点，获得新成果"为项目的灵魂，是子课题立项和结项的标准。

本项目子课题负责人都是西夏学专家，他们承担的研究任务大多数都有较好的资料积累和前期研究，立项后又集中精力认真钻研，注入新资料，开拓新思路，获得新见解，以提高创新水平，保障成果质量。

这套"西夏文献文物研究丛书"将发布本项目陆续完成的专著成果。

社会科学文献出版社社长谢寿光、人文分社社长宋月华了解了本项目进展情况后，慨然将本研究丛书纳入该社的出版计划，中国社会科学院创新成果出版计划给予出版经费支持，国家社科基金办公室批准使用新公布的国家

社会科学基金徽标。这些将激励着我们做好每一项研究，努力将这套大型研
究丛书打造成学术精品。

　　衷心希望通过国家社科基金特别委托项目的开展和研究丛书的出版，能
够进一步推动西夏学研究，为方兴未艾的西夏学开创新局面贡献力量。

史金波

2012 年 8 月 11 日

目　录

下编 西夏与宋代行政法规与制度比较研究

表格目录

下编　西夏与宋代行政法规与制度比较研究

绪　论

第一节　选题意义及研究思路

一　选题意义

宋代立国伊始，以后周《显德刑统》等法典为基础，根据本朝实际编定成《宋建隆重详定刑统》（以下简称《宋刑统》），其后随着政治、经济、社会的发展变化，各朝君主不断颁布各类敕令来弥补《宋刑统》及前朝法律的不足。随着各种散敕颁布的增多，须定期对其进行汇编整理，此种行为被称为"编敕"，有全国通行的"海行敕"，一路、一州、一县、一司专用的编敕，编敕行为可以说是"宋代最重要、最频繁、最有特色的立法活动"①。神宗朝以前的法典主要以《编敕》为名，还有《编令》《编格》《编式》《敕式》《令式》《格式》《断例》《条贯》《条例》《条制》《条式》《条约》等名目。熙宁后期，开始出现以《敕令格式》命名的律书，又有《敕令格》《敕令式》《敕令》《敕式》《令格》《令式》《格式》等编纂形式。由于这些形式不便于检阅查找，故到淳熙七年（1180）开始出现《条法事类》这种编纂体例。所以"宋代法典规模的变化表现在两个方面：一是数量繁多，二是规模庞大"②。

---

① 郭东旭：《宋代法制研究》，保定：河北大学出版社，2000 年，第 15 页。
② 《宋代法制研究》，第 16～17 页。

　　少数民族政权的立法活动在与宋同时期的辽、夏、金三朝出现了一次高潮，这三个分别由契丹、党项、女真建立的少数民族政权都创制了自己的法典，由原来的无法令或者只有简单的习惯法到有了相对完备的封建法典。契丹神册六年（921），"克定诸夷，……诏大臣定治契丹及诸夷之法，汉人则断以《律令》"①；辽重熙五年（1036），"《新定条制》成，……盖纂修太祖以来法令，参以古制"②，共计 547 条；咸雍六年（1070）"更定条制"③，"此亦律而不以律名也"④。至此，辽代基本上实现了契丹人与汉人以及其他各民族统一适用的法律。再看金代，"金初，法制简易，无轻重贵贱之别，刑、赎并行"⑤，"太宗虽承太祖无变旧风之训，亦稍用辽、宋法。……（皇统间），以本朝旧制，兼采隋、唐之制，参辽、宋之法，类以成书，名曰《皇统制》，颁行中外。……至正隆间，著为《续降制书》，与《皇统制》并行焉。……及世宗即位，……一时制旨多从时宜，遂集为《军前权宜条理》。……（大定）五年，命有司复加删定《条理》，与前《制书》兼用"⑥。明昌五年（1194），颁《明昌律义》，"别编榷货、边部、权宜等事，集为《敕条》"⑦。泰和元年（1201），以《唐律》为蓝本，修成《泰和律义》，"又修成《律令》十二卷⑧，《新定敕条》三卷⑨，《六部格式》三十卷……诏以明年五月颁行之"⑩。至此，金代形成了与宋代相似的律、敕、令、格、式并行的法律体系。由于二十四史中没有专门的西夏史，故无从详知西夏的立法沿革。但根据汉文史料记载，早期的党项氏族社会无任何政治

---

① （元）脱脱等：《辽史》卷六十一《刑法志上》，北京：中华书局，1974 年，第 937 页。

② 《辽史》卷六十二《刑法志下》，第 944 页。

③ 《辽史》卷六十二《刑法志下》，第 945 页。

④ 陈顾远：《中国法制史》，北京：中国书店，1988 年，第 104 页。

⑤ （元）脱脱等：《金史》卷四十五《刑志》，北京：中华书局，1975 年，第 1013 页。

⑥ 《金史》卷四十五《刑志》，第 1014 ~ 1015 页。

⑦ 《金史》卷四十五《刑志》，第 1022 页。

⑧ 包括《官品令》《职员令》《祠令》《户令》《学令》《选举令》《封爵令》《封赠令》《宫卫令》《军防令》《仪制令》《衣服令》《公式令》《禄令》《仓库令》《厩牧令》《田令》《赋役令》《关市令》《捕亡令》《赏令》《医疾令》《假宁令》《狱官令》《杂令》《释道令》《营缮令》《河防令》《服制令》。

⑨ 包括《制敕》《榷货》《蕃部》。

⑩ 《金史》卷四十五《刑志》，第 1024 ~ 1025 页。

法律制度，《旧唐书》卷一九八《党项羌传》载，党项"俗尚武，无法令赋役"①，氏族内部采用习惯法解决争端以维持社会秩序。在其不断的演变发展过程中，深受中原王朝政治法律制度的影响。自元昊开始就十分注重以法治国，史书记其"晓浮图学，通蕃汉文字，案上置法律"②。从现在出土的西夏文文献来看，有刊布于西夏崇宗贞观年间（1101～1113）的军事法典《贞观玉镜将》，仁宗天盛（1149～1169）、乾祐年间（1170～1193）的《天盛改旧新定律令》以及其后的《亥年新法》等法律，出土文献中还有部分法律文书的残页。既然《天盛改旧新定律令》名曰"改旧"，那么在此法典之前一定有与其体例、内容相似的成文法典在西夏国内颁行。

本书分上下两编，上编从《天盛律令》本身以及与宋代法典的对比入手，下编则选取西夏与宋代的行政法规作为实例进行对比研究。

《天盛律令》作为西夏法律最重要的一部法典，现已有八部专著（论文集）对其进行研究，分别是：王天顺的《西夏天盛律令研究》③，杨积堂的《法典中的西夏文化：西夏〈天盛改旧新定律令〉研究》④，日本岛田正郎的《西夏法典初探》⑤，杜建录的《〈天盛律令〉与西夏法制研究》⑥，姜歆的《西夏法律制度——〈天盛改旧新定律令〉初探》⑦，陈永胜的《西夏法律制度研究》⑧，邵方的《西夏法制研究》⑨，以及杜建录、波波娃主编的《〈天盛律令〉研究》⑩。现在对《天盛律令》的研究更多的是集中于法典本身，即只有纵向的梳理，缺乏横向的比较，有一些比较也仅限于与《宋刑统》的内

---

① （后晋）刘昫等：《旧唐书》卷一九八《党项羌传》，北京：中华书局，1975 年，第 5291 页。
② （元）脱脱等：《宋史》卷四八五《夏国上》，北京：中华书局，1977 年，第 13993 页。有些学者认为此句史料说明西夏在那时已有自己的法律，但这种说法没有更多的史料印证，不可全信。
③ 王天顺：《西夏天盛律令研究》，兰州：甘肃文化出版社，1998 年。
④ 杨积堂：《法典中的西夏文化：西夏〈天盛改旧新定律令〉研究》，北京：法律出版社，2003 年。
⑤ 〔日〕岛田正郎：《西夏法典初探》，东京：创文社，2003 年。
⑥ 杜建录：《〈天盛律令〉与西夏法制研究》，银川：宁夏人民出版社，2005 年。
⑦ 姜歆：《西夏法律制度——〈天盛改旧新定律令〉初探》，兰州：兰州大学出版社，2005 年。
⑧ 陈永胜：《西夏法律制度研究》，北京：民族出版社，2006 年。
⑨ 邵方：《西夏法制研究》，北京：人民出版社，2009 年。
⑩ 杜建录、波波娃主编《〈天盛律令〉研究》，上海：上海古籍出版社，2014 年。

在联系与区别，但是《宋刑统》只是一部以刑律为主的法典。而成书于南宋并存世的《庆元条法事类》①作为宋代的一部综合性法规汇编，包括了刑事、民事、行政、经济等各方面的立法，《天盛律令》在内容和性质上与《庆元条法事类》颇有相似之处。虽然《庆元条法事类》成书于南宋，但里面许多法规均沿袭北宋，从中也可看出两宋的立法沿革，所以在将西夏与宋代法规比较的同时也不能忽略将《庆元条法事类》纳入比较范围。

中国古代社会的行政法并不同于现代意义上的行政法，"以皇权为核心形成的等级森严、机构臃肿的封建行政官僚体制，是皇帝操纵官僚、驾驭臣下、行使大权、维护统治的工具。所以中国的封建行政法大多是行政机构职权及官吏管理方面的法律规范。虽然封建行政法并不同于封建官制，但由于皇帝既是最高立法者，又是最高行政首脑，地方行政长官兼理司法，使司法权与行政权混为一体，甚至行政权凌驾于法律之上，所以封建行政法与封建官制又不能截然分开。因而构成了中国封建行政法的一个突出特点"②。

对于西夏行政法规的研究，由于受资料所限，20世纪80年代及以前主要依据《宋史·夏国传》中记载的职司和官吏名称，以及《辽史》《金史》和其他汉文史料进行研究。西夏文资料方面，主要依据《番汉合时掌中珠·人事门》中记载的职司名称。再有就是国内遗存的西夏时期的碑刻、文书等零星的记载。这个时候的研究主要是梳理和对比研究，对西夏整个行政体系的全貌、特点缺乏了解。20世纪80年代后期至90年代，随着黑水城出土的西夏文献陆续刊布，尤其是《天盛律令》等涉及西夏行政法规重要文献的面世，再加上学界对其进行的三次汉译整理③，使西夏行政法规及

---

① （宋）谢深甫：《庆元条法事类》，戴建国点校，《中国珍稀法律典籍续编》（第一册），哈尔滨：黑龙江人民出版社，2002年。
② 《宋代法制研究》，第70页。
③ 第一次为 E. И. 克恰诺夫俄译、李仲三汉译，罗矛昆校《西夏法典——〈天盛年改旧新定律令〉（第1～7章）》，银川：宁夏人民出版社，1988年。第二次为史金波、聂鸿音、白滨译《西夏天盛律令》，刘海年、杨一凡总主编《中国珍稀法律典籍集成》（甲编第五册），北京：科学出版社，1994年。第三次为史金波、聂鸿音、白滨译著《天盛改旧新定律令》，北京：法律出版社，2000年。本书中所提到的汉译本均是指第三次汉译版本。

行政体系的研究进入了一个新的阶段，通过《天盛律令》，了解到许多西夏行政管理体系的特点、西夏的职官制度、官员的管理考核等内容。

前揭关于《天盛律令》研究的专著（论文集）中涉及西夏行政法规的研究有：杨积堂一书第六章"西夏的行政立法与政治制度"，考察了《天盛律令》中所记载的西夏官僚体系，西夏的社会阶层以及西夏的治吏政策和行政管理；陈永胜一书第二章"西夏行政法律制度研究"，首先考察了西夏行政立法的概况，其次分析了《天盛律令》中行政法规的内容，最后指出了西夏行政法规对于西夏社会的作用；杜建录一书第七章"《天盛律令》中的行政法"，不仅就《天盛律令》分析了西夏的行政立法，而且开始注意将《天盛律令》与《唐律疏议》和《宋刑统》中职制律的相关内容进行比较，虽然比较并不深入，但已经开始注意通过横向比较的方式分析研究《天盛律令》以及西夏的立法，并且认为《天盛律令》的编纂形式已十分接近《庆元条法事类》。

学界普遍认为西夏的行政法规沿袭宋代，在研究时也多用《宋史·夏国传》中的"其设官之制，多与宋同"来进行概述。但西夏由于受地理环境、民族特性以及周边诸政权的影响，不可能完全照搬宋代的法规，必定是在参照的同时，结合自身的情况有所改变。宋人黄绶就曾指出："夏人不慕中国，习俗自如。"① 这句话虽然是针对风俗习惯所说，但仍可以看出西夏摆脱中原王朝对其的影响、同化，保持本民族特色的意图，这种理念必渗透到统治者制定法规的指导思想中去。仅仅用那一句话来总结西夏行政法规尤其是官制体系是远远不够的。

正是由于以上一些原因，本题首先试图在体例、内容上通过比较《天盛律令》与宋代法规，寻求西夏法律体系的特征及对中原王朝法典形式的沿袭与改变；再通过比较《天盛律令》与宋代法规中行政法规的相关内容，从制度层面上寻求西夏行政体系对中原王朝的沿袭之处以及自身所具有的特点。

---

① （宋）陈师道：《后山集》卷二十一，《文渊阁四库全书》本。

二 研究思路

本题通过比较《天盛律令》与宋代法规中的相关内容，研究西夏与宋行政法规的异同，重点考察以下三方面内容。

一是考察《天盛律令》的渊源及流变问题。元昊建国前，一般公认尚没有确立较为完整的法律制度，此后随着社会历史的进步，接受以汉族为主体的中原王朝法治思想，开始自行创制法典。虽然《天盛律令》是用西夏文写成，但是其修纂属于自唐代以来形成的中华法系，特别是受到唐宋法律修纂原则和体例的影响。再者，西夏立国前并无成形的行政法规，而行政法规不同于其他法规，它是建构整个国家体系的基础，所以西夏必定是全面参考唐、宋行政法规的相关内容，进行国家机构的组建以及制定保证其正常运转的相关法律。但在参照唐律、宋律建立起一个框架后，西夏统治者也会根据自身的实际情况进行调整，也就是本书所要考证的其在立法上的流变问题。

二是比较研究西夏与宋代中央及地方行政机构的设置及职掌问题。在此方面主要进行两项工作：由于史料所限，《天盛律令》中并不是完整地记载了所有行政机构的设置及职掌，故本书将尽量梳理《天盛律令》中所提到的机构名称及职掌问题，并参考汉文史料对其进行补充，考察其在机构设置上对宋的沿袭与变化。《天盛律令》汉译本在译西夏地方行政机构名称及人员设置时，出现了一些翻译错误及前后矛盾或不明了的地方，本书将尽最大努力考证其问题所在。翻译上的错误将通过比对西夏文原文进行修正，前后矛盾和不明的问题，现在看来似可从两方面着手分析，一是释读问题，二是和《庆元条法事类》中的一些情况类似，即其书虽成于南宋，但原属北宋疆域的地区或一些机构设置已不见南宋，《庆元条法事类》中仍按原记载存世，《天盛律令》中的一些前后矛盾或不明的记载不知是否也由此原因造成。既然题名"改旧"，在此之前必还有旧典，如若从此方面能追寻些线索，也有助于了解西夏地方行政区划及机构设置的沿革情况。

三是将从细处着手，重点考察西夏与宋代官制体系的异同，力争改变学界过去一提西夏官制时就用"其设官之制，多与宋同"来概括的语焉不详的现象，通过利用《天盛律令》及汉文文献（包括西夏当世人及西夏后裔的数据，尽管西夏后裔在述祖时不免有夸大之词，但仍可从其中对西夏官制体系窥见一斑）、西夏碑刻、文书等史料的记载，较全面地勾勒出西夏官制体系的大致情况，在此基础上再与宋的官制体系进行比较研究，不仅关注其相似点，而且力图用更翔实的史料考察过去学界论述不详的相异之处。

鉴于本题的主要研究内容，在结构上，首先从法律、律文的角度来比较西夏与唐宋法典在编纂体例与编纂内容的沿袭与变化。其次比较两朝法典中所涉及的行政法规，由于"古代中国律法中，总是掺杂有大量的名物与制度，制度与法条经常交涉在一起，可以说是'法''制'难分"①，故下编拟从法典中所规定的各项行政制度入手，比较在不同法典规定下所确立制度的沿袭与不同。

本题虽是比较西夏与宋法规，但史料并不局限于法律文献，会广泛搜寻相关汉文史料及出土西夏碑刻、文书等史料，使论证更有说服力。本题的难点也十分突出，主要表现在以下两个方面：一是西夏周边不仅有宋、辽、金三个主要政权，还有大大小小的少数民族政权，对西夏的研究自不能忽视对它们的关注，使得本题的关注面有所扩大；二是《天盛律令》汉译本还有很多翻译不明确的地方，有时需要回过头去翻检西夏文原文进行重新释读理解。由于存在以上一些难处，所以前面所述重点考察的两方面内容可能就会出现虽然想法很多，但最后成文时不一定能全部实现的结果，只能是竭尽所能，尽力完成。

第二节　研究述评

一　学界对西夏法律与宋代法律的研究综述

（一）对《天盛律令》的研究综述

除了前述的八部专著（论文集）的论述外，其余关于《天盛律令》对

---

① 赖亮郡：《唐宋律令法制考释——法令实施与制度变迁》，台北：元照出版有限公司，2010年，第2～3页。

中华法系的传承与创新方面以及从《天盛律令》中细分出来的针对不同领域法规的论文详见注释①。

关于《天盛律令》，学界现在还有争议的问题在于其成书年代，现有两种不同意见。一种观点认为其应成书于天盛初年。本书所用的《天盛律令》汉译本在前言中指出，《天盛律令》应是在任得敬刚入朝不久，权势还没有很大膨胀的天盛初年颁行。聂鸿音在其《西夏〈天盛律令〉成书年代辨析》②一文中重申了此观点。另一种观点认为其成书于任得敬伏诛后的乾祐初期，持此观点的主要有王天顺的《〈天盛律令〉与西夏社会形态》。该文指出，此书并不是成书于仁宗即位不久的天盛初期，而是应在任得敬伏诛后

① 史金波：《西夏刑法试析》，载《民大史学》（第1辑），北京：中央民族大学出版社，1996年，第19～42页。史金波：《西夏〈天盛律令〉及其法律文献价值》，载《法律史论集》（第一卷），北京：法律出版社，1998年，第469～495页。聂鸿音：《俄藏6965号〈天盛律令〉残卷考》，《宁夏大学学报》（哲学社会科学版）1998年第3期，第17～18页。杜建录：《西夏水利法初探》，《青海民族学院学报》（社会科学版）1999年第1期，第58～61页。杜建录：《西夏畜牧法研究》，《中国农史》1999年第3期，第107～113页。杜建录：《论西夏的司法制度》，《西北民族研究》2003年第4期，第39～48页。杜建录：《西夏的审判制度》，《宁夏社会科学》2003年第6期，第75～77页。杜建录：《论西夏〈天盛律令〉的特点》，《宁夏社会科学》2005年第1期，第89～93页。杜建录：《西夏〈天盛律令〉的历史文献价值》，《西北民族研究》2005年第1期，第25～29页。姜歆：《论西夏法律制度对中国传统法律文化的传承与创新——以西夏法典〈天盛律令〉为例》，载李范文主编《西夏研究》（第3辑），中国社会科学出版社，2006年，第333～341页。姜歆：《论西夏法律制度对中国传统文化的传承与创新——以西夏法典〈天盛律令〉为例》，《固原师专学报》（社会科学版）2006年第2期，第39～42页。姜歆：《论西夏法典结构及私法在其中的地位》，《宁夏大学学报》（人文社会科学版）2003年第1期，第42～44页。姜歆：《论西夏法典〈天盛律令〉中的法医学》，《宁夏大学学报》（人文社会科学版）2006年5期，第5～8页。姜歆：《论西夏法典中的刑事法律制度》，《宁夏社会科学》2003年第6期，第87～89页。姜歆：《西夏法律思想定型化初探》，《固原师专学报》（社会科学版）2004年第2期，第44～47页。姜歆：《论西夏法典中的狱政管理制度——兼论唐、宋律令的比较研究》，《宁夏大学学报》（人文社会科学版）2004年第5期，第31～37页。邵方：《唐宋法律中儒家孝道思想对西夏法典的影响》，《法学研究》2007年第1期，第117～124页。邵方：《西夏法典对中华法系的传承与创新——以〈天盛律令〉为视角》，《政法论坛》2011年第1期，第142～148页。李鸣：《西夏司法制度述略》，《西南民族大学学报》（人文社会科学版）2003年第6期，第220～224页。赵江水：《西夏的立法概况》，《宁夏大学学报》（哲学社会科学版）1999年第4期，第72～73页。陈旭：《儒家的"礼"与西夏〈天盛律令〉》，《西北第二民族学院学报》2002年第3期，第14～17页。崔红芬：《〈天盛律令〉与西夏佛教》，《宗教学研究》2005年第2期，第158～163页。史金波：《西夏〈天盛律令〉略论》，《宁夏社会科学》1993年第1期，第47～55页。

② 聂鸿音：《西夏〈天盛律令〉成书年代辨析》，《寻根》1998年第6期，第29～30页。

的乾祐初期,并从四个方面进行了论证,同时指出,在此时期,西夏社会完成了由奴隶制向封建制的转变①。刘菊湘在其《关于〈天盛律令〉的成书年代》一文中,将《天盛律令》中的记载与汉文文献相对照,并分析书中所载西夏行政区划设置情况,认为《天盛律令》是仁孝铲除任得敬分国势力后,为加强皇权而颁布的一部法典,是对天盛时期实行的旧法规的修改,成书于乾祐早期,不晚于 1182 年②。

(二) 对宋代法律的研究

宋代法典流传下来的主要是《宋刑统》与《庆元条法事类》。对于《宋刑统》的研究主要有以下一些论著:薛梅卿的《宋刑统研究》一书主要考察了《宋刑统》对《唐律》的承袭与变通③。郭东旭的《宋刑统的制定及其变化》一文认为,宋神宗以敕代律后,《宋刑统》的实际法律地位已是名存实亡④。但是薛梅卿认为《宋刑统》"终宋用之不改"⑤。戴建国也持薛梅卿的观点,认为随着社会的发展,《宋刑统》的许多内容和规定已经与社会实际不相适应,有些废而不用,有些则被修正,但终宋之世,《宋刑统》依旧是宋代通行的法典,并没有失去它的法律地位⑥。

对于《庆元条法事类》的研究有:孔学《〈庆元条法事类〉研究》一文,考察了《庆元条法事类》的编纂过程、全书的内容、编纂特点及其史料价值,指出其虽便于检阅,但内容过于庞杂;尽管其是南宋时期的一部法律汇编,但其中所收条法均是在两宋实行过的法律,且是集庆元二年以前所有编敕大成的律书,因此具有很高的史料价值⑦。赵彦昌、于红滨《从〈庆元条法事类·文书门〉看南宋的文书档案管理制度》一文,考察了《庆元

---

① 王天顺:《〈天盛律令〉与西夏社会形态》,《中国史研究》1999 年第 4 期,第 132~143 页。
② 刘菊湘:《关于〈天盛律令〉的成书年代》,《固原师专学报》(社会科学版) 1998 年第 4 期,第 57~60 页。
③ 薛梅卿:《宋刑统研究》,北京:法律出版社,1997 年。
④ 郭东旭:《宋刑统的制定及其变化》,《河北学刊》1991 年第 4 期,第 84~89 页。
⑤ 薛梅卿:《重新评估〈宋刑统〉》,《南京大学法律评论》,1996 年秋季号,第 35~43 页。
⑥ 戴建国:《〈宋刑统〉制定后的变化——兼论北宋中后期以后〈宋刑统〉的法律地位》,《上海师范大学学报》1992 年第 4 期,第 47~53 页。
⑦ 孔学:《〈庆元条法事类〉研究》,《史学月刊》2000 年第 2 期,第 40~47 页。

条法事类·文书门》中所反映出来的南宋公文制度中的公文书写标准、誊抄、用印和传递制度，档案管理制度中的归档、鉴定销毁、整理、保管、借阅制度以及违法行为的处罚规定①。戴建国、郭东旭的《南宋法制史》一书第一章第三节简要介绍了《庆元条法事类》的编纂体例和主要内容②。

关于其他宋代法律制度研究的详细述评参见戴建国的《宋代法律制度史研究述评》③ 一文。

二 学界对西夏行政法规的研究综述

（一）对西夏行政法规总体性研究综述

除上述研究《天盛律令》的同时对西夏行政法规的总体进行论述外，史金波在《西夏〈天盛律令〉略论》一文中指出，西夏"将行政法规系统编排、熔铸于《律令》之中"，随后较详细地叙述了法典中行政法的具体内容，认为《天盛律令》中的行政法规是现在所能见到的综合性王朝法典中绝无仅有的、详备的行政法的内容，这是《天盛律令》的一大特色，对数据匮乏的西夏政治制度研究提供了系统的、重要的、关键的数据，具有重要的学术价值。白滨的《西夏的政治制度》第三章"西夏的中央与地方行政体制"论述了西夏中央行政机构的设置及变化，西夏时期的官制体系，西夏官员的委派与管理，西夏的官印与符牌制度，西夏的地方行政体系等方面的内容④。雷天寿的《西夏行政管理体制特点刍议》一文，总结了西夏行政管理体制的四个特点：①蕃汉合一，两制并存；②司品减少，机构精简；③法律完备，制度健全；④重礼尚乐，严格管理⑤。

---

① 赵彦昌、于红滨：《从〈庆元条法事类·文书门〉看南宋的文书档案管理制度》，《浙江档案》2008 年第 5 期，第 54～57 页。

② 戴建国、郭东旭：《南宋法制史》，北京：人民出版社，2011 年。

③ 戴建国：《宋代法律制度史研究述评》，载包伟民主编《宋代制度史研究百年（1900～2000）》，北京：商务印书馆，2004 年，第 93～132 页。

④ 白滨著《西夏的政治制度》，白钢主编《中国政治制度通史（辽金西夏）》，北京：人民出版社，1996 年。

⑤ 雷天寿：《西夏行政管理体制特点刍议》，《天津师大学报》1997 年第 6 期，第 48～49 页。

（二）对西夏行政机关的设置及职掌的研究综述

关于西夏行政机关的设置及职掌方面，过去的研究仅限于《宋史·夏国传》和《番汉合时掌中珠·人事门》中所列职司的名称，对其内部的组成及具体职掌缺乏了解。随着《天盛律令》的翻译整理，许多以前不甚了解的内容进入了学者研究的视野，主要成果有以下几种：杜建录的《西夏的内宿制度》一文，依据《天盛律令》，考察了西夏内宿机构的设立、人员的配置以及宿卫人员当值待命制度等内容①。赵彦龙的《西夏文书机构与文书官吏论》一文中，考察了西夏文书机构的设置以及文书官吏的组成、选拔、任用以及人员数量②。李华瑞《西夏巡检简论》一文，根据西夏法典《天盛律令》，简要论述了西夏巡检的设置、分类、职掌，以及在维护地方治安中的作用③。张翅、许光县的《西夏监察制度探析》④和魏淑霞的《西夏的监察制度初探》⑤两篇文章考察了西夏监察机关的设置、职掌及其作用。魏淑霞、孙颖慧的《西夏官吏司法审判的职责权限及对其职务犯罪的惩处》一文中，就西夏对官吏在司法审判过程中的依法审理、依法刑讯、依法判决、应奏不应奏而断、案件的限期督催、枉法及不枉法受贿、司法审判监督方面的规定与如何惩处司法审判中职务犯罪等问题进行了探讨⑥。翟丽萍的《西夏官僚机构及其职掌与属官考论》一文，考证了史料中可见的西夏中央与地方机构的职掌、属官等问题，还讨论了西夏的军事指挥机构。同时对西夏"蕃号"的异译及其含义也进行了探讨⑦。许伟伟的《〈内宫待命等头项门〉中的职官问题》一文中，对《天盛律令》卷十二中的《内宫待命等头项门》中所涉的西夏宫卫制度中的任职者情况进行了探讨⑧。

---

① 杜建录：《西夏的内宿制度》，《固原师专学报》（社会科学）1997 年第 4 期，第 54～56 页。
② 赵彦龙：《西夏文书机构与文书官吏论》，载杜建录主编《西夏学》（第 1 辑），宁夏人民出版社，2006 年，第 40～48 页。
③ 李华瑞：《西夏巡检简论》，《中国史研究》2006 年第 1 期，第 127～136 页。
④ 张翅、许光县：《西夏监察制度探析》，《宁夏社会科学》2007 年第 2 期，第 115～118 页。
⑤ 魏淑霞：《西夏的监察制度初探》，《西夏研究》2010 年第 2 期，第 15～27 页。
⑥ 魏淑霞、孙颖慧：《西夏官吏司法审判的职责权限及对其职务犯罪的惩处》，载杜建录主编《西夏学》（第 6 辑），上海古籍出版社，2010 年，第 140～145 页。
⑦ 翟丽萍：《西夏官僚机构及其职掌与属官考论》，宁夏大学 2010 年硕士学位论文。
⑧ 许伟伟：《〈内宫待命等头项门〉中的职官问题》，载杜建录主编《西夏学》（第 7 辑），上海古籍出版社，2011 年，第 89～93 页。

(三) 对西夏政区与监军司的研究

杨蕤的《〈天盛律令·司序行文门〉与西夏政区刍议》一文，是对西夏政区整体研究的文章，作者指出，西夏政区的特点之一就是府、州、县等政区与军统政区（军、监军司）"杂糅"在一起，并且从《天盛律令》中可以看出西夏州、县甚至城寨之间并不存在明显的从属关系，即并不恪守州领县的规则，西夏诸州仅仅沿用了唐宋以来的名称而已，降级为与堡寨同列的地位。监军司作为西夏所独创的制度，不仅掌管着军事防御的任务，同时还兼理民政，包括外事、司法、畜牧业等，是统揽军事、民政于一体的管理机构①。

研究西夏政区与监军司的论文还有：汤开建的《西夏监军司驻所辨析》一文，考察了西夏左厢神勇、石州祥祐、西寿保泰、右厢朝顺、白马强镇、黑水镇燕、黑山威福七个监军司的设置沿革及大致地望②。李昌宪的《西夏疆域与政区考述》一文，考察了西夏的疆域、西夏的地方行政体制和西夏的监军司，但其在西夏地方行政体制论述中的一些结论有待商榷③。李学江在《〈天盛律令〉所反映的西夏政区》一文中认为，在西夏政区中，路、府、监军司、军的划分层次分明，而郡、县、城、堡、寨结构层次不够分明，并且西夏各级政区多是军政合一，军事性很强④。潘洁在《西夏地理区划考论——以〈天盛改旧新定律令〉中的方位词为中心》一文中认为，西夏政区按照离都城的远近被划分为京师界、地边、地中三大区域，京师界通常是指京畿地区，范围包括中兴府、南北二县、五州各地县司，地边即西夏的边界地区，地中是介于京师和地边之间的广大区域，地边和地中统称为边

---

① 杨蕤：《〈天盛律令·司序行文门〉与西夏政区刍议》，《中国史研究》2007年第4期，第121~131页。此论述收入氏著《西夏地理研究》（北京：人民出版社，2008年）第二章"《天盛改旧新定律令·司序行文门》与西夏政区"中。

② 汤开建：《西夏监军司驻所辨析》，载氏著《党项西夏史探微》，台北：允晨文化实业有限公司，2005年，第362~385页。

③ 李昌宪：《西夏疆域与政区考述》，载《历史地理》（第19辑），上海：上海人民出版社，2003年，第89~111页。

④ 李学江：《〈天盛律令〉所反映的西夏政区》，《宁夏社会科学》1998年第4期，第95~98页。

中，不同机构根据军事地位、经济作用、地理位置等因素分成不同等级，构成了复杂的西夏行政区划①。

其余论述西夏政区与监军司的论文还包括：章巽的《夏国诸州考》②，鲁人勇的《西夏监军司考》③，刘华、杨孝峰的《西夏天都监军司所遗址及神勇军考》④，刘华的《西夏西寿保泰监军司遗址考述》⑤，聂鸿音的《黑山威福军司补证》⑥。

（四）对西夏职官制度的研究综述

职官制度是行政法规内容研究中的重要组成部分，西夏官制的研究在20世纪八九十年代的一个重要议题为西夏是一套官制还是蕃汉两套官制。认为是蕃汉两套官制的有：吴天墀在《西夏史稿》一书中认为，元昊采取了契丹和吐蕃的一些经验做法，从统治机构中划分为蕃、汉两个有区别的系统，基本用意在于既保持党项贵族在政府里的主导地位，同时又要满足汉族地主阶级建功立业的要求，建立起和汉族一样规模的封建体制，实行有效率的统治⑦。该书两套官制的论点主要依据吴广成《西夏书事》一书中的记载，但是由于《西夏书事》所记之事来源无确考，再加上汉文对西夏官名的音译问题，使其在史料的运用上存在缺陷。刘兴全、吴炎的《论西夏政权的蕃官问题》一文，作者从西夏开国皇帝元昊个人的思想、心理角度剖析，得出另置一套蕃官系统的可能性。而且在元昊建官之际，为肯定和奖赏党项羌各部对西夏势力发展做出的功绩，专为其设置一套蕃官系统，也是很有必要且合乎情理的。到崇宗乾顺亲政后，蕃官系统逐渐丧失了其存在的客观条件。从

① 潘洁：《西夏地理区划考论——以〈天盛改旧新定律令〉中的方位词为中心》，《西夏研究》2012年第4期，第37～42页。
② 章巽：《西夏诸州考》，《开封师院学报》1963年第1期，第49～57页。
③ 鲁人勇：《西夏监军司考》，《宁夏社会科学》2001年第1期，第84～87页。
④ 刘华、杨孝峰：《西夏天都监军司所遗址及神勇军考》，《宁夏社会科学》2001年第2期，第89～91页。
⑤ 刘华：《西夏西寿保泰监军司遗址考述》，《宁夏社会科学》2006年第4期，第97～101页。
⑥ 聂鸿音：《黑山威福军司补证》，《宁夏师范学院学报》（社会科学版）2008年第4期，第67～69页。
⑦ 吴天墀：《西夏史稿》，桂林：广西师范大学出版社，2009年。

《天盛律令》的记载来看，到仁孝天盛中，西夏蕃官作为一个独立系统就彻底消失了。《番汉合时掌中珠·人事门》中只有一套汉官系统的记载应是蕃官消亡后西夏后期官制实际情况的真实反映①。认为是一套官制的主要有以下几种：白滨在《论西夏使臣的"蕃号"问题》一文中，考察了现存史料中西夏的"蕃号"名称，指出在西夏朝廷的各种机构中，无论是党项人或汉人都有资格任职，西夏建立的是一套完整的官制系统②。李蔚在其《西夏蕃官刍议》一文中，从六个方面否定了西夏两套官制的说法③。李范文在《西夏官阶封号表考释》一文中指出，无论是拓跋思恭所建夏州政权，还是元昊所建西夏政权，其机构无一不仿宋制，未立两套官制④。史金波在《西夏文〈官阶封号表〉考释》和《西夏的职官制度》两篇文章中，通过对《天盛律令》和《官阶封号表》的分析，指出"官"与"职"是西夏职官制度的核心，而且西夏并没有实行蕃人、汉人各有一套官制的做法⑤。

前揭史金波的《西夏的职官制度》一文，利用《天盛律令》与西夏文《官阶封号表》，较全面地探讨了西夏的官制。作者认为，"官""职"是西夏职官制度的核心，西夏的官品大致分为十二品官及杂官，这些官品又可以概括地分为三类：及授（末品及以上）、及御印（六品至十二品）、未及御印（杂官）。"官"一般表示不担任何种实职性的职务，有些类似于中原王朝的"爵"。西夏的官位比较稳定，即便是年老不能任职事官而致仕时，也可以保留其官阶。对于"官"与"职"的关系，作者认为，西夏官品的上下和任职务的高低有大体上的对应关系，但不一定完全相符，官阶高的人可能比官阶低的人职务低。这

---

① 刘兴全、吴炎：《论西夏政权的蕃官问题》，《中央民族学院学报》1989 年第 4 期，第 40 ~ 43 页。相同论述见刘兴全《谈西夏蕃官》，《宁夏大学学报》（社会科学版）1991 年第 1 期，第 87 ~ 97 页。

② 白滨：《论西夏使臣的"蕃号"问题》，载《中国民族史研究》，中国社会科学出版社，1987 年，第 454 ~ 473 页。

③ 李蔚：《西夏蕃官刍议》，载氏著《西夏史研究》，宁夏人民出版社，1989 年，第 64 ~ 74 页。

④ 李范文：《西夏官阶封号表考释》，《社会科学战线》1991 年第 3 期，第 171 ~ 179 页。

⑤ 史金波：《西夏文〈官阶封号表〉考释》，载《中国民族古文字研究》（第三集），天津古籍出版社，1991 年，第 245 ~ 266 页；《西夏的职官制度》，《历史研究》1994 年第 2 期，第 62 ~ 71 页。

篇文章对西夏官制的研究具有很大的释惑价值，使我们对原来迷惑不清的西夏官制中的官品和各职司品位之间的关系及很多文献中西夏官员的封号、官名都有了初步的了解。文志勇《〈西夏官阶封号表〉残卷新译》一文，通过考释《官阶封号表》的三种版本，认为史金波文中所提到的西夏官阶中的"不及御印官""及御印官"和"及受官"三类的分法不太恰当，"及受官"不应当和"及御印官"截然对立并列，而应是"及御印官"当中的高级阶层①。

　　其他研究西夏职官制度的文章还有：汤开建《〈西夏蕃官名号表〉补正》一文，对吴天墀先生《西夏史稿》一书中《西夏蕃官名号表》的缺误之处进行了补正②。顾吉辰《西夏官品考》一文，参证宋代史料，考证了1804 年成书的《西夏书》卷十《官氏考》所列的西夏各种官名③。日本的佐藤贵保在《西夏の二つの官僚集団——十二世纪后半における官僚登用法》一文第二部分，考察了《天盛律令》颁律表中编纂者的官衔特征，以及西夏的"学士""博士"集团和"殿前司""内宿司"所代表的皇帝亲近集团和武官系官僚的任用法④。翟丽萍《西夏蕃名官号异译考释》一文，对《宋史》《续资治通鉴长编》《宋会要辑稿》以及宋人文集中所出现的西夏蕃名官名进行了梳理与考释⑤。魏淑霞、陈燕《西夏官吏酬劳——封爵、俸禄及致仕》一文，从现有的汉文文献、碑刻、出土文书、律令等史料记载的基础上，对西夏官吏的封爵、俸禄、致仕等方面进行了探讨，指出西夏的封爵、俸禄、致仕制度在承袭中原旧制的同时，明显体现出其独有的特点，是传统职官制度适应民族政权统治需要的表现，是不同民族文化交融的结果，制度本身的运作也体现了西夏对官员阶层利益的极大维护⑥。

① 文志勇：《〈西夏官阶封号表〉残卷新译》，《宁夏社会科学》2009 年第 1 期，第 95～100 页。
② 汤开建：《〈西夏蕃官名号表〉补正》，《四川大学学报》（哲学社会科学版）1983 年第 2 期，第 99～101 页。
③ 顾吉辰：《西夏官品考》，《宁夏大学学报》（社会科学版）1988 年第 4 期，第 111～118 页。
④ 〔日〕佐藤贵保：《西夏の二つの官僚集団——十二世纪后半における官僚登用法》，《东洋史研究》2007 年第 3 期，第 34～66 页。
⑤ 翟丽萍：《西夏蕃名官号异译考释》，载《西夏学》（第 6 辑），第 164～170 页。
⑥ 魏淑霞、陈燕：《西夏官吏酬劳——封爵、俸禄及致仕》，《西夏研究》2012 年第 3 期，第 54～63 页。

（五）对西夏行政公文传递与管理的研究综述

行政法规的施行离不开公文的有效传达与管理，对于西夏公文传递与管理规定研究的论文有赵彦龙的《西夏文书传递制度初探》《西夏文书清退销毁归档制度》《西夏文书管理制度探微》《浅谈西夏公文稽缓制度》《西夏文书工作官吏制度考论》《论西夏法典中的文书制度》等，借助《天盛律令》，对西夏文书传递和管理各项制度进行了探讨[①]。尚世东的《西夏公文驿传探微》《西夏文书档案驿传制度述略》和陈旭的《西夏驿路与驿传制度》三篇文章，考察了西夏的驿传凭信制度，合符制度与紧急军令、政令传递制度等内容[②]。

三　学界对宋代行政法规的研究综述

因本题主要是通过比较西夏与宋代的行政法规来探讨西夏行政立法的诸方面，宋朝的行政法规只是作为参考比较的对象，不是本题的研究重点，而且宋代行政法规诸方面已有较成熟的研究，故在此仅简要概述之。

著作方面如下所述。郭东旭在其《宋代法制研究》一书第二章"宋代的行政法"中，详细地论述了宋代的行政管理体制，以及宋代的选官法、任官法和官员管理法，指出宋代自太祖立国之初，为革除五代藩镇割据之弊，从调整各种矛盾出发，建立起了强化中央集权的国家管理体制，为推动国家机器的有效运转，制定了严密的行政法规，这在强化中央集权的过程中，发挥了重要的作用。薛梅卿、赵晓耕主编的《两宋法制通论》一书的

---

① 赵彦龙：《西夏文书传递制度初探》，《秘书》1997 年第 3 期，第 44～45 页。赵彦龙：《西夏文书清退销毁归档制度》，《秘书》2000 年第 8 期，第 41～42 页。赵彦龙：《西夏文书管理制度探微》，《西北第二民族学院学报》2002 年第 2 期，第 30～34 页。赵彦龙：《浅谈西夏公文稽缓制度》，《档案》2004 年第 2 期，第 20～23 页。赵彦龙：《西夏文书工作官吏制度考论》，载李范文主编《西夏研究》（第 3 辑），中国社会科学出版社，2006 年，第 201～214 页。赵彦龙：《论西夏法典中的文书制度》，《青海民族研究》2009 年第 1 期，第 74～80 页。

② 尚世东：《西夏公文驿传探微》，《宁夏社会科学》2001 年第 2 期，第 84～88 页。尚世东：《西夏文书档案驿传制度述略》，《档案学研究》2001 年第 5 期，第 18～21 页。陈旭：《西夏驿路与驿传制度》，《北方民族大学学报》（哲学社会科学版）2010 年第 1 期，第 77～82 页。

第二章"行政律法"指出，加强对庞大的政权机关和官僚群体的管理监督，成为两宋行政律法的主要内容和鲜明特征。两宋行政律法是由政权组织律法、职官管理律法、行政监督法等四部分组成。这套行政律法虽然起到了加强专制主义中央集权的作用，但也产生了比较突出的负面效应①。

论文方面如下所述。朱瑞熙的《官僚政治制度的产物——复杂多变的宋代官制》的连载文章分别从宋代职官制度的特点，中枢部门机构，一般中央机构，地方机构，官员品阶制度，恩荫、致仕、俸禄制度等方面全面系统地论述了宋代官制②。苗书梅的《宋代任官制度中的荐举保任法》一文，考察了宋代保荐法中举主的责任等问题，指出荐举保任从举主主动寻求人才转变为被举者千方百计乞求荐举，导致荐举失实，士风败坏，本意是限制选人过快升迁的荐举改官制度在执行中出现了诸多弊端，但其在打破常规选用人才方面所起的积极作用还是不容忽视的③。苗书梅的《宋代黜降官叙复之法》一文，对宋代叙复法的制度化、参叙条件、叙复程序及内容一一作了探讨④。龚延明在《两宋官制源流变迁》一文中指出，赵宋立国之初，其官职因袭唐末、五代之制，不脱唐末以来"紊乱"官制的窠臼。元丰时期，对北宋前期官制进行了大幅度改革。南宋初期，因宋金战争，对省部寺监进行了删并。孝宗时，罢三省长官，改定宰相名称为左、右丞相。其后，官制未有更大变动⑤。邢琳在《宋代知县、县令的职能》一文中指出，作为县一级的地方行政首脑，知县、县令在协调中央与地方关系、稳定地方统治秩序等方面起了不可忽视的作用。但由于宋代过于强化中央集权，知县、县令位卑责重而权限小，任用制度方面又存在某些弊端，以致地方吏治腐

---

① 薛梅卿、赵晓耕主编《两宋法制通论》，北京：法律出版社，2002年。
② 朱瑞熙：《官僚政治制度的产物——复杂多变的宋代官制》，《文史知识》1986年第1、2、3、4、7、8期，第75～80页、第68～72页、第44～48页、第80～84页、第85～90页、第65～69页。
③ 苗书梅：《宋代任官制度中的荐举保任法》，《河南师范大学学报》（哲学社会科学版）1986年第5期，第38～42页。
④ 苗书梅：《宋代黜降官叙复之法》，《河北大学学报》1990年第3期，第36～41页。
⑤ 龚延明：《两宋官制源流变迁》，《西南师范大学学报》（哲学社会科学版）1992年第3期，第50～54页。

败，民众痛苦加深①。

更详细的相关研究述评可参见朱瑞熙的《宋代政治制度史研究述评》②，苗书梅的《宋代地方政治制度史研究述评》③ 和龚延明的《宋代官制总论》第一部分 "宋代官制研究资料及研究现状"④。

四　学术史回顾总结

通过对学术史的回顾，除了前面所说的对西夏法典的研究还停留在纵向的研究中（由于像西夏文《法则》⑤《亥年新法》⑥ 等法典还没有翻译释读出来，对西夏行政法规的纵向研究其实也还是远远不够的），缺乏横向比较的问题之外，还可以看出：①随着西夏文献的陆续出土与刊布，对西夏法律的研究范围越来越广，内容也越来越丰富，但由于受到史料和文献释读的限制，有些问题还没有进行深入研究；②近年来虽然研究论文的数目在不断增多，但许多是对原有讨论的重复，不见新意；③对西夏行政机关的设置及职掌的研究略显不足，一是由于对《天盛律令》的解读还不够深入，二是对西夏地方行政机关的研究涉及行政区划地理

---

① 邢琳：《宋代知县、县令的职能》，《中州学刊》2008 年第 2 期，第 187～189 页。

② 朱瑞熙：《宋代政治制度史研究述评》，载《宋代制度史研究百年（1900～2000）》，第 64～92 页。

③ 苗书梅：《宋代地方政治制度史研究述评》，载《宋代制度史研究百年（1900～2000）》，第 133～164 页。

④ 龚延明：《宋代官制总论》，载氏著《宋代官制辞典》，中华书局，2007 年。

⑤ 关于对《法则》的部分内容已有研究释读，见于业勋《西夏文献〈法则〉卷六释读与研究》、王龙《西夏文献〈法则〉卷九释读与研究》，宁夏大学 2013 年硕士学位论文。

⑥ 关于《亥年新法》的全文翻译，2014 年 10 月，据聂鸿音先生告知，克恰诺夫翻译的俄文版已经出版，此书初成之时笔者尚未见到。2015 年，宁夏大学西夏学研究院彭向前研究员赠予此书的俄文译版。在此一并向两位老师致谢。关于分卷的研究，目前学界已有一部分研究，见文志勇《俄藏黑水城文献〈亥年新法〉第 2549、5369 号残卷译释》，《宁夏师范学院学报》（社会科学）2009 年第 1 期，第 109～116 页。贾常业：《西夏法律文献〈新法〉第一译释》，《宁夏社会科学》2009 年第 4 期，第 88～90 页。周峰：《西夏文〈亥年新法·第三〉译释与研究》，中国社会科学院研究生院 2013 年博士学位论文。梁松涛、袁利：《黑水城出土西夏文〈亥年新法〉卷十二考释》，《宁夏师范学院学报》（社会科学），2013 年第 2 期，第 46～54 页。赵焕震：《西夏文〈亥年新法〉卷十五 "租地夫役" 条文释读与研究》，宁夏大学 2014 年硕士学位论文。梁松涛：《黑水城出土西夏文〈亥年新法〉卷十三 "隐逃人门" 考释》，《宁夏师范学院学报》（社会科学）2015 年第 2 期，第 73～80 页。

的研究，需要更多相关学科和专业的学者加入；④现有研究多是就材料论事，缺乏理论上的研究与分析。此外，研究多限于西夏本身，虽然一些论著对唐宋制度对于西夏的影响有所涉猎，但缺乏深入细致的研究，因而在研究中出现了一些偏差。本书试图在借鉴前人的研究成果、纠正一些前人研究的不足、充实前人研究内容等方面，做一些有益的尝试和努力。

上编
《天盛律令》与宋代法典比较研究

第一章 《天盛律令》修纂源流考

虽然现存宋代法典只有《宋刑统》与《庆元条法事类》的残本，但由于宋代史料比较丰富，所以宋代的立法概况可以形成一个清晰的脉络，即从建国伊始，参校《唐律》与《显德刑统》等前朝法典所编纂的《宋刑统》，到宋代立法活动中最主要的编敕活动，以及从熙宁朝后期开始出现的以《敕令格式》命名的法典修纂形式，再到后来的《条法事类》。而西夏的立法概况因史料的缺失让我们无法得知其清晰的脉络，直到文献《贞观玉镜将》与《天盛律令》的出现与翻译，才让我们了解到了西夏的法典。《贞观玉镜将》作为西夏的一部军事法典，范围太小，不能统观西夏社会的全貌，而《天盛律令》作为一部"诸法合体"的法典，有利于我们从政治、经济、风俗等方面更深入了解西夏。从《天盛律令》中也同样可以看出西夏的立法精神以及法典编纂形式。本章通过梳理学界对《天盛律令》的评价以及中原法典的演变来考察《天盛律令》的修纂渊源。

第一节 学界对《天盛律令》的评价

西夏作为以党项羌为主体民族建立的政权，自1038年元昊自立年号建国至1227年被蒙古所灭，立国凡190年，与宋、辽、金并立，形成当时的鼎足之势。蒙古灭西夏后，并没有给西夏这个王朝修一部断代史，只是在《宋史》《辽史》与《金史》中，将西夏作为列传的一部分，简单地论述了其历史，所以就没有形成像其他断代史那样的《刑法志》，故无法得知西夏具体的立法情况。黑水城西夏文献的出土则改变了这一状况。1909 年，俄国人科兹洛夫带领俄国皇家科考队在内蒙古额济纳旗的黑水城遗址挖掘出了大量西夏文献，在这些文献中就包括几部西夏法典：《贞观玉镜将》《天盛律令》《法则》《亥年新法》和一些法律文书的残页。通过考察这些法典的编纂时期，学者们认为，"西夏王朝的修律活动大概每隔半个世纪进行一次，其对法律建设的重视程度比中原王朝有过之而无不及"①。出土的这些法典中最为重要的则是《天盛律令》。绪论中也提及，经过 20 世纪 90 年代对《天盛律令》的整理翻译后，学界专门研究《天盛律令》和西夏法制或者利用《天盛律令》来研究西夏社会各方面的论著越来越多，而对《天盛律令》这部法典本身，学界也有着不同的评价。

不同的评价首先来自《天盛律令》是否为一部综合性法典。史金波认为："西夏《天盛律令》在刑法、诉讼法、民法、行政法、军事法各方面都有很丰富的内容，在很多方面拓展了中国王朝法典的范围。可以说它更像一部真正的综合性法典，在中古时期开创了中华法系的崭新局面，在中国法制史上占有重要地位。因此它具有很高的法律文献价值。"② 但也有学者认为不能对《天盛律令》评价过高，钱大群的论述最具代表性。他认为：

从性质上说，《天盛改旧新定律令》是刑律。它围绕刑律列出与各条刑律有关的令文，从而形成了一部"律令"汇编性的刑事法典。因其只围绕刑律之实施而收进有关的行政法规与经济法规，所以，西夏显然还存在着离开刑律的行政、经济等法规。总之，《天盛改旧新定律令》不能看作西夏的"综合性法典"或是法律大汇编。从内容结构上看，《天盛改旧新定律令》以二十卷，一百五十门，一千四百六十一条的形式来突破《唐律疏议》。但是，从封建律学来说，这部法典的以下几点必须予以注意：一是"五刑""十恶""八议"等重要内容只作为

① 见《天盛律令·前言》，第 2 页。
② 《西夏〈天盛律令〉及其法律文献价值》，载《法律史论集》（第一卷），第 493 页。

"门"而存在，不再统属于相当于总则的"名例"之篇。二是其他属于刑法运用中的制度性内容，仅用"罪则不同门"之名，被置于全典之最后。三是全典二十卷皆无篇名，因为被分入各卷的许多"门"，其内容无法用一个名称来概括。这些现象出现在唐律之后，到底是前进，还是后退？①

钱大群作为专研《唐律》的学者，首先单拿《天盛律令》与《唐律》相比就是不恰当的；其次对于《天盛律令》相较于《唐律》是前进抑或是后退的问题，大可不必纠结于此，西夏自身民族的发展落后程度也决定了其法典的编纂水平相对落后的结果。但是从法律编纂史的角度看，我们对《天盛律令》的编纂方式确实不应评价过高，《天盛律令》综合诸法，混编西夏职官、经济等制度的法规，虽然大大增加了它的史料价值，但影响了它作为律书的编纂质量，并且钱大群对《天盛律令》是一部汇编性质刑事法典的定位还是有值得借鉴之处。

对于《天盛律令》编纂形式与结构方面的认识，白滨认为，"《天盛律令》在法律构成方面实行诸法合体的形式。它的合体法律形式，既有实体法，又有程序法；既以刑法为主，行政法、民事法、经济法、军事法又占有相当的比重。《天盛律令》几乎是将行政法规系统编排于其律条之中，可能西夏没有专门颁行的行政法规条例。……《天盛律令》基本上是传承了中国古代法典的编纂体例，以刑律为主体，将独立的部分法规并入其中，这也就是'诸法合体'的表现"②。俄罗斯西夏学家克恰诺夫指出："《天盛律令》在其结构（条文的数量和结构）方面和它同时代的中国法典不同。……存在了至少四个世纪的中世纪中国法律的两种基本立法体系律令（律——刑法，令——行政规约）实际上到 10 世纪末时已过时。可以用西夏法典证明他的意见是正确的。西夏法学家们之所以扩充了西夏法典，正是依靠他们放弃了

---

① 钱大群：《唐律研究》引言，北京：法律出版社，2000 年，第 4 页。
② 《西夏的政治制度》，第 529～530 页。

将法令严格地划分为四种传统类型：律、令、格、式（后两者是较狭隘的本位主义行政法令）。他们创造出统一的法典。在统一的法典里，除定有罪行和惩治办法的律这类法律外，还包括有其他三种传统的中国法令。……（《天盛律令》的条文结构依据）两要素和三要素的条文结构理论。两要素结构的意思是将条文分成两个组成部分：罪状和制裁。三要素结构是将条文的前半部分再分成两部分：假设和罪状本身。假设说明某种规范起作用的条件，罪状表明这一规范本身的内容，而制裁指出对违犯该规范的人来说将有的后果。"① 克恰诺夫对唐、宋，尤其是宋代法典的编纂沿革没有更深入的了解，导致其认为"《天盛律令》抛弃了'律、令、格、式'四种传统类型"的论断出现了偏差，在下一节的论述中，我们会就这一点进行详细论证，指出《天盛律令》非但没有抛弃，反而采用全盘吸收的方式。

相较于白滨与克恰诺夫仅是客观地论述《天盛律令》的编纂形式与结构不同，王天顺则对《天盛律令》的编纂形式与结构进行了评价："从法律编纂史的角度看，我们对《律令》的编纂水平不能估价过高。"他认为，《天盛律令》相较于唐、宋律在编纂结构上有三个方面的缺点。一是类例不分。《天盛律令》将 1463 条律文统编为二十卷，分卷也无一定规则，除少数几卷将同类律文集中记载外，半数以上每卷虽有一个中心内容，但也夹杂其他类别的律文。由于类例不立，编次无序，就难免出现内容重复而文繁的问题。二是纲领不立。缺少一篇如唐、宋律《名例篇》一般的刑法总则来纲领全书。见于第一卷、第二卷的"十恶""八议""官当"之目，顶多是体现了西夏法律重点镇压的对象和贵族官吏的法律特权地位，至于定罪量刑的许多原则却付阙如，有些原则，如合并论赃、二罪重罚、区分过失与故意、同属相隐、责任能力的规定等，分散出现在有关律文中，不鲜明、不严谨。三是科条不简。《天盛律令》各卷律文中，解释性文字不多，有的与正文相混也不易检出，但应释未释之处比比皆是。② 头一条带

① 〔俄〕E. И. 克恰诺夫：《十二世纪西夏法典》，原载《亚非民族》1983 年第 2 期，本处转引自《西夏的政治制度》，第 530~531 页。
② 参见《西夏天盛律令研究》，第 31~35 页。

有根本性，后二条是头一条派生的。类例部分没有沿用唐、宋律的十二篇分类法，除少数几卷将同类律文集中记载外，半数以上的卷虽有一个中心内容，但也夹杂其他性质的律文。类例不立，编次无序，难免出现内容重复而文繁的问题。

史金波则与王天顺的看法相反，他认为《天盛律令》"统一格式的律令条目，既没有条后附赘的注疏，也没有条外另加的令、格、式、敕"，这正是其在编纂形式上的一大特点，"这样显得律条眉目清晰，易于查找，也可避免律外生律，轻视本条的弊病"。而且，分层次书写的律文是《天盛律令》的又一特点，每条律文第一行是以一个"一"字开头，"一"字下为本条内容，第二行行文是降一格再书写。若在同一条中包含几项不同情况，分几小条叙述，每小条第一行仍是降一格书写，第二行依次再降一格书写。如果每一条下又分为若干情形，仍是按照此种格式规范书写。"这种法律条文的形式使内容更加清晰，显得纲目分明、层次清楚，很近似于现代的法律条文形式。……在中国法制史上是一次大胆的、成功的革新。"①《天盛律令》在篇目设置上很有特色。《唐律疏议》共有律十二篇，计三十卷，502 条。条后有注释，时称律疏。这种篇目格局对后世影响深远。《宋刑统》因袭唐律，亦有律十二篇，三十卷，仍为 502 条，连目录共三十一卷。每卷又分若干门，共 213 门，除条下有律疏外，还另附有令、格、式、敕 177 条，起请 132 条。而西夏《天盛律令》共二十卷，未明确区分若干律，各部分内容排列次序与唐、宋律差别很大。它与《宋刑统》相近的是每卷的"门"的数量，共 150 门，分 1461 条。宋朝的法律典籍庞杂而混乱，难以掌握和实施。宋真宗时敕条竟多达 18000 多条。后虽有减缩，但数目仍很可观。西夏天盛年间（1149～1169）值南宋高宗、孝宗时期，其时南宋法律更加紊乱，往往以断例和指挥（尚书省等官署对下级官的指令）行事。此时西夏律法却能依据本朝实际情况，别开生面，将律（刑法）、令（政令）、格（官吏守则和奖惩）、式（公文程式）系统地编入律令之中，使

---

① 参见史金波《西夏社会》，上海：上海人民出版社，2007 年，第 249～251 页。

之成为整齐划一、条理清楚、比较完备的法典。实际上把中原王朝法典中分割开的法律内容有机融合在一起，使法律条文规定划一，条理清楚，翻检方便①。邵方也认为《天盛律令》法典体系和条文结构具有鲜明的独创性，其形式上的系统性在当时也是领先的。② 从编纂条文细节上看，宋与西夏法律编纂形式也有各自特点：无论是对于律文补充形式选择，还是对于条文逻辑结构处理，都体现出两个政权对各自统治政策、经济关系、文化思想的选择和坚守，这也就形成了中原政权与少数民族政权两个相对独立的法律编纂形式。③

从编纂内容上看，邵方认为，"《天盛律令》与《唐律疏议》《宋刑统》有很多不同。将《天盛律令》诸门内容与《唐律疏议》《宋刑统》相关内容进行比较，发现在《天盛律令》150门中，91门的内容是《唐律疏议》《宋刑统》所没有的，约占60.7%。其他59门的内容与唐宋律类似或相近，约占39.3%。在内容相似的部分中，除《天盛律令》中的'十恶''八议'等十几门内容基本因袭唐宋律以外，其余四十多门与唐宋律的相关内容虽有一定关联，但是又有很多差异。体现出西夏党项民族自身的特点"④。

综观学界对《天盛律令》的评价，不论是批评其形式存在缺陷，还是肯定其独创和大胆革新，抑或是强调其民族自身的特点，均是基于与《唐律》和与《宋刑统》比较的基础上得出的，而且是基于《唐律》和《宋刑统》是唐宋主要成文法典这一主观成见上。就这两部法典的属性而言，的确是唐宋的两部基本法典，但是从唐中叶至两宋修纂法典等立法活动的历史演变来看，显然上述的评价意见是只知其一而不知其二，存在明显的不周之处，甚或是误区。其实，近二十年来唐宋法制史学界对唐宋法典修纂、立法活动已有较多的论述，基本厘清了唐中叶以后至两宋时期法典修纂演变过

① 《西夏〈天盛律令〉略论》，《宁夏社会科学》1993年第1期，第50页。
② 《西夏法制研究》，第41页。
③ 李姝：《宋与西夏法律编纂形式比较研究》，湖北大学2012年硕士学位论文。
④ 参见《西夏法制研究》，第42~60页；《〈天盛律令〉与西夏法律制度研究》，第5~25页。

程，可惜这些成果没有引起西夏学界的足够关注，因而依然承袭以往的旧观
点来讨论《天盛律令》与唐宋法典的比较，以致一些误区至今没有得到纠
正。换言之，《唐律》《宋刑统》在唐中叶以后至两宋这一时期内并不是主
要的立法活动或法典修纂形式，《天盛律令》的修纂受这两部基本成文法典
的影响有限，更多的影响来自编敕、条法修纂的影响。为了便于讨论，下面
简要叙述唐中叶以后法典修纂演变过程。

第二节　唐宋法典修纂形式的演变

《唐律》是唐前期在继承隋朝乃至北朝法典编纂的基础上，采用律、
令、格、式组成了一套完整的法律体系。"取汉魏晋三家，择可行者，定为
十二篇，大概皆以《九章》为宗。历代之律至于唐，亦可谓集厥大成矣。"①
"唐之刑书有四，曰：律、令、格、式。令者，尊卑贵贱之等数，国家之制
度也；格者，百官有司之所常行之事也；式者，其所常守之法也。凡邦国之
政，必从事于此三者。其有所违及人之为恶而入于罪戾者，一断以律。律之
为书，因隋之旧，为十有二篇：一曰名例，二曰卫禁，三曰职制，四曰户
婚，五曰厩库，六曰擅兴，七曰贼盗，八曰斗讼，九曰诈伪，十曰杂律，十
一曰捕亡，十二曰断狱。"②"凡律以正刑定罪，令以设范立制，格以禁违正
邪，式以轨物程事。"③ 这部法典确定的修纂模式在此后迄清朝为止的中华
法系发展过程中产生了深远的影响。但是在宋元时期，法典修纂形式发生了
一些重大变异，主要表现在两个方面：一是自皇帝而经由中书颁行的"敕"
在法典中的地位日益提高，二是法典的名称也发生了变化。这两个变化均出
现在唐中叶以后。先说第一种变化。

《旧唐书·刑法志》载：

① （明）宋濂：《进大明律表》，（明）黄训编《名臣经济录》卷四十五《刑部律例》，《文渊
阁四库全书》本。
② （宋）欧阳修、宋祁：《新唐书》卷五十六《刑法志》，北京：中华书局，1975 年，第 1407 页。
③ （唐）李林甫等：《唐六典》卷六，陈仲夫点校，北京：中华书局，2008 年，第 185 页。

（开元）二十二年，户部尚书李林甫又受诏改修格令。林甫迁中书令，乃与侍中牛仙客、御史中丞王敬从，与明法之官前左武卫胄曹参军崔见、卫州司户参军直中书陈承信、酸枣尉直刑部俞元杞等，共加删缉旧格式律令及敕，总七千二十六条。其一千三百二十四条于事非要，并删之。二千一百八十条随文损益，三千五百九十四条仍旧不改，总成《律》十二卷，《律疏》三十卷，《令》三十卷，《式》二十卷，《开元新格》十卷。又撰《格式律令事类》四十卷，以类相从，便于省览。二十五年九月奏上，敕于尚书都省写五十本，发使散于天下。①

唐玄宗这次对唐律的修订，值得注意的有两点：一是对由唐初以来增加至7026条的律令进行删订损益时，其中有相当数量的"敕"也在删订之中；二是"又撰《格式律令事类》四十卷，以类相从，便于省览"。这是宋代条法事类体法典的滥觞，也可说是《天盛律令》修纂仿制的源头。唐宪宗时，刑部侍郎许孟容等删天宝以后敕为《开元格后敕》。文宗命尚书省郎官各删本司敕，而丞与侍郎覆视，中书门下参其可否而奏之，为《大和格后敕》。唐宣宗大中五年（851）四月，刑部侍郎刘瑑等奉敕修《大中刑法总要格后敕》六十卷。② 此后，"格后敕"的法典形式在立法中趋于常见，"敕"由于其更适应当时的政府统治需要而正式成为重要法律渊源，"敕"的地位的上升使得律令格式的法典体系开始变化。时人在论及"敕"更为便用的原因时说："敕，简而易从，疏而不漏……至于律、令、格、式，政之堤防，岂惟沿袭，亦致增损，条流既广，烦冗遂多，或轻重不伦，或交互相背，侮法之吏，因以情坐，得罪之人，何妨误入。触类而长，颇乖折中。"③

有学者指出"关于唐代的法律体系，学者通常都沿用《唐六典》和《新唐书·刑法志》的说法，认为主要由律、令、格、式构成，未把'敕'

---

① 《旧唐书》卷五十《刑法志》，第2150页。
② 《旧唐书》卷五十《刑法志》，第2156页。
③ （宋）宋敏求编《唐大诏令集》卷八十二《颁行新定律令格式敕》，北京：中华书局，2008年，第474页。

列入其中。事实上从开元十九年编纂《格后长行敕》起，'敕'便成为唐后期的重要法律形式，与律、令、格、式一起，共同承担了调整唐代社会关系的职责，发挥了不可替代的作用。唐后期出现的《格后敕》，是对开元二十五年已定律、令、格、式后新删订的敕而言的。所谓'格后敕'，其实就是敕"，"唐后期至五代十国时期的法典编纂概况：总括而言，该时期处于法典体系的变革前夕，其表现就是律典的转变和'编敕'的法典化"[①]。即后梁是以唐代的律、令、格、式为基础进行删定，而后唐废除后梁对唐代删定的法律，直接继承了唐代的法律，[②] 后晋申明"唐明宗朝敕命法制仰在，不得改易"。后晋除了遵从后唐的法制之外，最为重要的是对编敕的详定，后汉也以后唐为样本。后周则是以编纂刑统、编敕的方式进行立法。

到宋代，编敕的地位进一步巩固。"国初用唐律、令、格、式外，又有元和《删定格后敕》、太和《新编后敕》、开成《详定刑法总要格敕》、后唐同光《刑律统类》、清泰《编敕》、天福《编敕》、周广顺《续编敕》、显德《刑统》，皆参用焉。"[③] 随着时间的推移，不断以诏敕形式对前朝立法进行补充修正，"国朝以来，诏数下而建条，比牒连名，充曹创府，烦科碎目，与日而增。每罚一辜、断一事，有司引用，皆连篇累牍，不能遍举。率不数岁，则别加论次，谓之编敕"[④]。南宋时，这种形式又称为"续降指挥"，"法所不载，或异同，而谓利便者，自修法之后，每有续降指挥，则刑部编录成册，春、秋二仲颁降，内外遵守，一面行用。若果可行，则将来修法目，增文改创也"[⑤]。据统计，从宋初编纂《建隆编敕》已降，至南宋共修纂了十九部编敕，以表1-1见之。

---

① 戴建国：《唐宋变革时期的法律与社会》，上海：上海古籍出版社，2010年，第47~48页。

② 参见（宋）王钦若等编《宋本册府元龟》卷六一三《刑法部·定律令第五》，北京：中华书局，1989年，第1904~1911页。

③ （清）徐松辑：《宋会要辑稿》刑法一之一，北京：中华书局，1957年。

④ （宋）赵汝愚编，北京大学中国中古史研究中心校点整理《宋朝诸臣奏议》卷九十八，宋庠：《上仁宗论编敕当任达识大儒》，上海：上海古籍出版社，1999年，第1052页。

⑤ （宋）赵升编《朝野类要》卷四《法令》，王瑞来点校，北京：中华书局，2007年，第81页。

表 1 - 1　宋代编敕情况①

次数	名称	时间	卷数	内容
1	《建隆编敕》	建隆四年（963）	四卷	选取从《显德刑统》中削出的格、令、宣敕及后来续降宣敕编修而成
2	《太平兴国编敕》	太平兴国三年（978）	十五卷	宋朝建立至今的宣敕删修
3	《重删定淳化编敕》	淳化五年（994）	三十卷	端拱以前诏敕删修
4	《咸平编敕》	咸平元年（998）	十一卷	《淳化编敕》后续降宣敕
5	《大中祥符编敕》	大中祥符九年（1016）	三十卷	大中祥符七年以前续降宣敕
6	《天圣编敕》	天圣七年（1029）	十二卷	天圣五年（1027）前续降宣敕
7	《庆历编敕》	庆历八年（1048）	十二卷	庆历三年（1043）前续降宣敕
8	《嘉祐编敕》	嘉祐七年（1062）	十八卷	嘉祐三年（1058）前续降条贯
9	《熙宁编敕》	熙宁七年（1074）	十七卷	《嘉祐编敕》后续降宣敕
10	《元丰敕令格式》	元丰七年（1084）	敕十三卷，令五十卷，格五卷，式五卷	《熙宁编敕》后续降宣敕
11	《元祐详定敕令式》	元祐二年（1087）	敕十七卷，令二十五卷，式六卷	元祐二年十二月及以前续降条贯
12	《元符敕令格式》	元符二年（1099）	一三四卷	以《元丰敕令格式》为蓝本，参考《元祐详定敕令式》删修而成
13	《政和重修敕令格式》	政和三年（1113）	一三八卷	
14	《绍兴重修敕令格式》	绍兴二年（1132）	敕十二卷，令五十卷，格三十卷，式三十卷②	以《嘉祐编敕》与《政和重修敕令格式》为蓝本，综合建炎四年六月以前续降指挥修订
15	《乾道重修敕令格式》	乾道七年（1171）	敕十二卷，令五十卷，格三十卷，式三十卷	以《绍兴重修敕令格式》《嘉祐编敕》为蓝本，综合乾道四年前续降指挥修订
16	《淳熙重修敕令格式》	淳熙四年（1177）	—	对《乾道重修敕令格式》加以删修
	《淳熙条法事类》	淳熙八年（1181）	四二〇卷	将《淳熙重修敕令格式》条文按事类分门别类编修

---

① 本表以《宋会要辑稿·刑法》为主，参校宋代其他史料编成。

② 《文献通考》卷一六七《刑考六》记为"敕令格式一百二十卷及看详六百四卷"。

续表

次数	名称	时间	卷数	内容
17	《庆元敕令格式》	庆元四年(1198)	敕十二卷，令五十卷，格三十卷，式三十卷，随敕申明十二卷	以《淳熙重修敕令格式》及庆元二年(1196)十二月以前续降删修而成
	《庆元条法事类》	嘉泰三年(1203)	四三七卷(八十卷)	据《庆元敕令格式》条文重新分类编修
18	《淳祐重修敕令格式》	淳祐二年(1242)	不详	对《庆元新书》参酌续降删修而成
19	《淳祐条法事类》	淳祐十一年(1251)	不详	以庆元与淳祐法令参酌编修而成

从上表可以看出，宋代的法典编纂形式以神宗朝为分界线，神宗朝以前都是以《编敕》为名，"依律分门十二卷"①，"凡敕文与《刑统》令式旧条重出者及一时机宜非永制者，并删去之；……令敕称依法及行朝典勘断，不定刑名者，并准律、令、格、式；无本条者，准违制敕"②。熙宁后期，开始出现以《敕令格式》命名的律书，不再以《编敕》命名，"原来诸种法律规范混而为一的编敕修纂体例，被改为按敕、令、格、式四种法律形式分类修纂，从而使编敕的法律效力发生了变化。……敕成为单纯的刑事法律"。③到《元祐敕令式》时，于每门之下分立细目，其体例为："随门标目，用旧制也，以义名篇，仿唐律也。其间一事之禁，或有数条，一条之中，或该数事，悉皆类聚，各附本门。义欲著明，理宜增损，文有重复者削除之，意有阙略者润色之。……今来敕令式内，事有未备，与删定官等共同讨论具为条目者，即依庆历故事，注曰'臣等参详新立'。……其元丰敕以熙宁敕令中合尚书六曹在京通用，并一路、一州、一县事并厘归逐处，若尽收还，虑致丛脞。今合以该五路以上者，依旧敕修入敕令，其余有事节相须，条制相

---

① (宋)王应麟：《玉海》卷六十六《天圣新修令 编敕》，南京：江苏古籍出版社，上海：上海书店，1987年，第1257页。

② (宋)李焘：《续资治通鉴长编》卷四十三，真宗咸平元年十二月丙午条，北京：中华书局，2004年，第922~923页。

③ 戴建国：《宋代刑法史研究》，上海：上海人民出版社，2007年，第79页。

类，可以随事生文，不须别立条法者，虽止该一路、一司，并附本条编载。"① 淳熙七年（1180）开始出现"条法事类"这种编纂体例，"初，吏部七司有《条法总类》，《淳熙新书》既成，孝宗诏仿七司体，分门修纂，别为一书，以《事类》为名，至是以《庆元新书》修定颁降"②。庆元二年（1196）二月丙辰"复置编修敕令所，遂抄录乾道五年（1169）正月至庆元二年十二月终续降指挥，得数万事，参酌淳熙旧法五千八百条删修为书，总七百二册，敕令格式及目录各百二十二卷，申明十二卷，看详四百三十五册。四年（1198）九月丙申上之。嘉泰二年（1202）八月二十三日上《庆元条法事类》四百三十七卷，《书目》云八十卷。元年诏编是书"③。

宋代法典的编纂还有一个特点，即《看详》卷数的规模远超过《敕令格式》。元丰七年（1084）七月二十五日，御史黄降在上疏中提到："朝廷修立敕令，多因旧文损益，其去取意义，则具载看详卷，藏之有司，以备照使。比者，官司议法，于敕令文意有疑者，或不检会看详卷，而私出己见，裁决可否。乞申饬官司，自今申明、敕、令及定夺疑议，并须检会看详卷，考其意义所归，所贵法定于一，无敢轻重。"④

再看法典名称的变化。这个变化主要是以"刑统"命名法典。"刑统"是刑法统类的简称，最早见于唐宣宗大中七年（854）五月编纂的《大中刑法统类》，"左卫率仓曹参军张戣进《大中刑法统类》一十二卷，敕刑部详定奏行之"⑤。其编纂体例以律为中心，分为 121 门，以令、格、式及敕附在律后，形成一部以刑法为主的综合性法典。这对后来五代及宋朝的法律修纂影响巨大。

显德四年（957）后周对现存法典进行重新修订，五月二十四日，中书门下奏："今奉制书，删律令之书，致理之本，经圣贤之损益，为今古之章

---

① 《续资治通鉴长编》卷四〇七，哲宗元祐二年十二月壬寅条，第 9912 ~ 9913 页。
② （元）马端临：《文献通考》卷二〇三《经籍考三十》，上海师范大学古籍研究所、华东师范大学古籍研究所点校，北京：中华书局，2011 年，第 5819 页。
③ 《玉海》卷六十六《庆元重修敕令格式 条法事类》，第 1264 页。
④ 《宋会要辑稿》刑法一之一三。
⑤ 《旧唐书》卷五十《刑法志》，第 2156 页。

程，历代以来，谓之彝典。朝廷之所行用者，《律》一十二卷，《律疏》三十卷，《式》二十卷，《令》三十卷，《开成格》一十卷，《大中统类》一十二卷，后唐以来至汉末编敕三十二卷，及皇朝制敕等，折狱定刑，无出于此。"至五年七月七日，中书门下及兵部尚书张昭远等奏，"所编集勒成一部，别有目录，凡有二十一卷，目之为《大周刑统》，伏请颁行天下，与律疏、令、式通行。其《刑法统类》《开成编敕》等采掇既尽，不在法司行使之限。自来有宣令指挥公事，三司临时条法，州县见今施行，不在编集之数。应该京百司公事，各有见行条件，望令本司删集，送中书门下详议奏闻者"①，后颁行天下。

就五代修纂法典而言，后周显德《大周刑统》是总结性的法典，它正式确立了刑统作为基本法典取代了原来律典的位置，同时也使敕上升到法律的地位，改变了唐代律令格式法典体系的格局。

《宋刑统》即是在《大周刑统》的基础上修纂的。太祖建隆四年（963）二月五日，工部尚书、判大理寺窦仪言"周《刑统》科条繁浩，或有未明，请别加详定。乃命仪与权大理少卿苏晓正、奚屿承、张希让及刑部大理寺法直官陈光乂、冯叔向等同撰集。凡削出令或（式）宣敕一百九条，增入制十五条，又录律内'余条准此'者凡四十四条，附于《名例》之次，并目录成三十卷。别取旧削出格、令、宣敕及后来续降要用者凡一百六条，为《编敕》四卷。其厘革一司、一务、一州、一县之类不在焉。至八月二日上之。诏并模印颁行"。②窦仪《进刑统表》云："伏以《刑统》，前朝创始，群彦规为，贯彼旧章，采缀已从于撮要；属兹新造，发挥愈合于执中。"③以《刑统》的篇目、条款和疏议，"求之唐律，乃知律十二篇，五百二条并疏，悉永徽删定之旧，历代遵守无异"；"律条所列，从首至尾，初无异

---

① （宋）王溥：《五代会要》卷九《定格令》，上海：上海古籍出版社，1978年，第149~150页。

② 《宋会要辑稿》刑法一之一。

③ 窦仪等：《进刑统表》，载（明）黄淮、杨士奇编《历代名臣奏议》卷二一〇《法令》，上海：上海古籍出版社，1989年，第2757页。

文"，只是"疏议小有不符"①。这就明确了《宋刑统》的主体部分与《唐律》无异的关系。

《宋刑统》编纂特点为以下两点：①律典不称律，所谓刑统，即集刑事法规统类编纂，分载于律文各条之后，汇成一部综合性的刑法典。取一代大法之名曰"刑统"者，唯有宋朝而已。②分门类编，"《唐律》逐条为目，《刑统》分门立目"②，《宋刑统》在每篇之下都分若干门，划分各卷条文，每卷卷头标明门类，这是唐律所没有的。这样，创于唐代的刑统体式的律典遂告定型。

综观两宋的立法，虽然之后历朝对此有不少修改，"但是《建隆重详定刑统》纂定之后，对于这部大法，自太祖以下诸皇朝都以其为祖宗成法而恪守不殆，未曾变改过"③。《宋刑统》是唐宋变革时期法律修纂的一项重要成果。此后实施了三百多年，直至宋代灭亡④。

根据上述可知，宋代法典有两种形式并行：历朝编敕与《宋刑统》。那么这两种形式的法典在宋代的地位孰轻孰重？

宋初至仁宗天圣年间（1023~1032）编敕的地位逐渐向刑统靠拢。但是需要注意的是，在《天圣编敕》以前的"编敕"，如《建隆编敕》《咸平编敕》还没有附有刑名的法律规定，也就是说编敕的地位还是在律之下。仁宗时期的《天圣编敕》开始有"丽于法者"⑤，这部分敕已具有律的性质，但有刑名的敕仅是一部分。不过，编敕内容是多方面、综合性的，编敕中必定有修改、补充内容。因为敕比律更具有灵活性，在法律适用上往往优先于律，这也使大量的编敕活动成为北宋法律编纂的一大特点。正因为编敕较之律文具有更大的灵活性和变通性而为统治者所喜爱，所以随着编敕适用

---

① 刘承幹：《宋重详定刑统校勘记》，引自《宋刑统》，中华书局，1984年，第513、549页。
② 《宋重详定刑统校勘记》，引自《宋刑统》，中华书局，1984年，第513页。
③ 《宋刑统研究》，第13页。但据王应麟的记载，《宋刑统》曾有两次申明订正："淳熙十一年，臣僚言：《刑统》系开宝、元符间申明订正，凡九十有二条目，曰：《申明刑统》，同绍兴格式敕令为一书。自乾道书成，进表虽有遵守之文，而此书印本废而不载。《淳熙新书》不载遵守之文，而印本又废而不存，谳议之际，无所据依，乞仍镂板附淳熙随敕申明之后，四年六月，令国子监重镂板颁行"（见王应麟：《玉海》卷六十六《绍兴申明刑统》）。
④ 《唐宋变革时期的法律与社会》，第41页。
⑤ 《续资治通鉴长编》卷一零八，仁宗天圣七年九月丁丑条，第2523页。

范围的不断扩大,在仁宗天圣年间至神宗元丰年间,其地位也越来越高,逐步由补充律之未备而到敕律并行。①

同时,由于《宋刑统》自宋初修纂完毕后没有再续修,随着社会历史的变化,有的律令已不能适应时代的要求,如赵彦卫所云:"《刑统》,皆汉唐旧文,法家之五经也。国初,尝修之,颇存南北朝之法及五代一时旨挥,如'奴婢不得与齐民伍',有'奴婢贱人,类同畜产'之语,及五代'私酒犯者处死'之类,不可为训,皆当删去。"② 所以到神宗时期,编敕的地位进一步提高,正是由于律不能适应时代要求,便出现以敕、令、格、式代替律、令、格、式的局面。熙宁四年(1071)二月五日,"检正中书户房公事曾布言:'近言《刑统》刑名、义理多所未安。乞加刊定。朝旨令臣看详。今条析《刑统疏义》,繁长鄙俚,及今所不行可以删除外,所驳《疏义》乖谬舛错凡百事,为三卷上之。'诏布看详《刑统》,如有未便,续具条析以闻"③。熙宁十年(1077)二月二十七日,详定编修诸司敕式所上所修《敕令格式》十二卷,诏颁行④。宋神宗曾对敕令格式下了定义:"禁于已然之谓敕,禁于未然之谓令,设于此以待彼之至之谓格,设于此使彼效之之谓式。"⑤ 元丰二年(1079)六月二十四日,左谏议大夫安焘等上《诸司敕式》,上谕焘等曰:"设于此而逆彼之至曰格,设于此而使彼效之曰式,禁其未然之谓令,治其已然之谓敕,修书者要当知此。有典有则,贻厥子孙,今之格式令敕,即典则也。若其书完具,政府总之,有司守之,斯无事矣。"⑥ 元丰六年(1083)九月一日,诏:"内外官司见行敕律、令、格、式,文有未便,于事理应改者,并申尚书省议奏,辄画旨冲革者徒一年。即面得旨,若一时处分,应著为法,及应冲改者,随所属申中书省、枢密院奏审。"⑦ 丘浚曾指出:"唐有律,律

---

① 郭东旭:《宋代法律与社会》,北京:人民出版社,2008 年,第 39 页。
② (宋)赵彦卫:《云麓漫钞》卷四,傅根清点校,北京:中华书局,1996 年,第 57 页。
③ 《续资治通鉴长编》卷二一四,神宗熙宁三年八月戊寅注文,第 5215 页。
④ 《宋会要辑稿》刑法一之一一。
⑤ 《续资治通鉴长编》卷三四四,元丰七年三月乙巳条注文,第 8254 页。
⑥ 《宋会要辑稿》刑法一之一二。
⑦ 《宋会要辑稿》刑法一之一二。

之外又有令格式。宋初因之，至神宗更其目曰敕、令、格、式，所谓敕者，兼唐之律也。"① 这样唐代律、令、格、式的法典体系到宋代就发生了变革，成为敕、令、格、式的法典体系。也就是说，自宋神宗时的《元丰编敕令格式》按照宋神宗对敕、令、格、式新的解释分类开始，包括各种部门的法令、法规，也都以敕、令、格、式分类进行编排，是宋代法典编制的一次改革。

必须指出，尽管"神宗以律不足以周事情，凡律所不载者一断以敕，乃更其目曰敕、令、格、式"，但是以《宋刑统》为代表的律，仍然在继续使用。作为一代大法的《宋刑统》"而律恒存乎敕之外"②，正说明宋律法式为其他敕令格式不可完全替代而"恒存"。③

要之，虽然涵盖《唐律》的《宋刑统》于宋一代始终沿用不改，但是宋朝的立法活动和法典修纂形式主要是"编敕"，特别是宋神宗以后修纂的"敕令格式"。毋庸讳言，作为刑律，《宋刑统》在宋一代具有不可替代的作用，而作为包括日常事务经济、行政、民事等内容的综合法典，宋仁宗以后的"编敕"和"敕令格式"乃至南宋的《条法事类》在宋代法律制度中居于主导地位。所以，讨论《天盛律令》的修纂就不能仅限于对比《唐律》和《宋刑统》，而应更多的与占据宋朝法典修纂主导形式的各朝"编敕"或"敕令格式"相比较，这样才能得出合乎事实的正确结论。

第三节 《庆元条法事类》与《天盛律令》的 修纂形式比较

虽然宋朝修纂的"编敕"或"敕令格式"部数众多、卷帙浩繁，却很少流传至今。只有残本《庆元条法事类》还能窥其一斑。所以能与《天盛律令》比较的就只有《庆元条法事类》。为了便于比较，先看看《庆元条法

---

① （明）丘浚：《大学衍义补》卷一〇三《治国平天下之要·慎刑宪·定律令之制下》，《文渊阁四库全书》本。
② 《宋史》卷一九九《刑法志》，第 4963 ~ 4964 页。
③ 《宋刑统研究》，第 152 页。

事类》的成书经过和修纂形式。

淳熙二年（1175），宋孝宗下诏将吏部现行的改官、奏荐、磨勘、差注等条法分门别类，将同类的敕、令、格、式、申明编在一起，编成《吏部（七司）条法总类》，这是首次分类编辑的法令、法规汇编。①

淳熙六年（1179）正月庚午，丞相赵雄奏："士大夫罕通法律，吏得舞文。今若分门编次，聚于一处，则遇事悉见，吏不能欺。"乃诏敕局取"（淳熙）敕令格式"和"申明"，体仿《吏部七司条法总类》，随事分门，纂为一书。淳熙七年五月二十八日，书成，赐名《淳熙条法事类》，计四百二十卷，《目录》二卷。为总门23，别门420。"若数事共条，即随门厘入"，"以明年三月一日颁行。"② 由此可知，《淳熙条法事类》，是法律、法规编纂中的新体例，便于法官的检阅，有利于依法审讯，这是宋代法书编制的重大改革，史称："前此法令之所未有也。"③

庆元二年（1196）二月丙辰，"复置编修敕令所，遂抄录乾道五年正月至庆元二年十二月终续降指挥，得数万事，参酌淳熙旧法五千八百条，删修为书，总七百二册。《敕令格式》及目录各百二十二卷，《申明》十二卷，《看详》四百三十五册。（《会要》云二百六十六卷，《书目》云二百五十六卷）四年九月丙申上之。嘉泰二年八月二十三日，上《庆元条法事类》四百三十七卷，《书目》云八十卷。（庆元）元年诏编是书"。④

据此可知，《淳熙条法事类》有四百二十卷，《庆元条法事类》有四百三十七卷。后者总条数不少于5800条。据日本学者川村康统计，现存残本《庆元条法事类》计有敕887条，令1781条，格96条，式142条，申明260条，总计3166条（不包括重复的条文）⑤。该书原有437别门，现存

---

① 陈振主编《中国通史》（第七卷）〔中古时代 五代辽宋夏金时期（上）〕，上海：上海人民出版社，1999年，第953页。

② 《玉海》卷六十六《淳熙条法事类条法枢要》，第1263页；《宋会要辑稿》刑法一之五二~五三。

③ 《宋史》卷一九九《刑法一》，第4966页。

④ 《玉海》卷六十六《庆元重修敕令格式 条法事类》，第1264页。

⑤ 《庆元条法事类及宋代的法典》，载滋贺秀三编《中国法制史基本资料的研究》，东京大学出版会1993年版。

188 别门，仅占原书的 43%，可见原书规模之浩大。

《庆元条法事类》虽然编自南宋中期，但是其法典修纂内容源自北宋。南渡以后，随着赵氏政权的重建，法律制度也随之重修，以适应新的社会需求。这一时期，法典修纂形式在性质上延续北宋神宗的改革，其律、敕、令、格、式以及断例等法律形式在效力等级上，仍维持彼此之间的关系。马端临概述说"熙宁中，神宗励精为治，议置局修敕，盖谓律不足以周尽事情，凡邦国沿革之政与人之为恶入于罪戾而律所不载者，一断以敕，乃更其目曰敕、令、格、式，而律存乎敕之外。自元祐变熙宁之法，绍圣复熙宁之制，以后冲前，以新改旧，各自为书，而刑书寖繁，至是，乃有此诏。又诏重修敕令所，应仁宗法度，理合举行，自今遵奉《嘉祐条法》，将《嘉祐敕》与《政和敕》对修。绍兴初，张守等上《对修嘉祐政和敕令格式》一百二十卷，及《看详》六百四卷。诏以《绍兴重修敕令格式》为名颁行。于是熙宁、元祐、绍圣法制，无所偏循，善者从之"①。前揭宋代每一朝的《编敕》都是在前一朝的基础上删改修订的。孝宗《乾道新书》改自《绍兴重修敕令格式》，《淳熙敕令格式》改自《乾道新书》，《淳熙条法事类》改自《淳熙敕令格式》，且《庆元条法事类》又是对《淳熙条法事类》的修订，"淳熙末，议者犹以新书尚多遗阙，有司引用，间有便于人情者。复令刑部详定，迄光宗之世未成。庆元四年，右丞相京镗始上其书，为百二十卷，号《庆元敕令格式》"②。

前揭学界在比较《天盛律令》与《唐律》《宋刑统》之间的修纂形式和内容之后，得出西夏法典与唐、宋律有很大不同。但是若与《庆元条法事类》比较后就会发现有很大相似性。

首先比较一下两者的内容。学者以为"将《天盛律令》诸门内容与《唐律疏议》《宋刑统》相关内容进行比较，发现在《天盛律令》150 门中，91 门的内容是《唐律疏议》《宋刑统》所没有的，约占 60.7%。其他 59 门

---

① 《文献通考》卷一六七《刑考六》，第 5012 页。
② 《宋史》卷一九九《刑法一》，第 4966 页。

的内容与唐宋律相近，约占 39.3%"①。其实将《庆元条法事类》与《宋刑统》相关内容进行比较，就会发现其内容的增加幅度和数量远远超过《天盛律令》的增加幅度和数量。现今残本仅是原书的百分之四十三，其敕（887 条）就比《宋刑统》全部律（502 条）多出近 1 倍。《庆元条法事类》残存的令格式 2279 条，是《宋刑统》全部令格式（202 条）的 11 倍多。具体内容，与《宋刑统》相比，《庆元条法事类》大大增加了经济方面的法规，残存的就有 5 门十卷之多。同时还增加了在《宋刑统》中几乎空白的"蛮夷门"及"道释门"。所收的行政法规及民事法规均大大超出《宋刑统》。

《庆元条法事类》作为宋代的一部综合性法规汇编，它包括了刑事、民事、行政、经济等方面的立法，内容极为丰富。可以说除了因两国国情不同，调整社会关系诸多矛盾冲突关系的方式有所不同外，如《天盛律令》所载有关牧业生产、管理等，肯定比《庆元条法事类》卷七十九畜产门的规定具体且丰富，如卷十一中的草果重讼门，卷十五养草监水门，卷十九的畜利限门、牧盈能职事管门、牧场官地水井门、贫牧逃避无续门等。

《天盛律令》比《宋刑统》增加了较多的行政管理和经济法规方面的内容，与《庆元条法事类》相比就有较大差距。

《天盛律令》卷九，共计 7 门 90 条，主要是对于司法制度的规定。《庆元条法事类》卷七十三至卷七十五为刑狱门，分为 18 个小类。此门已不完整，但仍记载了宋代刑事审判的程序、法官的责任及囚犯的管理等一系列法规。卷七十六为当赎门，计分两门，是有关官当和赎罪的法规。

《天盛律令》卷十，共 5 门 89 条，主要是对官吏品级编制、迁转考核、赴任的规定。《庆元条法事类》从卷四至卷十三为职制门的内容，分为 51 个别门，涉及官吏的职掌、官品、考课任用、叙复以及致仕、荫补、封赠等，几乎涵盖了宋代官吏制度的各项法规，对研究宋代官制具有重要的参考价值。选举门卷十四、卷十五，分为 10 个别门，涉及文武官员荐举、文学授官、考试、换授官资等。卷五十二为公吏门，分为 3 个别门，是有关公吏

① 《西夏法制研究》，第 42 页。

的职责、升降方面的法规。卷十六至卷十七为文书门，有 11 个别门，内容涉及制书、赦书、表奏及各种文书的格式传递执行及管理，各种印章雕刻管理，书籍的雕印及禁约等，其细密周详远非《天盛律令》可比。

又如《天盛律令》卷十一，共计 13 门 95 条，主要内容是关于诈伪、出典劳力、田地、房舍、财产纠纷、使节往来、宗教管理的规定。《庆元条法事类》卷五十至卷五十一为道释门，分为 11 个别门，涉及道士、僧人的剃度及管理等一系列法规，是宋代的宗教法。卷七十八为蛮夷门，分为 6 个别门，是有关少数民族入贡，及归明人、归正人的法规。还有散见的"奉使门""馈送门""差借舟船门"都有相应的规定。

又如《天盛律令》卷十五，共计 11 门 86 条，主要内容是对于各种地租以及对灌溉、河渠管理、保护的规定。卷十六，共计 8 门 46 条，全卷遗失，从保存名略条目可知大致内容为关于农户登记管理与地租分成等规定。《庆元条法事类》卷四十七至卷四十八属赋役门，分为 12 个别门，包括拘摧税租和税租账，是有关租税征收及管理的有关法规。卷四十九为农桑门，分为 2 个别门，主要内容是劝课农桑和农田水利。

再如《天盛律令》卷十七，共计 7 门 58 条，是对度量衡标准、钱币使用以及仓库管理制度等规定。卷十八，共计 9 门 56 条，是对于商业活动征收各种榷税专卖和对他国贸易的规定。《庆元条法事类》卷三十至卷三十二为财用门，分为 8 个别门，内容包括上贡钱物、经总制钱、封桩、应在、点磨隐陷、理欠、钱币的铸造及管理等属财经方面的法规。卷三十六至卷三十七为库务门，分为 10 个别门，内容涉及场务的管理及商税的征收、仓库的管理及杂买粮草等。卷二十八至卷二十九为禁榷门，分为 14 个别门，包括两个方面的内容，一是关系当时国计民生的商品由国家专卖的法规，包括盐、茶、酒曲、铜等；二是有关钱币的法规。

总的来讲，《天盛律令》比《宋刑统》增加的内容，绝大多数也是《庆元条法事类》所增加的内容，而且《庆元条法事类》内容更加的丰富、详尽和细致。《天盛律令》现今所见本虽有所佚失，不是全本，但根据《名略》两卷可知其佚失门类之要点，而《庆元条法事类》是残本，佚失部分已不可知晓。故仅从《庆元条法事类》残本已与《天盛律令》内容多有相同处，可以想见，全本的《庆元条法事类》与《天盛律令》会有更多相合、相同处，应是符合历史逻辑的推理。

另外，《天盛律令》的修纂形式与宋代"编敕""敕令格式"修纂形式更接近。理由有四。一是《天盛律令》是一部综合法典，与《唐律》《宋刑统》偏重于刑律不同，全部律令条文的内容包括刑法、诉讼法、行政法、民法、经济法、军事法，多方位地反映西夏社会生活，给西夏政治、经济、军事、文化的研究提供了大量资料。这与《编敕》《敕令格式》以及由此演化而来的《条法事类》的修纂旨趣一致。

二是《天盛律令》自身的名称"改旧新定"，很形象地把握了"编敕"是每朝根据当时情况改删已有的旧法典而重新修订新法典的特点，即所谓"以后冲前，以新改旧，各自为书"①。《天盛律令》所附《颁律表》"奉天显道耀武宣文神谋睿智制义去邪惇睦懿恭皇帝，敬承祖功，续秉古德，欲全先圣灵略，用正大法文义。故而臣等共议论计，比较旧新《律令》，见有不明疑碍，顺众民而取长义，一共成为二十卷，奉敕名号《天盛改旧新定律令》。印面雕毕，敬献陛下。依敕所准。传行天下，着依此新《律令》而行"②。对此，史金波先生解释说"《律令》既称'改旧新定'，自然在此之前西夏已有法律。《天盛律令》书首的《颁律表》中有'用正大法文义''比较旧新律令''着依此新律令而行'等文字，皆可作为西夏早有《律令》的佐证。《颁律表》又指出，旧律有'不明疑碍'处，故而要加以修订"，"在黑水城遗址发现的西夏文献中，除《天盛律令》外，尚有西夏文手写本《新法》《亥年新法》。可知西夏也非止一次修订法律"③。由此与宋代文献记载每次修纂《编敕》《敕令格式》《条法事类》的背景原因和实际操作颇为相似，这类记载很多，文繁，仅举一例如下：

---

① 《文献通考》卷一六七《刑考六》，第5012页。
② 《天盛律令》，第107页。
③ 《西夏社会》，第246页。

　　（淳熙）八年六月十九日，诏："淳熙重修吏部敕、令、格、式、申明既已颁行，其旧条难为杂用。自今如有疑惑，可申尚书省取旨。"先是吏部侍郎赵汝愚言："昨降指挥，令敕令所将《绍兴吏部七司法》《吏部七司续降》《参附吏部七司法》三书，又取自绍兴三十年以后至淳熙元年终节次续降，及集议弊事指挥，重修吏部七司敕令格式。至淳熙二年书成。除是年正月以后指挥合作后敕遵用外，自淳熙元年十二月终以前申请指挥自不合行用。然敕令之文简而深，请奏之辞详而备，居官者既未能精通法意，遂复取已行之例，用为据依，故吏因得并缘为奸。望委本部主管架阁文字官尽取建炎以来逐选见存指挥，分明编类成沓，付本选长贰郎官，参照《新书》重行考定。取于《新书》别无抵牾者，编类成册进呈，取自裁断，存留照用外，其余尽行删削，自今法案不许引用。"至是书成，故有是诏。①

　　三是西夏《天盛律令》共二十卷，未明确区分若干律，各部分内容排列次序与《唐律》《宋刑统》差别很大。但是它与宋代编敕《庆元条法事类》"各分门目，以类相从"②却很相近，《庆元条法事类》在宋代有两个版本流行，一为437卷别门本，二为80卷总门本。前者是以一别门为一卷计算，后者是以总门分卷，某一总门内容多者，则分成若干卷，即一卷中包含若干别门。③《天盛律令》与《庆元条法事类》八十卷总门本相近的是每卷有多少不等的门，共150门，分1461条。

　　四是宋人称《宋刑统》为"刑统"或"律"，而对"编敕""敕令格式"等法典又称作"条法"，如"靖康初，群臣言：'祖宗有一定之法，因事改者，则随条贴说，有司易于奉行。……宜令具录付编修敕令所，参用国初以来条法，删修成书'"，"（建炎）三年四月，始命取嘉祐条法与政和敕令对修而用之"④。

① 《宋会要辑稿》刑法一之五三。
② 《续资治通鉴长编》卷四〇七，哲宗元祐二年十二月壬寅条，第9912页。
③ 《庆元条法事类》点校说明，第3页。
④ 《宋史》卷一九九《刑法一》，第4965页。

可见"条法"者，即是"敕令格式"法典的通称。而这个名称在《番汉合时掌中珠》有相近的表述："都案案头，司吏都监，局分大小，尽皆指挥，不许留连，莫要住滞，休做人情。莫违条法，案捡判凭，依法行遣。"① 再者，引文中"尽皆指挥"的"指挥"在宋代就是"诏敕"的同义语。②

第四节 宋金元明清法典的修纂

中国古代法典的修纂，从体例上看，自战国时《法经》的六篇，经过汉朝《九章律》等的演进，到隋朝的《开皇律》已形成十二篇并均有篇名，并为唐代《武德律》及以后的《永徽律疏》（即《唐律》）所继受。《唐律》是传统社会法典修纂的一个高峰和里程碑，"岭头便是分头处"，五代宋初以后，在继承《唐律疏议》的基础上，宋元明清法典修纂开始有了如下三个方面的新变化，或者说是形成三个编修系统。一是宋初仿制《唐律疏议》修纂的《宋刑统》以后，历朝编敕、条法成为宋代法典的主要修纂形式，对此前节已详细论述，不赘。

二是金元法典编纂有着承袭关系，"金初，法制简易"，法典修纂没有提上议事日程，海陵王时期有《续降制书》，金世宗颁行《大定重修制条》，金章宗时"取《刑统》疏文以释之，著为常法，名曰《明昌律义》。别编榷货、边部、权宜等事，集为《敕条》"。金章宗后期对金初以来的法律文献进行整理和重新编制，先后颁行《泰和律义》《泰和律令》及《新定敕条》《六部格式》，至此金朝有了比较完备的法典。值得注意的是，《泰和律义》是根据《唐律》"凡十有二篇：一曰《名例》，二曰《卫禁》，三曰《职制》，四曰《户婚》，五曰《厩库》，六曰《擅兴》，七曰《贼盗》，八曰《斗讼》，九曰《诈伪》，十曰《杂律》，十一曰《捕亡》，十二曰《断狱》。

---

① （西夏）骨勒茂才著《番汉合时掌中珠》，黄建华、聂鸿音、史金波整理，宁夏人民出版社，1989年，第58～59页。

② 参见戴建国《〈永乐大典〉本宋〈吏部条法〉考述》，《中华文史论丛》2009年第3期，第234页。

实《唐律》也,但加赎铜皆倍之,增徒至四年、五年为七,削不宜于时者四十七条,增时用之制百四十九条,因而略有所损益者二百八十有二条,余百二十六条皆从其旧。又加以分其一为二、分其一为四者六条,凡五百六十三条,为三十卷,附注以明其事,疏义以释其疑,名曰《泰和律义》"。《泰和律令》则是:

> 自《官品令》《职员令》之下,曰《祠令》四十八条,《户令》六十六条,《学令》十一条,《选举令》八十三条,《封爵令》九条,《封赠令》十条,《宫卫令》十条,《军防令》二十五条,《仪制令》二十三条,《衣服令》十条,《公式令》五十八条,《禄令》十七条,《仓库令》七条,《厩牧令》十二条,《田令》十七条,《赋役令》二十三条,《关市令》十三条,《捕亡令》二十条,《赏令》二十五条,《医疾令》五条,《假宁令》十四条,《狱官令》百有六条,《杂令》四十九条,《释道令》十条,《营缮令》十三条,《河防令》十一条,《服制令》十一条,附以年月之制,曰《律令》二十卷。①

元代建国前后,"初入中原,百司裁决,率依金律"②。元仁宗时,编有《风宪宏纲》。至元英宗时,"复命宰执儒臣取前书而加损益焉,书成,号曰《大元通制》。其书之大纲有三:一曰诏制,二曰条格,三曰断例。凡诏制为条九十有四,条格为条一千一百五十有一,断例为条七百十有七,大概纂集世祖以来法制事例而已。"③《大元通制》律下分有二十一个目,计有名例、卫禁、职制、祭令、学规、军律、户婚、食货、十恶、奸非、盗贼、诈断、诉讼、斗殴、杀伤、禁令、杂犯、捕亡、恤刑、平反、赎刑等。规模庞大,但大部分已失传。元代的法典现今所见的主要是《元典章》和《大元

---

① 《金史》卷四十五《刑志》,第 1024 页。
② (清) 柯劭忞:《新元史》卷一○二《刑法志上》,上海:上海古籍出版社,2012 年,第 475 页。
③ (明) 宋濂等:《元史》卷一○二《刑法一》,北京:中华书局,1976 年,第 2603~2604 页。

通制条格》。作为《大元通制》一部分的《大元通制条格》，计有户令、学令、选举、军防、仪制、衣服、禄令、仓库、厩牧、田令、赋役、关市、捕亡、医药、假宁、杂令、僧道、营缮等十九个残目。大体上是一事一例，或者一事一令，用以补充诏制等不足，并据此解决民、刑等方面的具体纠纷问题。但值得注意的是，《大元通制条格》不但保留了本民族法律传统习俗乃至语言习惯，而且融汇了唐宋各代的法律内容，并适应元朝社会生活变化的需要制定而成，具有鲜明的特色。① 《元典章》六十卷，并附新集不分卷，全名《大元圣政国朝典章》，是一部元代前、中期法令文书的汇编。收录自元宪宗七年（丁巳年，1257 年）始，至仁宗延祐七年（1320 年）止，分诏令、圣政、朝纲、台纲、吏部、户部、礼部、兵部、刑部、工部十大类。新集不分卷，全称是"新集至治条例"，收录下限至英宗至治二年（1324 年），分国典、朝纲、吏部、户部、礼部、兵部、刑部、工部八大类。

三是明代的法典《大明律》（《大明律集解附例》的简称），由开国皇帝朱元璋总结历代法律施行的经验和教训详细制定而成。仿《唐律》将"名例律"列于篇首，下面按六部分门别类，即吏、户、礼、兵、刑、工六律，共计 30 门，460 条。洪武三十年（1397）正式颁行，为明代历朝所尊奉。《大明律》的修纂方式在古代法典沿革史上有重大变化，其形式和内容较之《唐律》有很大不同，顺治三年（1646）颁行的《大清律》，实质上不过是《大明律》的修订本，也就是说几乎完全被《大清律例》所继承。

从上述三个系统可以看出经五代宋初以后，古代法典修纂亦有三个特点。

其一，迄宋、金、元三朝，法律的制订出现了有悖于古的现象，即宋《刑统》的律敕并行和执行中的"以敕破律"。金代的法典与宋代颇有相像处，《泰和律义》与《宋刑统》大致属于刑律，而《泰和律令》及《新定敕条》《六部格式》，与宋的条法将敕令格式与律令格式同等对待如出一辙。元代的《大元通制》似乎无法判定其为专门法典，却像是诸如"断例""条

---

① 郭成伟点校：《大元通制条格》点校说明，北京：法律出版社，1999 年。

格""诏制""令"等各种司法案例、行政法令的混合体。元朝的法律中，断例大体上相当于唐朝和金朝的律，条格大体上相当于唐朝和金朝的令。

其二，反映经济、军政、行政等政书内容在法典中所占比重的日趋扩大。如果说《泰和律义》是承袭唐宋律，《泰和律令》则基本属于政令，政书在法典中的地位明显提高，金代《六部格式》的做法为元代继承，法典与政书进一步糅合，为明清法典编纂所继承并发展成为主要修纂形式。

其三，律令的修纂由唐律的简约经历了宋金元的烦冗，至明清又归于简约。

第二章 《天盛律令》的编纂特点

第一节 《天盛律令》内容特点

虽然西夏王朝是地方性民族割据政权，但是西夏社会的发展亦深深打上了时代特点的烙印。下面根据前揭宋金元明清法典修纂的特点来透视一下西夏《天盛律令》的修纂。

首先，《天盛律令》在律令条款和内容上杂糅《宋刑统》和《庆元条法事类》的编纂方法，虽然在编纂体例上既没有标明律、令、格、式，也没有标明敕、令、格、式，但是仔细阅读《天盛律令》的每一个条款还是能够分辨出律（敕）、令、格、式的编纂方式。并非前引克恰诺夫认为的已经"放弃了将法令严格地划分为四种传统类型"。

下面以关于官员不按期赴任处罚规定的律文来说明"敕"这种格式在《天盛律令》中的体现。

《庆元条法事类》卷五《之官违限·职制敕》中规定了官员不按期赴任的处罚规定：

> 诸之官，限满无故不赴者，罪止杖一百。
>
> 诸下班祗应之官而无故违限者，一日杖六十，十日加一等，罪止徒一年。
>
> 诸副尉已授在外差遣，应起发而无故违程限者，杖一百。

诸之官限满不赴所属，不依限申尚书吏部者，杖一百。吏人三犯仍勒停，所委官奏裁。若故为隐漏，展磨勘二年，吏人依三犯法。即应再申而不申，若置籍销注于令有违者，杖一百。①

按前文所述，"禁于已然之谓敕"，意思是说对已经出现的行为进行处罚的律文称为"敕"，其律文格式需具备两个要素，一是处罚之情形，二是处罚之措施。

其次，看《天盛律令》卷十《失职宽限变告门》中的前三条律文：

诸大人、承旨、习判、都案、案头等不赴任上及超出宽限期，又得职位官敕谕文已发而不赴任等，一律超一二日罚五斤铁，三四日十斤铁，五日十三杖，六日起至十日徒三个月，十一日起至十五日徒六个月，十六日起至二十日徒一年，二十日以上至二十五日徒二年，二十六日起至一个月徒三年，一个月以上一律当革职，官□□马勿失。

司吏不赴司职时，一日起至五日笞十五，六日起至十日十杖，十一日起至十五日十三杖，十六日起至二十五日徒三个月，二十六日起至一个月徒六个月，一个月以上至三个月徒一年，三个月以上至十个月徒二年，十个月以上一律徒三年。

使人、都监未赴任上，一二日笞十五，三四日笞二十，五日起至十日十杖，十日以上至一个月徒三个月，一月以上至三个月徒六个月，三个月以上至十个月徒一年，十个月以上一律徒三年。②

分析这三条律文可以发现，其完全具备了"敕"所需的两个要素，首先指出了要接受处罚的不同延迟时间，其次则根据不同情况规定了不同的处罚力度，所以说以上三条律文就相当于"职制敕"。

---

① 《庆元条法事类》卷五《之官违限》，第52页。
② 《天盛律令》卷十《失职宽限变告门》，第351页。

《天盛律令》中"律"和"敕"是互用的，第七卷有"敕禁门"13条，第十卷有"官军敕门"37条，说明是用"敕"作"律"。又如卷二"黥法门"，唐律中没有"黥法"，是宋太祖以后修法增修的，宋人朱熹说，"律是历代相传，敕是太祖时修，律轻而敕重。如敕中刺面编配，律中无之"①。《天盛律令》正文有明确规定依照"敕"作为定罪的根据，如"依前已有敕条比量，按承罪之法，及逃跑人穿过罪等，依其重者判断"②。"于敕上有而得军等……"③，"当依□□□□□指挥，当执官之行法"④。此处"指挥"是敕令的同义语。另外《天盛律令》中还经常出现"依时节奏计实行"⑤，"当依时节奏告实行"⑥，"依时节当视言状轻重，奏告实行"⑦，"依时节等奏计实行"⑧，这类根据当时奏告或奏计进行判断，可以是按"律"判断，也可以是皇帝根据时事临时发诏敕处置。

《天盛律令》不仅"律""敕"兼用，"令"也常常与"律""敕"一并书写，没有明显的区分。按照朱元璋的说法"'律''令'者，治天下之法也。'令'以教之于先，'律'以齐之于后"⑨。虽然《天盛律令》没有标分"律"与"令"，但从书写的内容上还是可以区分的，即凡条文有刑事处罚者大致属于"律"，条文具有警示、禁止、赐赏所谓"教之于先"等内涵者大致可以视作"令"。

《天盛律令》卷二《戴铁枷门》：

使军因犯一种罪戴铁枷，已向属者付嘱，原判断处司人当增记簿籍

---

① （宋）黎靖德编，王星贤点校《朱子语类》卷一二八《本朝二·法制》，北京：中华书局，2011年，第3080页。
② 《天盛律令》卷四《敌军寇门》，第213页。
③ 《天盛律令》卷二十《罪则不同门》，第612页。
④ 《天盛律令》卷十一《使来往门》，第399页。
⑤ 《天盛律令》卷一《谋逆门》，第111页。
⑥ 《天盛律令》卷一《谋逆门》，第113页；卷一《内乱门》，第129页。
⑦ 《天盛律令》卷一《大不恭门》，第126页。
⑧ 《天盛律令》卷四《弃守营垒城堡溜等门》，第197页。
⑨ 《大明律》附录《大明令》，北京：法律出版社，1999年，第231页。

上，册不□□□京师者当向殿前司、边中者当向所应经略使等行文引送，经略使、殿前司等亦各自处，如其记已判断，及诸司引送多少等，相总计记簿而行，列犯罪者名，属者为谁，地名何处，使细细表示。假若因公当向摊派处出工时，前述使军因罪刑期未满者当行，服刑已满□后，应分置其他何处当分置。

这一条的法律释义完全符合"教之于先"定义的"令"，且在《天盛律令》名略第二对应的条款名称为"列名令明"也恰是说明"教之于先"。

又如同卷同门：

> 对解去铁枷者举告时，举赏：一年之内当给五缗，一年至三年当给十缗，四年至六年当给十五缗，二种长期徒刑给二十缗。□□□者及去掉者……

这一条很符合唐宋以来法典中的"赏令"，而在《天盛律令》名略第二对应的条款名称为"不应除举赏"。另外在《天盛律令》顶格正文条款中常可看到"依诸人因告举杂盗法"，"出告举赏法"的记述，这是赏令一类律令广泛存在的实证（类似实证详见后论）。前揭《金史》所载《泰和律令》中有《赏令》25条。而《庆元条法事类》卷三服饰器物门有"赏令"，卷五到罢门有"赏令"，卷七《按阅弓兵》有"赏令"等。

律令一般进行的是粗略的规定，实施的一些详细条目则以"格"或"式"的形式被确定。下面以《庆元条法事类》与《天盛律令》中关于举报盗杀畜物进行奖赏的律文来说明"格"这种格式在《天盛律令》中的体现。

《庆元条法事类》卷七十九《杀畜产·赏格》：

诸色人

告获杀官、私牛及私自杀者，每头钱五十贯。

告获杀官、私马，每匹钱二十贯。

获马铺收得别铺官马隐藏过五日不申官，或虽在限内而杀者，钱三十贯。①

所谓"设于此以待彼之谓格"，即是说设立好某种范式（规格），不同类别的人根据符合自身条件的范式（规格）得到不同的待遇，或不同类别的人或官司应达到的某种标准。除了上面所列的《赏格》外，《庆元条法事类》中还有《给赐格》《吏卒格》《考课格》《驿格》《辇运格》《假宁格》《荐举格》《封赠格》等。必须指出，《天盛律令》中"格"与"式"的分辨并不是很清晰，譬如《天盛律令》卷十《官军敕门》关于官、军、抄袭法及部分财产继承法中细目的详细规定，《司序行文门》关于各司建置和相互隶属关系的具体规定，第十七《库局分转派门》关于管库管理法中对明细账册、官吏三年转迁、库物支领账册、各类仓库吏员数等的具体规定，《物离库门》关于仓库储物耗减及赔偿的细致规定等。这些条目可以按照"格"来理解，也可按"式"来理解。《天盛律令》很大程度上继承了唐律，而唐律中的"格"与"式"就区别不大，唐"式"和"格"二者的关系，有如令之与律。"唐之刑书有四，曰：律、令、格、式。令者，尊卑贵贱之等数，国家之制度也；格者，百官有司之所常行之事也；式者，其所常守之法也；凡邦国之政，必从事于此三者。其有所违及人之为恶而入于罪戾者，一断以律。"② 这与宋朝很不相同，宋朝法典中的"式"除了作为律令的详细条目被确定外，主要是一种法律公文格式，如账目、牒状、批书等。据《庆元条法事类》就记载有多种"公文"式：职制式"保官状"（115）"监司岁具巡按奏状"（126），荐举式"陈乞僧道紫衣师号状"（226）、"太中大夫以上遇大礼乞荫补状"（237），考课式"承务郎以上使臣磨勘家状"（264），赏式"保明命官任满获私铸钱酬赏状"（421），仓库式"起发上京

---

① 《庆元条法事类》卷七十九《杀畜产》，第 891 页。
② 《新唐书》卷五十六《刑法》，第 1407 页。

供年额钱物状"（445）、"诸州申粮草帐"（589），场务式"提点刑狱司申起发收支经制钱物帐"（452），"州县场务收支历"（543），理欠式"欠账""遇赦保明放欠状"（520～521），给赐式"勘给旁磨背缝木印"（603），赋役式"输纳税租钞""人户纳畸零租税凭由"（622）、"夏秋税租簿"（636），道释式"保奏试经拨度童行状"（694）、"僧尼戒牒"（703），户式"归明人帐"（719），断狱式"断过大辟人数"（746）、"编配人籍册"（785），杂式"初验尸格目"（801），服制式"铭旌""輀车""持紼披者""挽歌者""墓田""坟"（840～841），厩牧式"季申官马帐"（885）、"卖不堪官马等物钱帐"（886）等。①

可以肯定地说，《天盛律令》没有使用《庆元条法事类》所载的公文"式"。凡低一格文中"依以下所定判断"，"依所定判断"等文字后面的条款一般都可以理解为"格"或"式"：

诸种军待命、独诱族式：住八丁以上者，正军亦实不乐在同抄，四丁当合分抄。其中有余，则当留旧抄组，若旧正军自愿，亦可随新抄后。族式八丁以下现有六七丁者，正军自愿，亦许分抄。其中案头、司吏者，族式有四丁以上者，正军乐许，亦二丁当合分抄。其有余丁，则亦当留旧抄，旧正军自愿，则随新抄法当与前述军卒分抄法同。②

人、马、披、甲、牛、骆驼，其余种种物等，敕禁不允敌界卖。若违律时，按以下所定判断：③……（共计13条）。

诸司行文书时，司印、官印等纯金、纯银及铜镀银、铜等四种，依司位、官品等，分别明其高下，依以下所定为之：司印……，官印……④

上次中下末五等司大小高低，依条下所列实行：上等司……次等

---

① 文中所括注数字系《庆元条法事类》的页码。
② 《天盛律令》卷六《抄分合除籍门》，第259页。
③ 《天盛律令》卷七《敕禁门》，第283～285页。
④ 《天盛律令》卷十《官军敕门》，第358～359页。

司……中等司……下等司……末等司……

诸司大人、承旨、监军、习判等高低，当依所定派遣，不许超遣：上等二司……次等司……中等司……下等司……末等司……

诸司都案、案头者，当依所定遣之，不许超遣：一等诸司遣都案次第……一等诸司遣案头次第……①

矫传行圣旨及矫为诸司等时，依所定判断……（共计12条）②

诸人矫伪而使人、马、坚甲中转院时，罪依所定判断：……（共计13条）③

不隶属于经略使之种种官畜、谷、钱、物，库局分人边中家所住处之府、军、郡、县、监军司等未磨勘，因是直接派者，自迁转日起十五日以内，当令分析完毕而派遣。依地程远近次第，沿途几日道宿，以及京师所辖处一司司几日磨勘当明之……（共计6条）

经略使所辖之种种官畜、谷、物，边中监军司、府、军、郡、县等各库局分人自迁转起十五日以内令分析完毕，监军司、府、军、郡、县等本处已磨勘，则派送经略处。其已磨勘，已明高下，尔后经略本处种种管库局分等，一并由经略一司一番磨勘，其如何派遣，一等等遣于京师管事处，依次几日限期磨勘，期限长短等如下所示……（共计9条）④

诸牧场四种官畜原已交纳、死减以外损失者，依次当紧紧催促牧人偿之。倘若牧人无力，则当催促小牧监令偿之。小牧监偿之不足，则当催促牧首领、末驱令偿之。其中倘若催促偿之而无所偿，实无力者，当置命。四种畜一律依以下所定之数高低判断：骆驼、马……牛……羖羝、羊……⑤

---

① 《天盛律令》卷十《司序行文门》第362~364、366~372、372~375页。
② 《天盛律令》卷十一《矫误门》，第383页
③ 《天盛律令》卷十一《矫误门》，第385页。
④ 《天盛律令》卷十七《物离库门》，第544~547页。
⑤ 《天盛律令》卷十九《校畜磨勘门》，第589页。

作错之义者，未受贿，非懈怠，因贮藏失误而损毁散落之官畜谷物中已超，入于官库，其余与此相同，因无贪意而治罪之谓。当依罪情语义次第，虽自己身上已示，然其中当日与作错同。一种罪情未列数，以物□□，承罪次第依以下所定实行。

自一缗至五缗，七杖。

五缗以上至十缗，八杖。

十缗以上至十五缗，十杖。

十五缗以上至二十缗，十三杖。

二十缗以上至二十五缗，徒三个月。

二十五缗以上至三十缗，徒六个月。

三十缗以上至三十五缗，徒一年。

三十五缗以上至四十缗，徒二年。

四十缗以上一律徒三年。①

《天盛律令》的这种书写方式与后世的《大清律例》颇相同，亦即《天盛律令》顶格律令条款下的再分条"格"或"式"，大致与《大清律例》中的"条例"相仿。

当然，也不是所有比顶格低一格的条款才是式，譬如《天盛律令》卷二《黥法门》在第二顶格条款后"黥字式"有6条，并没有按低一格来处理，而是将6条都置顶格书写，令人颇感困顿。

第二节 《天盛律令》的名略与修纂书写的复原

一般认为，《天盛律令》采用条款分层次的书写方式，"原书有严谨的书写格式：每条第一字为西夏文'一'字，顶格书写，第二行以后降格书写。若一条内又分若干小条（一般称作'等'），则每一小条的第一行降格

---

① 《天盛律令》卷二十《罪则不同门》，第603～604页。

书写，第二行以后再降格，大条的第二行亦再降格。若小条下面再分若干小款，则仿上述方法依次降格"①。即将相关联的内容归纳为一条，对其中的细部可分层次书写。这种说法若是以现存《天盛律令》的正文书写方式而言无疑是正确的。不过如果将《天盛律令》现行本正文书写与附在目录之后的上下卷《天盛改旧新定律令名略》联系起来对照，就可能发现新的问题。实际上正文中的每一顶格内容都能与"名略"第某计某门分某条所对应，譬如正文卷一谋逆门有顶格 5 条，恰与名略第一中"谋逆"后面的"做行得""做行未得""疯酒用""闻不告""劝举迟"相吻合，以此类推，现存名略第一至第十九无不验证此问题。这说明《名略》中的"门"与《天盛律令》正文每卷中"门"相一致，而《名略》中"条"的名称即是《天盛律令》正文中每门之后顶格条的名称。如果把《名略》分条分别置于每一顶格条之前，而替代原文中的西夏文"一"，以《天盛律令》卷三《群盗门》为例，如下复原，首先录原文：

　　五人以上同谋皆往盗窃，畜物已入手，则多寡不论，当为群盗，无论主从，不论有官、庶人，一律皆当以剑斩。自己妻子，同居子女当连坐，应入牧农主中。其中二三人往盗窃，有一二人未往盗窃时，勿算群盗。依强盗、偷盗主从犯判断。

　　足群盗数往盗窃，畜、物未入手，则造意当绞杀，从犯徒十二年。已谋而未往者，主谋徒十二年，从犯徒六年。

　　高于群盗数同谋，其中足群盗数几人往盗，一部分未往者，其未往人分取物时，则按群盗法判断，未曾分取物则徒十二年。若已往人未得物，则未往人徒六年。

　　成群而来，检得畜物，及抽拿各种谷物、草捆、蔬菜、木植、瓜、树菜、散放于地畜等，及盗取畜物后，他人知觉，而卖、使用、分，人数变多等，一律不算群盗。按强盗、偷到钱量依盗法及知觉等

---

① 《天盛律令》前言，第 7 页。

法判断。

诸库局分大小人数为多，及与他人谋，引导盗持自己局分官物者，勿算羣盗。按库局分人他人分别盗法，依其罪状判断。其中除库局分以外，仅旁人足五人则当按群盗论。

将分条名称置于顶格款之前复原后有以下几种：

一是皆往物入手。五人以上同谋皆往盗窃，畜物已入手，则多寡不论，当为群盗，无论主从，不论有官、庶人，一律皆当以剑斩。自己妻子，同居子女当连坐，应入牧农主中。其中二三人往盗窃，有一二人未往盗窃时，勿算群盗。依强盗、偷盗主从犯判断。

二是盗物未入手。足群盗数往盗窃，畜、物未入手，则造意当绞杀，从犯徒十二年。已谋而未往者，主谋徒十二年，从犯徒六年。

三是群盗满相半往取。高于群盗数同谋，其中足羣盗数几人往盗，一部分未往者，其未往人分取物时，则按群盗法判断，未曾分取物则徒十二年。若已往人未得物，则未往人徒六年。

四是盗地散谷物。成群而来，检得畜物，及抽拿各种谷物、草捆、蔬菜、木植、瓜、树菜、散放于地畜等，及盗取畜物后，他人知觉，而卖、使用、分，人数变多等，一律不算群盗。按强盗、偷到钱量依盗法及知觉等法判断。

五是库局分不算群盗。诸库局分大小人数为多，及与他人谋，引导盗持自己局分官物者，勿算群盗。按库局分人他人分别盗法，依其罪状判断。其中除库局分以外，仅旁人足五人则当按羣盗论。

值得注意的是，如果把上述重新编排《天盛律令》的书写方式与《大明律》《大清律例》的书写方式进行比较发现，除了《天盛律令》没有立纲分类即每卷没有总门外，三者在别门计条上颇有相似之处。说明西夏法典编纂已在悄然透漏出为后代发展之端倪的消息。

第三节　《天盛律令》所依凭的专门法

《天盛律令》自20世纪初黑水城文献出土以来，对于西夏的法律制度和规章的了解不再仅限于《宋史·夏国传》的片言记载，新出土的《天盛律令》《新法》《法则》《贞观玉镜将》及《番汉合时掌中珠》《杂字》等文献的相关记载，扩大了人们对西夏法律了解的视野，相关研究成果层出不穷，使人们对西夏法律有了较为深入的研究。但是深入细致地阅读《天盛律令》后发现，对其所蕴含的信息的发掘度似乎仍然不够。实际上，西夏在编修《天盛律令》的同时，还编修了大量的专门法，换言之，《天盛律令》是在大量已有的专门法的基础上进行编纂的。这些专门法往往是律令执行和判断的依据，如《天盛律令》卷三，《恶毒门》："一亲祖父母、父母、庶母等，故意杀自子孙之罪状，除第八卷上所列以外，节上人谋杀节下人，起意已伤，则与故意伤他人罪比，穿一年丧服减三等，自穿九个月丧服至五个月减二等，三个月减一等。已杀时按故意杀他人法判断。"又如卷二《盗杀牛骆驼马门》"一前述盗、杀牛、骆驼、马、骡、驴，有他人告举时，依诸人因告举杂盗赏法，当由犯罪者出钱给予"。律令文中的"按故意杀他人法判断""依诸人因告举杂盗赏法，当由犯罪者出钱给予"即是西夏的专门法，此类专门法，在《天盛律令》中俯拾即是，经过钩沉，按照专门法名称所示或专门法出处，参照宋和金代相关法典编修的属性，列出表2－1至表2－10，西夏专门法于此可见一斑。①

---

① 表中出处阿拉伯数字为《天盛律令》的页码。

表 2-1　西夏专门法 1〔职制律（敕）、官品令、职制令（职员令）、荐举令、考课令〕

名例	出处	备注
受贿者之从犯法	卷二，贪状罪法门 148	—
任轻职自相互转院法	卷十一，为僧道修寺庙门 409	—
无理问揽公事之罪情法	卷十三，举虚实门 452	—
口供虚法	卷十三，功抵罪门 456	—
做错法	卷十三，派大小巡检门 459	—
欺官法	卷十二，内宫待命等头项门 442	—
有官法	卷十，官军敕门 357	—
官法	卷十，官军敕门 362	—
转院法	卷六，行监溜首领舍监等派遣门 265；卷七，番人叛逃门 276；卷十，官军敕门 353~354；卷十一，为僧道修寺庙门 405	—
国中各种部类主簿派遣法	卷六，纳军籍磨勘门 257	—
隐官人法	卷十三，逃人门 463	—
官人法	卷十四，误殴打争斗门 480	自"头主"至"柱趣"官人法、自"暗监"至"戏监"官人法、自"十乘"至"胜监"官人法，481
转院罪状法	卷十五，渠水门 499	—
磨勘法	卷十七，库局分转派门 529，卷十七，物离库门 543	—
诸司使人放弃职法	卷十七，库局分转派门 533	—
持取官物法	卷十七，供给交还门 540	—
大小牧监失职法	卷十九，验畜日限及造册法 587~588	—
枉法贪赃罪法	卷五，季校门 234、240；卷六，行监溜首领舍监等派遣门 265；卷九，越司曲断有罪担保门 343、344；卷十一，矫误门 383、判罪逃跑门 393、检视门 401；卷十二，无理注销诈言门 416、内宫待命等头项门 429；卷十三，举虚实门 453、派大小巡检门 459、460、逃人门 462、执符铁箭显贵言等失门 468、469、470、477；卷十五，催租罪功门 494、租地门 496、地水杂事门 507；卷十七，急用不买门 541；卷十八，（他国买卖门）570；卷十九，校畜磨勘门 585	包括以贪赃枉法、枉法贪赃论

表 2-2 西夏专门法 2［文书律（敕）、文书令］

法典名称	出处
延误罪法	卷十七，库局分转派门 526
延误文书、怠慢上谕法	卷十七，库局分转派门 527；卷十七，供给交还门 539
边等有无上谕延误文书法	卷十七，库局分转派门 531
传圣旨时不行臣礼之造意法	卷二十，罪则不同门 606
延误公文法	卷二十，罪则不同门 609

表 2-3 西夏专门法 3［户婚律（敕）、田令、赋役令］

法典名称	出处
户主法	卷十三，逃人门 461
隐逃人法	卷十三，逃人门 463
庶人法	卷一，为不道门 126；卷十四，误殴打争斗门 481
壮人法	卷二，老幼重病减罪门 151
地租法	卷十五，催缴租门 490
水浇地租法	卷十五，催缴租门 493
纳租法	卷十五，催缴租门 491
租庸草法	卷十五，地水杂罪门 509
边中、畿内租户家住种地纳租法	卷十五，纳领榖派遣计量小监门 515
偿草承罪法	卷十五，渠水门 504
钱法	卷十一，出典工门 388
钱数承罪法	卷十五，渠水门 501
金银耗减法	卷十七，物离库门 547

表 2-4 西夏专门法 4［擅兴律（敕）、卫禁敕、宫卫令、军防令、
军器令、捕亡令、厩库令］

法典名称	出处
边等法	卷一，谋逆门 111；卷二，戴铁枷门 156；卷六，发兵集校门 246；卷十五，地水杂罪门 506；卷十七，库局分转派门 533；卷二十，罪则不同门 601、603
出军不行及放纵法、主从法	卷六，发兵集校门 245

法典名称	出处
出师全未往法	卷六,发兵集校门 246
国内纳军籍法	卷六,纳军籍磨勘门 255
不持武器强盗法	卷七,为投诚者安置门 269
诸人互相斗殴杀人法	卷七,为投诚者安置门 269
捕杀敌人法	卷七,番人叛逃门 274
革军职法	卷七,番人叛逃门 276
强盗持武器法	卷七,敕禁门 284
不持武器法	卷七,敕禁门 284
去敌界卖敕禁物法	卷七,敕禁门 284
卖敕禁法	卷七,敕禁门 285
卖敕禁畜物状法	卷七,敕禁门 287
军头监私使军庶人法	卷八,夺妻门 299
人数承罪法	卷四,边地巡检门 201
未往通告法	卷四,边地巡检门 204
检主管失察法	卷四,边地巡检门 204
迁全部人不禁制法	卷四,边地巡检门 211
正统法	卷四,边地巡检门 211
匿逃人法	卷十一,判罪逃跑门 394
杂人执武器入内宫法	卷十二,内宫待命等头项门 440
持牌超捕法	卷十二,内宫待命等头项门 440
执武器强盗法、不执武器强盗法	卷十三,举虚实门 452
执符者之从(犯)法	卷十三,执符铁箭显贵言等失门 469
予执符畜而殴打法	卷十三,执符铁箭显贵言等失门 470
过职事法	卷十三,执符铁箭显贵言等失门 472
待命者失记名之刀牌法	卷十三,执符铁箭显贵言等失门 476
边等库局分持取盗抽官物法	卷十七,库局分转门 558
边等库局分于官物入手法	卷十八,他国买卖门 569

表 2 - 5　西夏专门法 5（贼盗律、盗令）

法典名称	出处
偷盗法	卷三，杂盗门 167、重盗门 171、自告偿还解罪减半议合门 177；卷四，修城应用门 219；卷六，官披甲马门 248～249、250（偷盗律）、抄分合除籍门 262；卷八，烧毁杀门 293、夺妻门 299；卷十一，出典工门 391；卷十二，失藏典门 420、内宫待命等头项门 432、内宫待命等头项门 440～441、442；卷十三，派大小巡检门 458；卷十五，渠水门 503、桥道门 504、地水杂罪门 506、508、509、纳领谷派遣计量小监门 513、514；卷十七，供给交还门 537；卷十八，盐池开闭门 566、他国买卖门 569；卷十九，畜利限门 577、580、官私畜调换门 584、校畜磨勘门 589、595
知盗分财律	卷六，官披甲马门 247
盗窃从犯法	卷六，官披甲马门 249
在外盗法	卷三，杂盗门 164
强盗持武器法	卷三，杂盗门 166
盗法	卷三，杂盗门 167；卷三，群盗门 170
盗窃法	卷三，杂盗门 167、自告偿还解罪减半议合门 176
盗内宫法	卷十二，内宫待命等头项门 432
偷盗钱财法	卷十二，内宫待命等头项门 432
知觉等法	卷三，群盗门 169
自首解罪法	卷三，自告偿还解罪减半议合门 176
知觉盗分物法	卷三，自告偿还解罪减半议合门 177
盗亲法	卷八，夺妻门 299
知盗法	卷十七，供给交还门 537

表 2 - 6　西夏专门法 6［断狱律（敕）令、名例律（敕）令］

法典名称	出处
诸人犯罪黥法	卷二，黥法门 152
自首解罪法	卷三，自告偿还解罪减半议合门 176
从犯法	卷三，搜盗踪迹门 180（偷盗从犯法 182）；卷九，越司曲断有罪担保门 344；卷十五，催租罪功门 493、渠水门 502
有罪人之从犯法	卷九，行狱杖门 333；卷八，侵凌妻门 302
局分人教示之从犯法	卷九，行狱杖门 333
略卖者从犯法	卷六，节上下对他人等互卖门 258
被告人打差人之从犯法	卷十三，遣差人门 465
举之从犯法	卷十三，举虚实门 454
伤杀者之从犯法	卷十四，误殴打争斗门 482

续表

法典名称	出处
连坐法	卷一,谋逆门112
谋逆家门连坐法	卷一,谋逆门113
犯杂罪之拘管法	卷二十,罪则不同门601
异抄为他人辅主法	卷九,行狱杖门329

表 2-7　西夏专门法7［斗讼律（敕）、斗讼令］

法典名称	出处
杀人法	卷十,四误殴打争斗门481
故意杀他人法	卷一,恶毒门118
故意杀人罪法	卷一,为不道门123
庶人杀有官人罪法	卷一,为不道门123
有官者自相杀罪法	卷一,为不道门124
故意杀法	卷一,为不道门126
强盗杀伤人法	卷三,追赶捕举告盗赏门179
强盗杀人法	卷八,夺妻门299
故意杀伤人法	卷三,杂盗门165
相嫉故意杀人法	卷七,番人叛逃门278
故意杀人法	卷七,番人叛逃门279;卷九,事过问典迟门328
相打争斗杀人法	卷七,番人叛逃门279
有意杀法	卷九,行狱杖门327
枉法借故杀法	卷九,行狱杖门327
有意伤人杀人法	卷八,烧毁杀门292
有遮障人在处打中人伤死法	卷八,烧毁杀门293
斗殴相杀法	卷十四,误殴打争斗门482
诸人殴打争斗相杀法,	卷八,侵凌妻门302
诸人故意杀法	卷十一,出典工门389
相扑不死人之法	卷十四,误殴打争斗门483
庶人打伤下等司正法	卷十四,误殴打争斗门485
二庶人殴打罪状法	卷十四,误殴打争斗门485
折毁牙齿等法	卷十四,误殴打争斗门482
与他人行淫捕问法	卷八,侵凌妻门301
与人行淫法	卷八,侵凌妻门302
往他人妻处法	卷八,侵凌妻门303、卷十一出典工门389
窃人妻法	卷八,威势藏妻门304

表 2 – 8　西夏专门法 8（赏令、给赐令）

法典名称	出处
给捕告赏法	卷一，背叛门 116
首告强盗赏赐法	卷三，追赶捕举告盗赏门 178
捕盗及见盗赏法	卷三，追赶捕举告盗赏门 178
举告赏法	卷三，搜盗踪迹门 180
得举告功法	卷五，季校门 234
举告杂罪得赏法	卷五，季校门 240
捕告得赏法	卷七，番人叛逃门 278
杂罪举赏法	卷十一，为僧道修寺庙门 407、408
边等杂罪之告赏给法	卷二，贪状罪法门 149
诸人因告举杂盗赏法	卷二，盗杀牛骆驼马门 155
举边等杂罪之予举赏次第法	卷十八，他国买卖门 570
偷盗举赏法	卷十五，地水杂罪门 506
举盗赏法	卷十五，地水杂罪门 506
捕举偷盗之赏法	卷十三，派大小巡检门 459
小巡检捕盗得官赏次第法	卷十三，派大小巡检门 460

表 2 – 9　西夏专门法 9［僧道律（敕）、令］

法典名称	出处
出家变道法	卷十一，为僧道修寺庙门 405
僧监等法	卷十一，为僧道修寺庙门 408、409
耕地出他人尸体不埋法	卷三，到佛神地墓门 185

表 2 – 10　西夏专门法 10［杂律（敕）、令］

法典名称	出处
国中诸人转送筵礼、亲戚礼物法	卷六，军人使亲礼门 252
未补偿一整份法	卷五，季校门 236
使重押所示法	卷十一，出典工门 390

从上表可以看出西夏专门法有三个特点。

一是表 2 – 1 至表 2 – 10 所列的专门法在《天盛律令》广泛涉及面的基础上更加细致，说明西夏的法制建设的进步和日趋完善。《天盛律令》的这种做法与《庆元条法事类》很相似，如卷三，服饰器物杂敕"论如'于令有违'律"；卷四，"上书奏事"职制敕"论如'官文书稽程律'"；卷六，"权摄差委"赏令"诸权摄职认应赏者，依正官法"；卷十，"差借监临"厩库敕"各论如'借驿马'律"；卷十一，"寻医侍养"诈伪敕"依'诈疾病有所避'律"；卷二十九，"铜钱下海"卫禁敕"诸打造海船，先经所属请给'禁纳铜钱入海条令'，雕注船梁"；卷五十一，"杂犯"户婚敕"论如'卑幼私辄用财律'"等。由此可见，西夏《天盛律令》依据大量专门法，这从一个角度说明，西夏"敕"在律令中的作用不可小觑。因为专门法中有的属于律令，有的属于"格"或"式"，依据专门法判断，本身说明先前有律令格式存在，如果本身是律令，若再有别的依据，那么一般都是诏敕，所以在这里，西夏受宋神宗以后以敕、令、格、式代替律、令、格、式的做法之影响还是相当大的。

二是专门法在《天盛律令》中有的以直接的律令形式出现，如上表所列的"子女对自己亲高、曾祖及祖父、祖母、父、母、庶母，及儿媳对此数等人撒土灰、唾及顶嘴辱骂及举告等之罪法"① "诸人犯罪黥法""国内纳军籍法""国中诸人转送筵礼、亲戚礼物法""国中各种部类主簿派遣法""革军职法""水浇地租法"等都有具体的内容。有的则以"格"或"式"的形式出现，如上表所列"故意杀人罪法""庶人杀有官人罪法""有官者自相杀罪法""得举告功法""金银耗减法"等也都有具体的内容。不过大多数专门法都是作为律令的判断依据出现，只留下法典的名称而没有具体内容，这不免有点遗憾，但是通过专门法名的钩沉，使人们更多地了解西夏的法制建设，还是很有意义的。

三是表中有些专门法出现频率较多，如枉法贪赃罪法和偷盗法在各卷出现较为频繁，前者说明西夏吏治不好，官员腐败情况较严重，偷盗法出现频繁，则是当时物质较匮乏，社会风气不好的一种反映，再与专门法中的贼盗律、盗令种类较多结合来看，西夏社会矛盾较突出。有些专门法种类繁多而且细密，如赏令、给赐令和有关杀人、斗殴的斗讼律令，前者从一个角度反

① 《天盛律令》卷一《不孝顺门》，第127~128页。

映官民对立严重，因为赏令多是为举报、举告而设，这是社会矛盾较为突出的表现，使得西夏统治者加强对民众的防范，杀人法种类繁多且细密说明西夏民众性格有严重的暴力倾向，社会人与人之间的关系较为紧张，西夏社会治安问题较严重。

第四节 《天盛律令》不设总门分类的原因

以往研究《天盛律令》的学者在与《唐律》《宋刑统》比较以后，大都认为《天盛律令》的内容大大超过了唐、宋律，不仅"是一部综合性法典，其内容包括刑法、诉讼法、行政法、民法、经济法、军事法"等，而且律令条款深刻反映了西夏典章制度和社会经济文化等广阔的社会历史内容，因而有学者以为《天盛律令》是西夏的国家正典，其性质与现存最早的专门记载一代典章制度的典籍——《周礼》有相近之处。① 也就是说《天盛律令》不仅是法典，而且更具有政书的特点。从前揭宋金元明清法典修纂的线索来看，行政法、经济法、军事法和民法显著增加并不是西夏法典所独有，而是唐五代以后至清朝历代法典修纂的趋势，这是《唐律》及《宋刑统》之后出现的新的历史变化，因而只与《唐律》《宋刑统》比较是看不清这种历史大势的。

虽然说《天盛律令》在法典内容扩大深化上，与宋金元明清的法典修纂相一致，但在法典修纂形式上与宋金元明清的变化趋势大大相异，这主要表现为如有学者所指出的"类例不分""纲领不立"，对此学界有两种不同看法。一种看法是，认为《天盛律令》的特点全部为统一格式的律令条目，既没有条后附赘的注疏，也没有条外另加的令、格、式、敕。这样既显得条目清晰，易于查找，也可避免律外生律，轻视本条的弊病。《律令》中将律、令、格、式四大法律形式融为一体的编撰方式，对于西夏执法部门和百姓，有了具有系统而详备的综合法典，无疑是简便易行。另一种看法是，类

---

① 《西夏天盛律令研究》，第 29 页。

例不分导致西夏《律令》的许多内容仿效唐、宋律，却没有采用或参考唐、宋律的类例，而是将 1463 条律文统编为二十卷，分卷也无一定之规，"半数以上每卷虽有一个中心内容，但也夹杂其他性质的律文"，"由于类例不立，编次无序，就难免出现内容重出而文繁的问题"，《律令》的有些记载"散乱烦冗"。① 对于这两种意见笔者倾向于后者，因为固然西夏法典与金元明清法典修纂一样不再严格按唐宋的律、令、格、式或敕、令、格、式来修纂法典，但是金元明清法典修纂遵循了唐宋严谨、科学的分门别类，严格区分每一律令的中心内容和属性，金代《泰和律义》与唐宋律一样分 12 律，《泰和令》自《官品令》《职员令》之下分祠令、户令、学令、选举令、封爵令、封赠令、宫卫令、军防令、仪制令、衣服令、公式令、禄令、仓库令、厩牧令、田令、赋役令、关市令、捕亡令、赏令、医疾令、假宁令、狱官令、杂令、释道令、营缮令、河防令、服制令 27 门。《大元通制》律下分有二十一个目，即有名例、卫禁、职制、祭令、学规、军律、户婚、食货、十恶、奸非、盗贼、诈断、诉讼、斗殴、杀伤、禁令、杂犯、捕亡、恤刑、平反、赎刑等。《元典章》分诏令、圣政、朝纲、台纲、吏部、户部、礼部、兵部、刑部、工部十大类。《大明律》有《名例律》一卷冠于篇首，分吏律（职制、公式），户律（户役、田宅、婚姻、仓库、课程、钱债、市廛），礼律（祭祀、仪制），兵律（宫卫、军政、关津、厩牧、邮驿），刑律（贼盗、人命、斗殴、骂詈、诉讼、受赃、诈伪、犯奸、杂犯、捕亡、断狱），工律（营造、河防）共 460 条。这种以六部分作六律总目的编排方式，是承《元典章》而来的，与《唐律》面目已不尽相同。《大清律例》与《大明律》相似。众所周知，分类清楚、条目清楚才能谈得上简便易行，西夏《天盛律令》的条目、条理规范既不能与同时期的宋金相比也不能与元明清相比，因而也就很难说《天盛律令》分类清楚、条目清楚、条理规范，更谈不上简便易行。

那么为什么西夏《天盛律令》的修纂没有分类总目、没有刑法总则？有学者指出"刑法原则的条理规范，严谨、完善，是需要长期的司法实践

---

① 《西夏天盛律令研究》，第 32～33 页。

经验的总结才可能做到，同时还需要一定社会的相当文化水准为基础。西夏的司法时间短，毕竟没有汉族王朝代代因袭，长期的经验积累过程，再加上整个社会的文化水准远不及唐宋，故质量不能与同时代的汉族律书同日而语"。笔者以为这个分析有几分道理，大致符合史实。"但西夏修律未能仿效唐宋律，先立纲领以为全部律条的馆辖，也可能有主观上失误的原因"，①关于这一点笔者以为不是主观失误的原因，而是西夏的政治、经济、行政等制度在客观上没有达到宋金元明清发展的那种高度和完备程度所致。换言之，西夏作为偏安一隅的地方少数民族政权，虽各方面都有长足的进步，但是与中原王朝相比较在各方面都显得"落后"和模仿不完全到位。

譬如职官制度，《庆元条法事类》从卷四至卷十三为职制门，其下分52个别门：官品杂压、职掌、禁谒、谒见、上书奏事、臣僚陈请、奉使、之官违限、到罢、考任、考课、批书、差出、权摄差委、朝参赴选、寄居待阙、保官、监司巡历、监司知通按举、巡尉出巡、按阅弓兵、评议公事、定夺体量、漏泄传报、亲嫌、对移、省员废并、去官解役、擅离职守、迎送宴会、馈送、同职犯罪、差借监临、舍驿、辄入官舍、命官搬家、吏卒接送、差破宣借、差破当值、差借舟船、寻医侍养、给假、致仕、殁于王事、恩泽、荫补、封赠、磨勘升改、回授、理赏、叙复、亡役殁等，包括宋代职官人事管理制度从任职到退休直至死亡的权力、义务、职掌、俸禄、上下级关系、罢免、奖励、借调、升迁、任职纪律、回避、休假、保险、考核、子女顶替等方方面面一环扣一环，这是政治制度、行政制度高度发达的表现，而法律制度所反映的正是各项制度发展的实际程度和水平，西夏的政治制度、行政制度远非能与宋代相比，同时也达不到金代的政治制度、行政制度发展的程度，譬如西夏中央虽有中书、枢密机构，但是没有完备严格的三省六部制：吏、户、礼、兵、刑、工六部，所以西夏法典也不可能规定得如宋金元明清法典规定的那样丰富和细致，也难以列出相应的总目大纲，这是其一。

其二，虽然宋金元明清修纂法典的形式不再严格按《唐律》的形式进

---

① 《西夏天盛律令研究》，第33~34页。

行编撰，但是"律"和"令""格、式"仍然分别编撰或改变形式，如宋朝在执行宋初编修的《宋刑统》的同时编修了大量的"条法""编敕"，并尊奉敕令格式；金代将律、令分别编为《泰和律义》和《泰和令》；《大元通制》分诏制、条格、断例三大纲，元朝的法律中，断例大体上相当于唐朝和金朝的律，条格大体上相当于唐朝和金朝的令。明朝编修《大明律》的同时还有《大明令》。清代自乾隆以后有固定的律文，只是对"条例"不断进行修订。由此可知宋金元明清法典"律文"的地位不轻易变动，始终是居于首要位置，换言之就是总纲，而西夏《天盛律令》如前所述将律（敕）、令兼用并书，不以律文为总纲，而大量的专门法也是就事论事，所以也就不能按律分总门，决定其只能就事按别门分类。这从一个侧面说明西夏法典的不成熟。

第三章 《天盛律令》与宋代法典之比较

第一节 法典的编纂体例及内容比较

宋初，除用唐律、令、式外，还兼用《元和删定格后敕》《太和新编后敕》《开成详定刑法总要格敕》，后唐《同光刑律统类》《清泰编敕》，后晋《天福编敕》，周《广顺续编类敕》《显德刑统》。建隆四年（963），后周《显德刑统》与当时的政治、社会有些已不相符合，窦仪等人撰成《宋刑统》①。关于全书的编写结构，窦仪在《进刑统表》中指出：

> 旧疏议节略，今悉备文。削出式令宣敕一百九条，别编或归本卷，又编入后来制敕一十五条，各从门类，又录出一部律内"余条准此"四十四条，附《名例》后。字稍难识者，音于本字之下；义似难晓者，并例具别条者，悉注引于其处。又虑混杂律文，本注并加"释曰"二字以别之。务令检讨之司，晓然易达。其有今昔浸异，轻重难同，或则禁约之科，刑名未备，臣等起请总三十二条，其格令宣敕削出及后来至今续降要用者，凡一百六条。②

---

① 《宋会要辑稿》刑法一之一。
② 《历代名臣奏议》卷二一〇《法令》，第2757页。

现存《宋刑统》共有三十卷，213 门，502 条律疏，167 条敕、令、格、式，32 条起请，其具体情况如表 3 - 1 所示。

表 3 - 1　《宋刑统》主要内容

卷次	条目数量	主要内容
卷一至卷六	24 门，57 条	《名例律》
卷七至卷八	14 门，33 条	《卫禁律》
卷九至卷十一	22 门，59 条	《职制律》
卷十二至卷十四	25 门，46 条	《户婚律》
卷十五	11 门，28 条	《厩库律》
卷十六	9 门，24 条	《擅兴律》
卷十七至卷二十	24 门，54 条	《贼盗律》
卷二十一至卷二十四	26 门，60 条	《斗讼律》
卷二十五	10 门，27 条	《诈伪律》
卷二十六至卷二十七	26 门，62 条	《杂律》
卷二十八	5 门，18 条	《捕亡律》
卷二十九至卷三十	17 门，34 条	《断狱律》

原本《庆元条法事类》共八十卷，现存残本仅剩三十六卷，共有敕 887 条，令 1781 条，格 96 条，式 142 条，申明 260 条，总计 3166 条（不包括重复的条文）。原书共有 437 别门，现存 187 别门，仅占原书的 43%。其具体情况如表 3 - 2 所示。

表 3 - 2　《庆元条法事类》主要内容

卷次	卷名	条目数量
卷一至卷二	缺①	缺
卷三	缺	现存 3 别门
卷四至卷十三	《职制门》	52 别门
卷十四至卷十五	《选举门》	10 别门

---

① 据《文献通考》中的记载："初，吏部七司有《条法总类》，《淳熙新书》既成，孝宗诏仿七司体，分门修纂，别为一书，以《事类》为名。至是，以《庆元新书》修定颁降。"现存只有景定以后成书的《吏部条法》一部，但是由于几部《吏部七司法》存在一以贯之的关系，有很强的连续性，故其总的体例应该没有太大的变化，按照《吏部条法》的体例，若《庆元条法事类》仿其体例，则卷一应该也为《总法》一类的内容。

续表

卷次	卷名	条目数量
卷十六至卷十七	《文书门》	11 别门
卷二十八至卷二十九	《榷禁门》	14 别门
卷三十至卷三十二	《财用门》	8 别门
卷三十六至卷三十七	《库务门》	10 别门
卷四十七至卷四十八	《赋役门》	12 别门
卷四十九	《农桑门》	3 别门
卷五十至卷五十一	《道释门》	11 别门
卷五十二	《公吏门》	3 别门
卷七十至卷七十五①	《刑狱门》	存 18 别门
卷七十六	《当赎门》	4 别门
卷七十七	《服制门》	4 别门
卷七十八	《蛮夷门》	6 别门
卷七十九	《畜产门》	9 别门
卷八十	《杂门》	9 别门

　　《天盛律令》全书共为 20 卷，150 门，1463 条。各卷没有卷名，仅在卷中依不同律文分为若干门，但这些门大多为同一大类的不同方面。具体内容见表 3－3。

表 3－3　《天盛律令》主要内容②

卷次	条目数量	主要内容
卷一	10 门,39 条	"十恶"
卷二	9 门,50 条	关于某些刑法特殊适用原则
卷三	15 门,99 条	盗法与债权法
卷四	7 门,85 条	有关边防的法规
卷五	2 门,37 条	战具配备和注册检查制度
卷六	7 门,77 条	军中战时动员、军器保管、军籍承袭管理

---

①　其中卷七十一、七十二缺，但根据卷七十三为《刑狱门三》，判断卷七十一、七十二分别为《刑狱门一》和《刑狱门二》。

②　参考《西夏天盛律令研究》与《〈天盛律令〉与西夏法制研究》整理而成。

卷次	条目数量	主要内容
卷七	7门,70条	涉及投诚、叛逃人员处置,违禁物品,兴役差伏等方面
卷八	7门,79条	关于相杀伤和婚嫁的法规
卷九	7门,90条	司法制度
卷十	5门,89条	中央及地方职司等级、官吏人员设置等行政法规
卷十一	13门,95条	涉及诈伪,出劳力,财产纠纷,使节往来,宗教管理等多方面
卷十二	3门,84条	兵籍注销、宫卫制度
卷十三	7门,116条	举告、捕逃、传讯等方面
卷十四	存1门,73条	误杀伤与斗殴等方面
卷十五	11门,86条	地税征收与开渠灌溉等方面
卷十六	8门,46条	地租分成与土地买卖
卷十七	7门,存58条	市场管理与仓储制度
卷十八	9门,56条	税法、盐法、酒禁、外贸及仓库吏员任命等方面
卷十九	13门,78条	官牧制度
卷二十	2门,存56条	前面各卷法规的补充

　　《天盛律令》中的律条都有严谨的书写格式:"每一条第一字为西夏文'一'字,顶格书写,第二行以后降格书写。若一条内又分为若干小条,则每一小条的第一行降格书写,第二行以后再降格,大条的第二行亦再降格。若小条下面再分若干小款,则仿上述方法依次降格。"①

　　综观西夏与宋法典的编写体例及内容可以看出,宋代法典相较于《天盛律令》更易检索,因为其在篇(门)下还有更细条目的划分,而《天盛律令》只有大的门类,在大门类下想进一步找更细的规定需要一条一条去找。但是这种结构相较于《庆元条法事类》更为简洁。由于《庆元条法事类》是按敕、令、格、式的顺序分类书写,就会存在一条敕令适用于多种情况而重复书写的情况。比如,对"不以赦降原减"律文解释的敕条"诸称'不以赦降原减',除缘奸细事或传习妖教,托幻变之术及故决、盗决江河堤堰已决外,余犯若遇非次赦或再遇大礼赦者,听从原免"就重复出现了21次之多,使整部法典有烦冗之嫌。

---

① 《天盛律令》前言,第7页。

第二节 西夏与宋代法典中的刑罚及其适用

一 刑罚的种类及等级

西夏沿袭了中原王朝的"五刑"制度，关于"五刑"的演变历程，宋人孙奭在其《律音义》中指出：

> 五刑之名，尚矣。古者大刑用甲兵，次斧钺；中刑用刀锯，次钻凿；薄刑用鞭扑。虞书五刑，曰墨、曰劓、曰剕、曰宫、曰大辟。又云：流宥五刑，鞭作官刑，扑作教行，金作赎刑。则五者之外，似别有流、赎、鞭、扑之品也。三代以降，其制略同。秦法凝惨，始有夷三族、具五刑之名。汉文帝去三肉刑，又以完代剕。魏制五刑，则死刑三，髡刑四，完、作刑各三，赎刑十一。晋以枭首、斩、弃市三死，与髡作、输赎二等为五刑。梁世略依前代，制刑十三等及鞭、叔督之差。北齐采魏晋故事，以轘裂、枭首、斩、绞为四死，鞭笞各百，髡以配兵为一流，五年至一年为五刑，一百至四十为五鞭，三十至十一为三杖。后周以杖刑、鞭刑、徒刑、流刑、死刑，各以五为差，为二十五等，与齐法小异。至隋更定五刑之序，则死以斩、绞为二，流以一千里至二千里为三，徒以一年至三年，杖以六十至一百，笞以五十至十，各为五，凡二十等，蠲损前以鞭刑、枭首、轘裂之法，轻重之准，得天下之平矣。唐以二千里至三千里为三流，余同隋制，至今尊用。[①]

宋代的五刑主要分为笞、杖、徒、流、死，而

> 徒、流、笞、杖刑名应合该除免当赎上请外，据法书轻重等第用常

---

① （宋）孙奭：《律附音义》，上海：上海古籍出版社影印宋刻本，1979 年。

行杖施行……凡流刑四：加役流，杖二十，配役三年；流三千里，杖二十，配役一年；二千五百里，杖十八，配役一年；二千里，杖十七，配役一年。徒刑五：徒三年，杖二十；二年半，杖十八；二年，杖十七；一年半，杖十五；一年，杖十三。杖刑五：杖一百，为杖二十；九十，为十八；八十，为十七；七十，为十五；六十，为十三。笞刑五：笞五十，为笞十；四十、三十，为八；二十、一十，为七。①

宋代的死刑有斩首、绞杀、凌迟、杖杀、腰斩几种。死刑又称"大辟"，其中"凌迟者，先断斩其支体，次绝其吭，国朝之极法也"②，故必须经过奏裁方可实行，"获劫盗而情涉巨害者，毋得擅行凌迟，须奏听裁"③。每年各州要向提点刑狱司上报各州（军）断大辟人数：

　　某路提点刑狱司
　　今具本路州军某年断过大辟数目下项：
　　奏断若干，
　　死罪若干：陵迟若干；处斩若干；处死若干。
　　贷命若干。
　　本处处断若干。
　　于法不至死时处死若干。奏断若干；本处若干。
　　右件状如前，谨具申尚书刑部。谨状
　　年月　　日依例程
　　诸州仿此申提点刑狱司。④

西夏的五刑制度则是：

---

① 《续资治通鉴长编》卷四，太祖乾德元年三月癸酉条，第 87~88 页。
② 《文献通考》卷一六七《刑考六》，第 4995 页。
③ 《续资治通鉴长编》卷一一一，仁宗明道元年十二月戊午条，第 2597 页。
④ 《庆元条法事类》卷七十三《决遣》，第 746 页。

　　诸人犯种种罪时，依五刑义轻重不同次第，各自名事当明之，本罪初始时为大杖七八杖始，依次续加一等：十杖及十三杖，劳役三个月、六个月、一年，其上以一等论，短期所至为六年。自此以上，始于八年，取名长期。八年、十年及十二年三种长期者，期满依旧可回院中，此外其上无期者为十三年劳役，则苦役期满亦当住无期处。本罪已至绞杀及剑斩。其中获劳役之受杖次第者，获自三个月以上至二年者十三杖，获三四年十五杖，获五六年十七杖，获三种长期、无期等当受二十杖。

　　依五刑义获斩、绞二种死，及三种长期、其上无期等承罪法虽已明之，然若已及当减，则减二种死时当为十二年长期，减无期及三种长期等时一律获六年劳役。六年以下者，一年当以一等计，获一年者当为六个月，六个月者当获三个月。其应减中亦有主从，则依次一等□当□而减。①

从上面的规定看，西夏在实行杖刑、徒刑的同时还需服劳役，杖刑在十杖以上才服劳役。杖刑、短期徒刑、长期徒刑所服之劳役在服役期满后可回原住地，而无期徒刑者在服完十三年劳役后仍需在服刑地。从律文的规定来看，西夏似乎没有笞刑，但笞刑其实是存在的，只不过适用范围较小，只是在过错相对较轻时作为惩戒之用，正所谓"笞之为言耻也，凡过小者捶挞以耻之"②。例如"司吏不赴司职时，一日起至五日笞十五……使人、都监未赴任上，一二日笞十五，三四日笞二十"③。笞刑还用于贵族享受减免刑罚时使用，"节亲主犯罪时，减免之法当明之。其中应受大杖者当转受细杖，应受七杖者笞三十，八杖笞四十，十杖笞五十，十三杖笞六十，应受十五杖者笞七十，十七杖笞八十，二十杖笞一百"④。

---

① 《天盛律令》卷二十《罪则不同门》，第 605 ~ 606 页。
② 《文献通考》卷一六六《刑考五》，第 4955 页。
③ 《天盛律令》卷十《失职宽限变告门》，第 351 页。
④ 《天盛律令》卷二十《罪则不同门》，第 601 页。

对比西夏与宋的五刑，西夏的徒刑刑期比宋代更长。宋代最长的徒刑也只有三年，西夏则出现了八年及以上的长期与无期徒刑，宋代由于实行了"折杖法"，使得折杖法具有替代原刑判罚的性质。死刑种类，自从"隋开皇中，废除枭、轘诸重法，死刑存斩、绞二项，唐律承之，自是历代相沿，死刑惟此二项，虽有凌迟等项，并不入正刑之内"①。从《天盛律令》的律文来看，西夏的死刑只有绞、斩两项，并不像宋代还有凌迟、腰斩等酷刑，完全沿袭了唐律。笔者通过统计发现，西夏死刑主要适用于谋逆皇帝、叛逃、同族中人晚辈杀长辈、奴仆杀主人、妇人杀丈夫以及其他故意杀人的行为和严重的渎职行为，并且被处以剑斩刑的犯罪人亲属大多会附加连坐的处罚。某些罪行在判别时可以处官当，以免除死刑。

二　附加刑与替代刑

西夏与宋同样的附加刑为黥法与枷法。

1. 黥法

《天盛律令》中规定："诸人犯罪中属十恶、盗窃、卖赦禁、检校军等犯大小罪，以及杂罪中有长期徒刑等，当依黥法受黥。此外犯种种杂罪时，获一种短期劳役，高低一律勿黥。"具体黥法为："徒一年至三、四年，手背黥四字。徒五、六年耳后黥六字。徒八年、十年等面上黥八字。徒十二年、无期徒刑等当黥十字。手背明显处，再后字于未及项上、头发显处，得长期徒刑者一律由面上、目下至头颜骨上、颊骨上……诸人因罪获死减罪，应受黥、杖，以及无期徒刑、三种长期徒刑等，应于面上黥刺。"②

在宋代，"坐特贷者，方决杖、黥面，配远州牢城"③，要将配的地点刺于脸上，如神宗朝时，通判苏州权州事陆东，因断为流罪，在其脸上刺"特刺配某州牢城"，后还因为有人指出"特刺"二字使用不太恰当而改刺

---

① （清）沈家本：《历代刑法考·刑法分考三》，邓经元、骈宇骞点校，北京：中华书局，1985 年，第 132 页。
② 《天盛律令》卷二《黥法门》，第 152～153 页。
③ 《文献通考》卷一六八《刑考七》，第 5043 页。

为"准条"二字，被后人笑称为"于人面上起草"①。"诸强盗贷命配军，于额上添刺'强盗'字。"② 淳熙八年（1181）五月十六日"诏自今强盗抵死特贷命之人，并为额上刺'强盗'二字，余字分刺两脸"③。对于刺字的样式，元丰八年（1085）的诏书中规定："犯盗，刺环于耳后：徒、流以方，杖以圆；三犯杖移于面，径不得过五分。"④ 随着犯罪程度的加重，黥刺的位置也由耳后不显眼之处移至面部显眼之处。但在熙宁二年，取消了对命官实行黥法，"古者刑不上大夫……刑为徒隶，恐污辱衣冠耳，其人无足矜也。……自是，命官无杖黥者"⑤。

《天盛律令》还进一步规定，所刺之字不可随意去掉，"假若违律去黥字者，去掉面上徒三年，去耳后徒二年，去手背徒一年。有黥字人原有何字当重依旧刺字。……若不告擅自去掉时，有黥字人和去黥字者一律有官罚马一，庶人十三杖"⑥。

宋人洪迈就指出，"国朝之制，减死一等及胥吏兵卒配徒者，涅其面而刺之，本以示辱，且使人望而识之耳"⑦，但犯人"一经刺环，瘢痕用无可去之理，所犯出于一时，不得已而被罪，至于终身不雪"⑧。黥刺之法虽是惩戒之意，却带有人身侮辱之特点。

2. 枷法

枷法的实行主要是为了限制犯人行动的自由性。《天盛律令》中规定："诸人因犯罪，判断时获服劳役，应戴铁枷时，短期徒刑当戴三斤，长期徒刑当戴五斤。"⑨ 铁枷戴上以后也不能擅自除去，"戴铁枷者日未满，此处擅

① （宋）魏泰：《东轩笔录》卷十，李裕民点校，北京：中华书局，1983年，第117页。
② 《庆元条法事类》卷七十五《编配流役》，第780页。
③ 《宋会要辑稿》刑法四之五六。
④ 《文献通考》卷一六八《刑考七》，第5040页。
⑤ 《文献通考》卷一六七《刑考六》，第4997页。
⑥ 《天盛律令》卷二《黥法门》，第153~154页。
⑦ （宋）洪迈：《容斋随笔》续笔卷五《唐虞象刑》，孔凡礼点校，北京：中华书局，2005年，第278页。
⑧ （宋）胡太初：《昼帘绪论》用刑篇第十二，《文渊阁四库全书》本。
⑨ 《天盛律令》卷二《戴铁枷门》，第156页。

自专解开，□向自己属者当向管处付嘱。附近无属者主管处，与犯罪人不接近处实任职按近接所属远近之迁溜、检校、边、管等，谁在附近当一同拘缚，当于中间检查"①。

宋代戴枷的规定为："禁囚，死罪枷、杻，妇人及流以下去杻，其杖罪散禁。应议、请、减者，犯流以上，若除、免、官当，并锁禁。"② 枷的样式为："诸枷长五尺以上、六尺以下，颊长二尺五寸以上、六寸以下，共阔一尺四寸以上、六寸以下，径三寸。杻长一尺六寸以上、二尺以下，广三寸，厚一寸。钳重八两以上、一斤以下，长一尺以上、一尺五寸以下。锁长八寸以上，一尺二寸以下。"③ 如果"自擅脱去枷、锁、杻者，徒罪，笞四十；流罪以上递加一等"④。

替代刑主要是指罚钱（物）和"官当"。西夏的庶人与有官人并不是同等判罚的，罚钱（物）这种替代刑也大多出现在对有官人的判罚上，以免他们受皮肉之苦，最常见的判罚莫过于"有官罚马一，庶人十三杖"，"它几乎适用于所有的轻杂罪"⑤。罚钱与罚物之间也是可以互相折算的："诸人因罪受罚马者，自驯旧马至有齿好马当交。倘若不堪罚马是实，则当令寻担保者，罚一马当折交二十缗钱。彼亦不堪，则依司品，有俸禄者当于俸禄中减除，未有俸禄，则罚马折算降官一级。不愿降官而曰受杖，则因罚一马受十三杖，罚二马十五杖，罚三马十七杖，自罚四马以上一律二十杖。"⑥

宋代的罚钱（物）又称为赎刑，《宋刑统·名例律》中就指出"金作赎刑"⑦，从笞刑至死刑都可以通过赎铜实现，具体为：笞刑从十至五十，赎铜从一斤至五斤；杖刑从六十至一百，赎铜从六斤至十斤；徒刑从一年至三

---

① 《天盛律令》卷二《戴铁枷门》，第157页。
② （宋）窦仪等：《宋刑统》卷二十九《应囚禁枷锁杻》，薛梅卿点校，北京：法律出版社，1998年，第529页。
③ 《宋刑统》卷二十九《应囚禁枷锁杻》，第530页。
④ 《宋刑统》卷二十九《应囚禁枷锁杻》，第529页。
⑤ 《〈天盛律令〉与西夏法制研究》，第60页。
⑥ 《天盛律令》卷二十《罪则不同门》，第602页。
⑦ 《宋刑统》卷一《名例律》，第5页。

年，赎刑从二十斤至六十斤；流刑从二千里至三千里，赎铜从八十斤至一百斤；死刑一律赎铜一百二十斤。^①"赎铜，每斤一百二十文足"^②。上交赎金还有时间限制，"诸以铜赎罪者，死罪限八十日，流六十日，徒五十日，杖四十日，笞三十日"。^③ 宋代的赎刑主要适用于以下几类情形。①因年龄或身体原因不能完全负刑事责任的犯罪主体。"诸年七十以上，十五以下及疾废，犯流罪以下收赎。……（八十以上、十岁以下及笃疾）盗及伤人者，亦收赎"^④，"诸残疾犯徒、流，有妨受杖，当职官验实，依折杖法从杖罪决之。其不尽之数及杖以下有妨科决者，并听收赎"^⑤。②有官职或享受荫补之人。根据《庆元条法事类》中的记载，有议、请、减资格的官员、贵族以及他们的祖父母、父母、妻、子孙等，犯流罪以下可以"听赎"，荫补之人也可享受"荫赎"。但是这种规定有它的弊端，"《刑统·名例律》：三品、五品、七品以上官，亲属犯罪，各有等第减赎。恐年代已深，不肖自恃先荫，不畏刑章。今犯罪身无官，须祖、父曾任本朝官，据品秩待减赎；如仕于前代，须有功惠及民，为时所推，历官三品以上，乃得请"^⑥。③遇圣节。"诸罪人遇圣节，杖以下情轻者，听免；稍轻者，听赎。"^⑦

对比西夏与宋代的替代刑，西夏的替代刑基本是有官人的专属，普通百姓无法享受到，只有老幼病重之人的劳役判罚才可以用赎，"老幼者，重病之罪已减以后，而须服多少劳役数，能赎则赎，按五日交一斤铁算"^⑧。而宋代的赎刑可以赎任何判罚，且对所有人开放。

三　量刑

西夏与宋代法典在量刑方面都同样有以下几种方式：

---

① 《宋刑统》卷一《名例律》，第 1~5 页。
② 《庆元条法事类》卷七十六《罚赎》，第 819 页。
③ 《庆元条法事类》卷七十六《总法》，第 812 页。
④ 《宋刑统》卷四《老幼疾及妇人犯罪》，第 64~65 页。
⑤ 《庆元条法事类》卷七十四《老疾犯罪》，第 773 页。
⑥ 《宋史》卷二〇一《刑法三》，第 5025 页。
⑦ 《庆元条法事类》卷七十三《决遣》，第 744 页。
⑧ 《天盛律令》卷二《老幼重病减罪门》，第 150 页。

1. 单一的量刑方式

主要指一旦犯一种罪，刑罚无选择余地，只有一种判罚方式。如《天盛律令》中："欲谋逆官家，触毁王座者，有同谋以及无同谋，肇始分明，行为已显明者，不论主从一律皆以剑斩。"① 触犯皇权之人，刑罚中无主从犯的选择，死刑也无绞、斩的选择。再来看宋代的法典，"诸命官兼局，若差权他官，受公使供给于令有违者，杖一百"②。这里并没有区分何种官职，何地何属，只要为官，就要按上面的法令执行。

2. 有最低与最高限的规定

先看西夏，"盗、杀未及亲节以及他人等之牛、骆驼、马等时，不论大小，一头当徒六年，二头当徒八年，三头以上一律当徒十年"③。盗、杀他人骆驼、马时，最低的判罚为六年，最高为十年，即使偷四头及更多数量，最高也只能判十年，不能判十二年或无期徒刑，这对法官来说是没有自主选择余地的。再看宋代，"诸下班祗应之官无故违限者，一日杖六十，十日加一等，罪止徒一年"④。对于下班祗应之官不按照规定时间赴任，判罚的等级为一日杖六十，十日杖七十，二十日杖八十，三十日杖九十，四十日杖一百，五十日及以上一律徒一年，最低的判罚为"六十杖"，最高为"徒一年"，六十日、七十日与五十日都同等判罚，不能往上增加徒刑的执行期限为一年半、二年之类。

3. 援引法定刑

《天盛律令》一般都是在同书中援引，一般以"依（与）第某卷所述相同"或"依第某卷判断"。例如举报因丢失畜物而赔偿向上级官员行贿的行为的奖赏规定，"与第十三卷所述相同"⑤，这时就要返回第十三卷《举虚实门》中的相关规定对举报者进行奖赏。《宋刑统》也是这种同书援引方式，

---

① 《天盛律令》卷一《谋逆门》，第 111 页。
② 《庆元条法事类》卷六《权摄差委》，第 100 页。
③ 《天盛律令》卷二《盗杀牛骆驼马门》，第 154 页。
④ 《庆元条法事类》卷五《之官违限》，第 52 页。
⑤ 《天盛律令》卷十九《校畜磨勘门》，第 595 页。

《庆元条法事类》中则是援引《宋刑统》中的"律",如"诸营造车服器物之属,于格、式有违者,论如《于令有违律》"①,这时就需翻检《宋刑统》卷二十七《杂律》中的《违令及不应得为而为》中的规定执行,"诸违令者,笞五十;别式,减一等。诸不应得为而为之者,笞四十;事理重者,杖八十"②。

4. 根据犯罪主体不同而量刑不同

这一内容在上一部分论述替代刑时已论述过,此处不再赘述。

---

① 《庆元条法事类》卷三《服饰器物》,第 6 页。
② 《宋刑统》卷二十七《违令及不应得为而为》,第 507 页。

上编总结

通过上述梳理，可以得出以下几点认识：

第一，《天盛律令》在立法精神上可以说是完全继承了唐、宋法典，儒家思想对西夏法典的影响十分深刻，唐、宋律中的"十恶"与"八议"制度完全写入了西夏法典，说明西夏的立法也是为了维护皇权与贵族政治。卷二的《老幼重病减罪门》也体现了儒家慎刑德政的立法指导思想。西夏法律中的刑罚适用原则也基本沿袭中原法典，但就其法典中的"官为大"的思想，则相较于宋代法典体现得尤为明显。

第二，比较《天盛律令》与唐宋法律制度的异同，不应仅限于与《唐律》和《宋刑统》的比较，而应更多、更主要地与能够代表宋代实际立法活动和修纂形式的每一朝修纂的《编敕》《敕令格式》《条法事类》等法典比较，就目前法典文献存续的实际情况而言，主要是与《庆元条法事类》的比较。

第三，作为综合性的法典《天盛律令》与代表宋代《编敕》《敕令格式》《条法事类》等法典而仅存的《庆元条法事类》，不论是修纂的内容还是形式，相同远大于相异。相同是主体和整体，相异是细节和枝节，因此不能说是形成了中原政权与少数民族政权两个相对独立的法律编纂形式。

第四，《天盛律令》的编纂形式虽然既不是按"律令格式"也不是按"敕令格式"进行修纂，但是在结构上明显糅合了《宋刑统》和《庆元条法事类》的修纂形式，在刑律上主要参考《宋刑统》的形式，律条很明显，在事务性条法上则更多参考了《条法事类》的形式。

第五，想用骨勒茂才在《番汉合时掌中珠》序言中的一段话作为本编的结束语："今时兼番汉文字者，论末则殊，考本则同，何则？先圣后圣其揆未尝不一故也，然则今时人者番汉语言可以具备。不学番言则岂知番人之众，不会汉语则岂入汉人之数，番有智者，汉人不敬；汉有贤士番人不崇，若此者由语言不通故也。"了解对方，对西夏民众学习双方语言应如此，今时研究西夏的法典更应如此，对彼此的制度都要贯通，庶几能得出经得起推敲的结论。

下编
西夏与宋代行政法规与
制度比较研究

第一章 《天盛律令》与宋代法典中的行政法规比较

我国古代社会并没有行政法的概念，根据现代行政法的分类标准，行政法规主要可以分为：行政组织法，即有关行政机关的设置、编制、职权、职责以及行政机关官吏的录用、考核、奖惩、职务升降等内容；行政行为法，即规范行政主体行使行政职权的规定；监督行政行为法，即对行政行为进行监督的规范①。本书所说的行政法规，主要是指《天盛律令》中有关国家行政组织机构设置及官吏管理方面的法律规定。行政法规的相关内容在我国古代法典里主要集中在《职制律》中，据《唐律疏议》记载："《职制律》者，起自于晋，名为《违制律》。爰自高齐，此名不改。隋开皇改为《职制律》②。言职司法制，备在此篇。"③

第一节 宋代行政法规的编修

除了前文所述宋代全国通用的《编敕》《敕令格式》《条法事类》中所包含的行政法规之外，宋代还有独立编修的行政法规。宋代独立编修的行政法规见表1-1。

---

① 参见陈大文主编《行政法概论》，上海：复旦大学出版社，2006年，第23页。
② 隋炀帝时的《大业律》将《职制律》复改为《违制律》，唐武德年间定律令时，其篇目名又同隋《开皇律》名为《职制律》。
③ （唐）长孙无忌等：《唐律疏议》卷九《职制》，刘俊文点校，北京：法律出版社，1999年，第198页。

表 1 - 1　宋代行政法规编修情况①

时间②	名称	卷数或册数
建隆三年（962）	《循资格》	一卷
咸平二年（999）	《三司删定编敕》	六卷
乾德二年（964）	《新定四时参选条件》③	不详
景德二年（1005）	《三司新编敕》	三十卷④
天禧元年（1017）	《条贯在京及三司敕》	十二卷
天禧四年（1020）	《一州一县新编敕》	五十卷
	《删定一司一务编敕》	三十卷
景祐二年（1035）	《一司一务编敕》及《目录》	四十四卷
嘉祐二年（1057）	《新修禄令》	十卷
治平元年（1064）	《嘉祐审官院编敕》	十五卷
治平二年（1065）	《在京诸司库务条式》	一三零册
治平年间（1064～1067）	《铨曹格敕》	十四卷
熙宁三年（1070）	《群牧司编敕》（《马政条贯》）	十二卷
熙宁五年（1072）	《熙宁新修审官西院敕》	十卷
熙宁九年（1076）	《省府寺监公使例条贯》	不详
熙宁十年（1077）	《熙宁详定尚书刑部敕》	不详
熙宁年间（1068～1077）	《熙宁八路差官敕》	一卷
	《熙宁将官敕》	一卷
	《诸军直禄令》	二卷
	《皇亲禄令》	十卷
	《熙宁审官东院编敕》	二卷
元丰四年（1081）	《新修吏部敕令格式》	十五卷
元丰五年（1082）	《元丰三省、枢密、六曹条制》	不详
	《制授敕授奏授告身式》	
元丰年间（1078～1085）	《元丰刑部叙法通用》	一卷
	《元丰将官敕》	十二卷
	《皇亲禄令并厘修格式》	三四零卷

① 据《宋会要辑稿·刑法》《宋史》《续资治通鉴长编》《文献通考》《玉海》等史料参校编成。
② 以颁行时间为准，如颁行时间不详，则记为开始修书或书成时间。
③ 《宋史》卷一《太祖一》记为"《四时听选式》"。
④ 按《宋会要辑稿·刑法》中的记载，景德二年"九月十六日，三司上《新编敕》十五卷，轻雕印颁行"，同年十月九日，"三司盐铁副使林特上《三司新编敕》三十卷，诏依奏施行"。不知两部《新编敕》有何区别。

续表

时间	名称	卷数或册数
元祐元年（1086）	《吏部四选敕令格式》	不详
	《元丰尚书户部度支金部仓部敕令格式》	六六二册
	《六曹条贯及看详》①	三六九四册
元祐二年（1087）	《司封考功格式》	不详
元祐四年（1089）	《元祐枢密院诸房条例》②	不详
元祐五年（1090）	《元祐将官敕令》	不详
元祐六年（1091）	《元祐诸司库务敕令格式》	二零六册
绍圣二年（1095）	《治县法》	十卷
崇宁年间（1102～1106）	《中书省官制事目格》	一二零卷
	《尚书省官制事目格参照卷》	六十七册
	《门下省官制事目格》并《参照卷旧文净条釐析总目目录》	七十二册
	《崇宁诸路将官通用敕》	二十卷
政和元年（1111）	《政和禄令格》	三二一册
政和七年（1117）	《吏部侍郎左右选条例》	不详
绍兴四年（1134）	《绍兴重修尚书吏部敕令格式并通用敕令格式》③	一八八册④
绍兴六年（1136）	《绍兴禄秩新书》	二零四卷⑤
绍兴七年（1137）	将《吏部七司通用敕令》并入《大观尚书六曹寺监通用敕令》	不详
绍兴八年（1138）	《绍兴枢密院诸班直诸军转员敕令格》⑥	十三卷⑦
	《绍兴枢密院亲从亲事官转员敕令格》	七卷⑧

① 《续资治通鉴长编》卷三八五，元祐元年八月丁酉条作"《尚书六曹条贯》"。
② 似是《宋史》卷二〇四《艺文志》中所记《枢密院条》20册及《看详》30册。
③ 《建炎以来朝野杂记》乙集卷五《炎兴以来敕局废置》中记："绍兴三年九月，朱胜非等上《吏部敕令格式》等一百八十四册。"
④ 其中《吏部敕》5册，《吏部令》41册，《吏部格》32册，《吏部式》8册，《申明》17册，《目录》81册，《看详司勋获盗推赏刑部例》3册，《勋臣职位姓名》1册。《宋史》卷二十四《艺文志》中记为一零二卷。
⑤ 其中《海行敕》一卷，《在京敕》一卷，《海行令》二卷，《在京令》一卷，《海行格》十一卷，《在京格》十二卷，《申明》十五卷，《目录》十三卷，《修书指挥》一卷，《看详》一四七卷。《建炎以来系年要录》卷一〇五绍兴六年九月丁亥条作："吏部侍郎晏敦复、权户部侍郎王俣等上《绍兴重修禄秩新书》五十八卷、《看详》一百四十七卷。"
⑥ 《建炎以来朝野杂记》乙集卷五《炎兴以来敕局废置》记为：《诸班直诸军转员敕格式》。
⑦ 其中《诸班直诸军转员敕》一卷，《诸班直诸军转员格》十二卷。
⑧ 其中《亲从亲事官转员敕》一卷，《亲从亲事官转员令》一卷，《亲从亲事官转员格》五卷。

续表

时间	名称	卷数或册数
绍兴九年(1139)	《绍兴重修禄秩敕令格》	四十九卷①
绍兴十一年(1141)	《绍兴重修在京通用敕令格式》	六十七卷②
绍兴十四年(1144)	《绍兴重修六曹寺监库务通用法》	六十三卷③
绍兴十九年(1149)	《绍兴看详编类吏部续降》④	四三五卷⑤
绍兴三十年(1160)	《绍兴参附尚书吏部敕令格式》	六十六卷⑥
绍兴三十一年(1161)	《绍兴枢密院军政条法》	不详

① 其中《禄敕》一卷,《禄令》二卷,《禄格》十五卷,《在京禄敕》一卷,《在京禄令》一卷,《在京禄格》十二卷,《中书门下省尚书省令》一卷,《枢密院令》一卷,《枢密院格》一卷,《尚书六曹寺监通用令》一卷,《大理寺右治狱令》一卷,《目录》六卷,《申明》六卷。《建炎以来朝野杂记》乙集卷五《炎兴以来敕局废置》记为:"(绍兴八年)十月,秦桧等上《禄秩敕令格》三十二卷,又上《三省令格》二卷,《枢密院令格》二卷,《六曹寺监通用令》一卷,《太常宗正大理寺通用令》一卷,又《治狱令》一卷,以上《目录》《申明》共十二卷。"

② 其中《在京通用敕》十二卷,《在京通用令》二十六卷,《在京通用格》八卷,《在京通用式》二卷,《目录》七卷,《申明》十二卷。

③ 其中《六曹通用敕》一卷,《六曹通用令》三卷,《六曹通用格》一卷,《六曹通用式》一卷,《目录》六卷;《寺监通用敕》一卷,《寺监通用令》二卷,《寺监通用格》一卷,《寺监通用式》一卷,《目录》五卷;《库务通用敕》一卷,《库务通用令》二卷,《目录》四卷;《六曹寺监通用敕》一卷,《六曹寺监通用令》二卷,《六曹寺监通用格》一卷,《六曹寺监通用式》一卷,《目录》五卷;《六曹寺监库务通用敕》一卷,《六曹寺监库务通用令》一卷,《六曹寺监库务通用格》一卷,《目录》三卷;《寺监库务通用敕》一卷,《寺监库务通用令》一卷,《目录》二卷,《申明》四卷。《建炎以来朝野杂记》乙集卷五《炎兴以来敕局废置》记为:"(绍兴)十二年十二月,上《六曹通用敕令格式》十卷,又上《寺监通用敕令格式》十卷,《库务通用敕令格式》八卷,《六曹寺监通用敕令格式》十卷,《六曹寺监库务通用敕令》二卷,又《申明》四卷。"

④ 《建炎以来朝野杂记》乙集卷五《炎兴以来敕局废置》记为"《吏部续降》并《别编》"。

⑤ 《吏部续降》并《七司通用法》《七司续降》二五六卷,《目录》三卷,《修书指挥》一卷;其事干有司及一司一路一州等指挥,并行厘出,分为二十七卷,所有专为一名或一事一时申请,不该修入七司条法者,并作别编一四八卷,共四三五卷。

⑥ 其中《绍兴左选令》二卷,《绍兴左选格》二卷,《绍兴左选式》一卷,《申明》一卷,《目录》三卷;《尚书右选令》二卷,《尚书右选格》二卷,《申明》二卷,《尚书右选式》一卷,《目录》三卷;《侍郎左选令》二卷,《尚书左选格》一卷,《申明》一卷,《目录》三卷;《侍郎右选令》二卷,《侍郎右选格》二卷,《侍郎右选式》一卷,《申明》二卷,《目录》三卷;《尚书侍郎左右选通用敕》一卷,《尚书侍郎左右选通用令》二卷,《尚书侍郎左右选通用格》一卷,《尚书侍郎左右选通用式》一卷,《申明》二卷,《目录》一卷;《司封敕》一卷,《司封令》一卷,《司封格》一卷,《申明》一卷,《目录》一卷;《司勋敕》一卷,《司勋令》一卷,《司勋格》一卷,《申明》一卷,《目录》一卷;《考功敕》一卷,《目录》一卷,《改官申明》一卷;《修书指挥》一卷,《厘析》八卷。《建炎以来系年要录》卷一八五、《宋史》卷二零四皆作共"七十卷",《建炎以来朝野杂记》乙集卷五《炎兴以来敕局废置》记为"七十二卷"。

续表

时间	名称	卷数或册数
乾道九年(1173)	《乾道重修逐省院敕令格式》①	六四零卷②
淳熙二年(1175)	《淳熙重修尚书敕令格式申明》③	三百卷
淳熙三年(1176)	《吏部条法》	四十卷
淳熙七年(1180)	《淳熙重修百司法》	不详
淳熙年间(1174~1189)	《淳熙诸军班直禄令》	一卷
	《淳熙重修吏部左选敕令格式申明》	三百卷
开禧元年(1205)	《开禧重修尚书吏部七司敕令格式申明》	三二三卷
嘉定七年(1214)	《嘉定吏部条法总类》	五十卷
	《百司吏职补授法》	一三三卷

第二节　《天盛律令》中的行政法及与宋代行政法的比较

　　《天盛律令》中的行政法主要集中在卷十的5门89条中,分别为《续转赏门》5条,主要包括官员任职期满后职务的变动规定与奖励措施;《失职宽限变告门》9条,包括官员不按期赴任的处罚规定;《官军敕门》37条,包括袭官、军、抄的规定以及不同品级官员使用官印的规定;《司序行文门》31条,包括中央及地方机构的编制、品级以及官吏的选派;"遣边司局分门",现存1条,为沿边经略司与监军司案头、司吏编制以及超编的处罚规定。除卷十外,其余各卷中也零散分布有关行政法规的相关内容,如卷二中的《罪情与官品当门》,大致勾勒了西夏的官品及品阶;卷十二中的

---

① 《建炎以来朝野杂记》乙集卷五《炎兴以来敕局废置》中记:"(乾道)九年二月,梁克家等上《三省枢密院敕令格式》四项,共一百四十卷,《看详意义》五百卷。"
② 其中《中书门下敕》二卷,《中书门下令》二卷,《中书门下格》十三卷,《中书门下式》一卷,《申明》一卷;《尚书省敕》二卷,《尚书省令》七卷,《尚书省格》二卷,《尚书省式》三卷,《申明》二卷;《枢密院敕》四卷,《枢密院令》二十四卷,《枢密院格》十六卷,《申明》二卷;《三省通用敕》一卷,《三省通用令》五卷,《三省通用格》一卷,《三省通用式》一卷,《申明》一卷;《三省枢密院通用敕》二卷,《三省枢密院通用令》三卷,《三省枢密院通用格》一卷,《三省枢密院通用式》一卷,《申明》三卷,《目录》二十卷;《看详意义》五百册。
③ 又名《吏部七司法》。

《失典藏门》是关于行政文书的损毁、盗窃、丢失等的处罚规定。西夏与宋代法典中行政法规条目对比见表 1-2。

表 1-2 西夏与宋代法典中行政法规条目对比

《天盛律令》	《宋刑统》	《庆元条法事类》
卷十《续转赏门》,是对各机构官吏任职期满后的续任、转迁及奖赏的规定	无明确相似对应条文	卷五《职制门二》中的《考任》
卷十《失职宽限变告门》,是对官员不按期赴任或超过任职期限的处罚规定	卷九《职制律》中的《在官不直不上》和《之官限满不赴》	卷五《职制门二》中的《之官违限》以及《到罢》中的部分内容。卷六《职制门三》中的《差出》与《朝参赴选》中的部分内容
卷十《官军救门》,是对于承袭官、军、抄的资格与方法以及不同品级官员使用官印的规定	无明确相似对应条文	卷十二《职制门九》中的《殁于王事》《恩泽》《荫补》《封赠》中的部分内容
卷十《司序行文门》,是对中央及地方官吏的品级、编制及选派的规定。卷二《罪情与官品当门》中也涉及西夏的官品品阶的内容	无明确相似对应条文	卷四《职制门一》中的《官品杂压》和《职掌》
卷十《遣边司局分门》,是对边境、边中等地区的机构及人员设置及超编的处罚规定	无明确相似对应条文	无明确相似对应条文
卷十二《失典藏门》,是对于损毁、遗失、盗窃行政文书的处罚规定。卷十一《矫误门》,是对文书行文有误的处罚规定以及奏报文书的规定	无明确相似对应条文	卷十六《文书门一》和卷十七《文书门二》中的《毁失》
卷九《贪奏无回文门》,是对臣僚奏事程序的规定	无明确相似对应条文	卷四《职制门一》中的《上书奏事》

从晋始定《违制律》,隋改为《职制律》,沿至唐宋法典,皆用其名,《庆元条法事类》中只是不再称律而称门。《天盛律令》有目无纲,目中不再细分,故行政法规不像唐宋法典那样集中、清晰。表 1-2 所列《天盛律令》的行政法规所在卷数还只是相对集中的卷,散见于各卷的行政法规比比皆是。从以上对《天盛律令》和唐宋法典中行政法规纲目的比较可以看出,《宋刑统》与《天盛律令》中行政法规条文相似的极少,仅有对于官员

不按期赴任的处罚规定相似,这是因为,这个内容仍属于《职制律》前身《违制律》的范畴,是对违反某项规定的处罚,侧重于刑律,其余《天盛律令》中所存与行政法规相关的条文多是"令"的范畴,以刑律为主的《宋刑统》中自然不包含这些内容。《庆元条法事类》则不同,作为集"敕、令、格、式"于一体的法典,其所包含的行政法规条文的类别就与《天盛律令》相似处较多,但这种相似也仅为由于法典体例的相似而导致内容的相似,这并不能说明西夏的行政法规以及在此法规下所建立起的行政管理体系的大部分与宋代相似。通过后文对西夏行政法规及行政管理体系的深入研究以及在此研究基础上所进行的对比研究也可以看出这个特点。

从内容上看,《天盛律令》与宋代法典中的行政法规又有以下几点不同之处:①在官员考课方面,《庆元条法事类》中的规定更加详细,这与宋朝复杂的官制密不可分;②《天盛律令》中还规定了西夏中央及地方行政机构的编制及人员设置,而宋代法典中没有详细的规定。

第二章　西夏与宋代中央行政制度比较研究

中国古代律法中"法"与"制"交杂，故比较研究西夏与宋代的行政法就离不开对西夏与宋代行政制度的比较研究，从本章开始的接下来几章，将分别论述涉及行政制度的不同方面。本章先讨论西夏与宋代的中央行政制度。为便于后文论述，第一节先概述西夏与宋代的整个行政机构以及行政机构中的属员设置情况。

第一节　西夏与宋代行政体系概述

一　宋代行政机构设置

宋代的中央行政体制，设置了包括民政、外交、宗教、财政、司法、交通、教育各方面职能的管理机构，其设置情况在元丰改制前后有所不同。宰辅体制上，由中书门下和枢密院制度改为门下、中书、尚书三省与枢密院制度，宰相事权也经历了一个先分割、后集中的过程，枢密院在元丰改制前后得以保留也对后世产生了很大影响，中央掌兵机构始终作为皇帝直接控制的独立机构而存在。[①] 宋代的地方行政体系采取州（府、军、监）—县两级统属体制，在州以上设置路一级派出机构对地方实行管辖和监督，在路级机构

---

① 见朱瑞熙《中国政治制度通史》（第六卷　宋代），北京：人民出版社，1996 年，第 192～255 页；贾玉英：《宋代中央行政体制演变初探》，《中州学刊》1995 年第 4 期，第 127～131 页。

设提点刑狱司、安抚使司、提举常平司，"以婚田、税赋属之转运；狱讼、经总属之提刑；常平、茶盐属之提举；兵将、盗贼属之安抚"①，"朝廷之令必行于转运使，转运使之令必行于州，州之令必行于县，县之令必行于吏民"②，建立以转运司为主体的地方行政、监察体制③。

二 西夏行政机构设置

赵德明去世后，元昊袭封父位，仿宋朝建立中央行政体系：

> 其官分文武班，曰中书，掌进拟庶务，宣奉命令，属有侍郎、散骑常侍、谏议大夫、舍人、司谏等官；曰枢密，掌军国兵防边备，与中书对持文武二柄，属有枢密、同知、副使、佥书、承制等官；曰三司，总国计，应贡赋之入，属有正使、副使、盐铁使、度支使等官；曰御史台，掌纠察官邪，肃正纲纪，属有御史大夫、御史中丞、殿中御史、监察御史等官；曰开封府，掌尹正畿甸之事，属有六曹、左右军巡使、判官、左右厢公事干当等官；曰翊卫司，司统制训练，藩卫戍守及是为扈从诸事，官有马步都指挥、副都指挥及诸卫上将军、大将军之号；曰官计司，司文武职事员阙，注籍应选；曰受纳司，司仓庾贮积及给受等事；曰农田司，司仓储委积，平粜利农，属有司农卿、少卿、丞、主簿等官；曰群牧司，司内外九牧国马，属有制置使、副使、都监等官；曰飞龙院，专防护宫城，警捕盗贼，以武干亲信者为之，或以内臣充职；曰磨勘司，司选叙磨勘、资任考课；曰文思院，掌造金银犀玉，金彩绘素，以供舆辇册宝之用；曰蕃学，曰汉学。自中书令、宰相、枢使、大夫、侍中、太尉已下，皆分命蕃汉人为之④。

① 《庆元条法事类》卷四《职掌·随敕申明》，第 31~32 页。
② 《续资治通鉴长编》卷一九六，仁宗嘉祐七年五月丁未条，第 4748 页。
③ 参见李昌宪《中国行政区划通史》（宋西夏卷），上海：复旦大学出版社，2007 年，第 13 页。
④ 《宋史》卷四八五《夏国上》，第 13993 页；（清）吴广成：《西夏书事》卷十一，清道光五年小岘山房刻本。

而其专授蕃职有宁令，有谟宁令，有丁卢，有丁弩，有素赉，有祖儒，有吕则，有枢铭，皆以蕃号名之。①

天授礼法延祚二年（1039），"元昊以中书不能统理庶务，仿宋制置尚书令，考百官庶府之事而会决之。又改宋二十四司为十六司，分理六曹，于是官制渐备"②。奲都六年（1062），谅祚进一步完备中央官制，"汉设各部尚书、侍郎、南北宣徽院使及中书学士等官，蕃增昂聂、昂里、谟个、阿泥、芭良、鼎利、春约、映吴、祝能、广乐、丁努诸号"。③

按《天盛律令》的记载，西夏将中央及地方行政机构分为上、次、中、下、末五等，分别为：

上等司：中书、枢密。

次等司：殿前司、御史、中兴府、三司、僧人功德司、出家功德司、大都督府、皇城司、宣徽、内宿司、道士功德司、阁门司、御庖厨司、瓯匣司、西凉府、府夷州、中府州。

中等司：大恒历司、都转运司、陈告司、都磨勘司、审刑司、群牧司、农田司、受纳司、边中监军司、前宫侍司、磨勘军案殿前司上管、鸣沙军、卜算院、养贤务、资善务、回夷务、医人院、华阳县、治源县、五原县、京师工院、虎控军、威地军、大通军、宣威军、圣容提举。

下等司：行宫司、择人司、南院行宫三司、马院司、西院经治司、沙州经治司、定远县、怀远县、临河县、保静县、灵武郡、甘州城司、永昌城、开边城。

三种工院：北院、南院、肃州。

边中转运司：沙州、黑水、官黑山、卓啰、南院、西院、肃州、瓜

① 《西夏书事》卷十一。
② 《西夏书事》卷十三。
③ 《西夏书事》卷二十。

州、大都督府、寺庙山。

　　地边城司：□□、真武县、西宁、孤山、魃拒、末监、胜全、边净、信同、应建、争止、龙州、远摄、银州、合乐、年晋城、定功城、卫边城、富清县、河西县、安持寨。

　　末等司：刻字司、作房司、制药司、织绢院、番汉乐人院、作首饰院、铁工院、木工院、纸工院、砖瓦院、出车院、绥远寨、西明寨、常威寨、镇国寨、定国寨、凉州、宣德堡、安远堡、讹泥寨、夏州、绥州。①

　　另外不分等级的机构：官提点、执飞禽提点、秘书监、京师工院、番汉大学院②，但这些机构与次等司平级传导文书。经略司低于中书、枢密，但高于其余所有机构③。

　　根据《天盛律令》卷十《司序行文门》中的记载，各机构人员设置制见表2-1。

表2-1　西夏各级机构人员设置情况

机构级别	机构名称	人员设置
上等司	中书	六大人(智足、业全、义观、习能、副、同)、六承旨、七都案、四十二案头
	枢密	六大人(南柱、北座、西摄、东拒、副、名人)、六承旨、十四谍案(含二都案)、四十八案头
次等司	中兴府	八正、八承旨、八都案、二十六案头
	殿前司	八正、八承旨、十都案、六十案头(包括司礼四十二、军集十八)
	御史	六正、六承旨、六都案、二十二案头
	大都督府	六正、六承旨、六都案、六案头、一刺史
	西凉府	六正、六承旨、六都案、六案头
	三司	四正、八承旨、八都案、二十案头

---

① 《天盛律令》卷十《司序行文门》，第363~364页。
② 《天盛律令》卷十《司序行文门》，第364页。
③ 《天盛律令》卷十《司序行文门》，第365页。

续表

机构级别	机构名称	人员设置
次等司	内宿司	六承旨、六都案、十四案头
	宣徽	四正、四承旨、四都案、九案头
	皇城司	四正、四承旨、四都案、十八案头
	瓯匦司	四正、四承旨、四都案、十案头
	阁门司	四奏知、四都案、四案头
	御庖厨司	三大人、三案、六案头
	道士功德司	一正、一副、一判、二承旨、二都案、二案头
	在家功德司	六国师、二合管、四副、六判、六承旨、二都案、六案头
	出家功德司	六国师、二合管、六变道提点、六承旨、二都案、二案头
	府夷州、中府州	一正、一副、一同判、一经判、二都案、二案头
中等司	都磨勘司	四正、四承旨、四都案、二十案头
	农田司	四正、四承旨、四都案、十二案头
	受纳司	四正、四承旨、三都案、四案头
	大恒历司	四正、四承旨、二都案、四案头
	都转运司	六正、六承旨、八都案、十案头
	群牧司	六正、六承旨、六都案、十四案头
	陈告司	六正、六承旨、六都案、十七案头
	磨勘军案	四正、四都案
	鸣沙城司	一城主、一副、一通判、一城守
	审刑司	二正、二承旨、二都案、二案头
	前宫侍司	六承旨、二都案、二案头
	养贤务	二正、二承旨、二都案、六案头
	资善务	二正、二承旨、二都案、三案头
	回夷务	二正、二承旨、二都案、三案头
	华阳县、治源县	四大人、二都案、四案头
	五原郡	一城主、一副、一通判、一城守、二都案、一刺史
	圣容提举司	一正、一副
	东院监军司	一刺史、二正、一副、二同判、四习判、三都案、十四司全、十二司吏
	韦州监军司	一刺史、二正、一副、二同判、四习判、三都案、十四司全、十二司吏
	鸣沙郡①	一刺史、四都案
	西寿监军司	一刺史、二正、一副、二同判、四习判、三都案、十四司全、十二司吏

① 不知与前面所列鸣沙城司有何关系。

续表

机构级别	机构名称	人员设置
中等司	卓啰监军司	一刺史、二正、一副、二同判、四习判、三都案、十四司全、十二司吏
	南院监军司	一刺史、二正、一副、二同判、四习判、三都案、十四司全、十二司吏
	西院监军司	一刺史、二正、一副、二同判、四习判、三都案、十四司全、十二司吏
	肃州监军司	一刺史、一正、一副、二同判、三习判、二都案、十四司全、十二司吏
	瓜州监军司	一刺史、一正、一副、二同判、三习判、二都案、十四司全、十二司吏
	沙州监军司	一刺史、二正、一副、二同判、四习判、三都案、十四司全、十二司吏
	黑水监军司	一刺史、一正、一副、二同判、三习判、二都案、十四司全、十二司吏
	啰庞岭监军司	一刺史、二正、一副、二同判、四习判、三都案、十四司全、十二司吏
	官黑山监军司	一刺史、二正、一副、二同判、四习判、三都案、十四司全、十二司吏
	北院监军司	一刺史、二正、一副、二同判、四习判、三都案、十四司全、十二司吏
	年斜监军司	一刺史、二正、一副、二同判、四习判、三都案、十四司全、十二司吏
	南、北地中监军司	一刺史、一正、一副、二同判、三习判、二都案、十四司全、十二司吏
	石州监军司	一刺史、二正、一副、二同判、四习判、三都案、十四司全、十二司吏
	京师工院	二正、二副、四承旨
	卜算院、医人院	依事设职,大人数不定
	虎控军、威地军、大通军、宣威军	一安抚、一同判、二习判、一行主
下等司	行宫司	四正、二都案
	择人司	四承旨、二都案、三案头
	南院行宫三司	四正、四承旨、二都案
	西院转运司、大都督府转运司	四正、四承旨、二都案
	南院转运司	四正、六承旨、二都案
	寺庙山转运司、卓啰转运司、肃州转运司、瓜州转运司、沙州转运司、黑水转运司	二正、二承旨、二都案

续表

机构级别	机构名称	人员设置
	北院工院、南院工院、肃州工院	一正、一副、二承旨、二都案
	西院经治寺、沙州经治寺	二大人、二承旨
	官黑山转运司	二正、二承旨
	马院	三承旨、二都案、四案头
下等司	永便城司、孤山城司、魅拒城司、西宁城司、边净城司、末监城司、胜全城司、信同城司、应建城司、争止城司、甘州城司、龙州城司、远摄城司、合乐城司、真武县城司、年晋城城司、定功城城司、卫边城城司、折昌城①城司、开边城城司、富清县城司、河西县城司、安持寨城司	一城主、一通判、一城观、一行主
	西院城司	一城主、一同判、一城守、二都案
	定远县、怀远县、临河县、保静县、灵武郡	二城主、二通判、二经判、二都案、三案头
末等司	木工院、砖瓦院、纸工院	四头监
	刻字司、织绢院	二头监
	造房司、制药司、铁工院、做首饰院、番乐人院、汉乐人院	依事设职，大人数不定
	讹尼寨	一寨主、一副
	出车院	二小监
	绥远寨、西明寨、常威寨、镇国寨、定国寨、宣德堡、安远堡、夏州、凉州	一寨主、一寨副、一行主
	宥州城司	一城主

　　从以上史料及表格可以看出，中书与枢密同为西夏与宋代掌管文武的最高机构，不同的是，宋代中央的其他机构只有隶属关系，没有高低等级之分，而西夏除了中书、枢密以外，其他机构就算没有隶属关系，也有高低等级之分。中央机构根据现有材料还无法看出其划分等级之标

---

① 在《天盛律令》卷十《司序行文门》机构的等级划分中，汉译作者将其翻译成永昌城，在后面人员设置中却将其译为折昌城。

准，但地方机构的等级划分还是有规律可循的，这种规律将在下章进行分析。

第二节 中书（移黼）与枢密（繝嬉）

一 中书与枢密的设置

中书的长官为中书令，中书令的出现早于中书省，中书令之名始于汉朝，"尚书令……承秦所置，（汉）武帝用宦者，更为中书谒者令"①。中书省则"自魏晋始焉"②。唐代时，中书令的职责为："掌军国之政令，缉熙帝载，统和天人。入则告之，出则奉之，以厘万邦，以度百揆，盖以佐天子而执大政者也。"③宋朝前期，承唐、五代之制，"尚书、门下并列于外，又别置中书于禁中，是为政事堂，与枢密对掌大政"④，元丰官制改革，恢复唐初的三省制度，"于三省置侍中、中书令、尚书令，以官高不除人，而以尚书令之贰左、右仆射为宰相。左仆射兼门下侍郎，以行侍中之职；右仆射兼中书侍郎，以行中书令之职"⑤。其具体职能为：

> 掌进拟庶务，宣奉命令，行台谏章疏、群臣奏请、兴创改革，及中外无法式事应取旨之事。凡除省、台、寺、监长贰以下，及侍从、职事官、外任监司、节镇、知州军、通判、武臣遥郡横行以上除授，皆掌之。⑥

---

① （刘宋）范晔：《后汉书》志第二十六《百官三》，（唐）李贤等注，北京：中华书局，1965 年，第 3596 页。陈仲安、王素两位先生指出，汉武帝时，中书与尚书同时并置，二者虽为同一机构，但地位并不平等，中书是领导者，尚书是被领导者。（见《汉唐职官制度研究》，第 21 页）

② 《文献通考》卷五十一《职官考五·中书省》，第 1455 页。

③ （唐）李林甫等：《唐六典》卷九《中书令》，陈仲夫点校，北京：中华书局，2008 年，第 273 页。

④ 《宋史》卷一六一《职官一》，第 3768 页。

⑤ 《宋史》卷一六一《职官一》，第 3773 页。

⑥ 《宋史》卷一六一《职官一》，第 3782～3783 页。

因中书令"官高不除人",所以其只是"空官,特以寓禄秩,序位品而已"①。神宗元丰改革官制后,中书令"虚而不除,以尚书左、右仆射兼门下、中书侍郎为两相",乾道八年(1172),去中书令之名②。

枢密及其属官的设置始于唐代,"唐代宗永泰中,置内枢密使,始以宦者为之。初不置司局……其职掌惟承受表奏于内中进呈。若人主有所处分,则宣付中书门下施行而已。……宋朝枢密院与中书对持文武二柄,号为二府"③。

掌军国机务、兵防、边备、戎马之政令,出纳密命,以佐邦治。凡侍卫诸班直、内外禁兵招募、阅视、迁补、屯戍、赏罚之事,皆掌之。以升拣、废置揭贴兵籍;有调发更戍,则遣使给降兵符。除授内侍省及武选官,将领路分都监、缘边都巡检以上。④

"元丰改官制,议者欲废密院归兵部",神宗以"祖宗不以兵柄归有司,故专命官统之,互相维制"为由不允。只是把枢密院"细务分隶六曹,专以兵机军政为职"⑤,"凡天下兵籍,武官选授及军师卒戍之政令,悉归于枢密院"⑥。

西夏的中书与枢密的设官情况为:"中书,大人六:智足、业全、义观、习能、副、同,承旨六。枢密,大人六:南柱、北座、西摄、东拒、副、名人,承旨六。"⑦ 黑水城出土编号为俄 Инв. NO.4170a 的《官阶封号表》中就有中书与枢密的设职,可以与《天盛律令》中的记载相互印证。中书与枢密部分摘录见图 2-1。

---

① 《宋会要辑稿》职官一之七四。
② (宋)李心传:《建炎以来朝野杂记》甲集卷十《丞相》,徐规点校,北京:中华书局,2000年,第196~197页
③ 《文献通考》卷五十八《职官考十二·枢密院》,第1713页。
④ 《宋史》卷一六二《职官二》,第3797页。
⑤ 《文献通考》卷五十八《职官考十二·枢密院》,第1714页。
⑥ 《宋会要辑稿》职官一四之一。
⑦ 《天盛律令》卷十《司序行文门》,第366页。

枢密位	綿𮢶序	南益（柱）𧤛𦦙	藏北座盤	㣪攝西𬇙	𣱆敥东拒	𮒍副	人名（名入）𫮅𭔊
中书位	移𮢶序	敥智足𦦙	𮊦业全𮢶	𮢲义𮊦观	𮒙习能𮢸	𮒍副	𫮅同

图 2 - 1　4170a《官阶封号表》中书、枢密部分①

在《天盛律令》卷首《颁律表》所列纂定者中前两人为"北王兼中书令嵬名地暴，中书令赐长艳文孝恭敬东南姓官上国柱嵬名忠□"②。但在《天盛律令》卷十《司序行文门》中，中书的设职人员中并不见中书令一职，推测其是否也与宋朝一样，只是一种虚衔，用来作为地位的象征。

在西夏，除中书大人之外，还专有"宰相（𫮅𭔊）"一职，与中书之职无关。宋代"以中书门下平章事为宰相之职"③。从《天盛律令》的律文来看，宰相应不予职事，仅为一种官衔，"有'及授'官中宰相铜上镀银重二十两，其余铜十五两"④，这说明宰相的官衔属及授官，并且"宰相"与"节亲"一般同时出现，并与"臣僚"有别，如"节亲、宰相、大小臣僚、□□等不许因私意问□□习事。违律时，言多少一律徒一年，受贿则与枉法贪赃罪比较，从其重者判断"⑤。从以上特点来看，西夏的宰相与钱穆先生所论西汉时期丞相的性质相近，钱先生认为西汉时期的丞相"近于为王室之家务官，乃皇帝之私臣，而非国家之政务官，非政府之正式官吏"⑥。

---

① 原图版见附录图版1。
② 《天盛律令·颁律表》，第107页。
③ 《宋史》卷一六一《职官一》，第3776页。
④ 《天盛律令》卷十《官军敕门》，第359页。
⑤ 《天盛律令》卷九《事过问典迟门》，第317页。
⑥ 钱穆：《国史大纲》，北京：商务印书馆，2011年，第165页。

二 中书与枢密的职能

西夏沿袭唐、宋之制，将中书、枢密作为总管文、武事务的最高中央机构，是全国文、武之事的处理中心，地方上的所有相关事务最后都要汇聚此处。中书与枢密共同管理行政、司法、经济等方面，军事方面主要归枢密院管辖，管理修城事宜①和派遣军事人员②。宗教事务③则归中书管辖。下面就中书与枢密共同管辖的事宜分别论述之。

在行政方面主管四项：一是中书、枢密根据文武官在任职期间的表现来决定其三年任职期满后的职位升降与赏罚④；二是官员接到任职命令，不同职司的官员超过规定的期限则应先上报中书或枢密，没有超过规定期限的只需上报给直接管理的上级机构⑤；三是有袭官位与求官之人当上报中书、枢

---

① 《天盛律令》卷四《修城应用门》："监军司大人一年中往接续提举状，及城主司人说聚集状等，监军司当变，每年正月五日以内，当告经略使处，经略使当一并总计而变。正月五日始东南经略使人二十日以内，西北经略使一个月以内，当向枢密送状。"

② 《天盛律令》卷六《行监溜首领舍监等派遣门》："盈能、副溜有应派遣时，监军司大人应亲自按所属同院溜顺序，于各首领处遴选。当派遣先后战斗有名、勇健有殊功、能行军规命令、人□□□折服，无非议者。入选者为谁确定后，当经刺史、司，一齐上告改，正副将、经略等依次当告奏枢密。"

③ 《天盛律令》卷十一《为僧道修寺庙门》："僧人、道士所居行童中，能诵《莲花经》《仁王护国》等二部及种种敬礼法，梵音清和，别所属寺僧监、寺检校等当转，当告功德司，依次当告中书。番、汉、羌行童中有能晓颂经全部者，则量其业行者，中书大人、承旨中当遣一二□，令如下诵经颂十一种，使依法颂之。量其行业，能诵之无障碍，则可奏为出家僧人。僧人、道士、居士、行童及常住物，农主等纳册时，佛僧常住物及僧人、道士等册，依前法当纳于中书。"

④ 《天盛律令》卷十《续转赏门》："诸司任职位人三年完毕，无住滞、不误入轻杂，则中书、枢密、经略等别计官赏。任职位人三年期满时，期间住滞词中遭降官、罚马者，依文武次第引送中书、枢密。"

⑤ 《天盛律令》卷十《失职宽限变告门》："京师所属诸司大人、承旨宽限期次第者，一日起至十日于阁门司，十日以上则一律于中书等分别奏报，当以为宽限期。诸司都案二十日期间当报属司，及期□上当报中书，与中书、枢密都案□□大人酌计限期。边中正副统、刺史、监军、习判及任其余大小职位等完限期时，至二十日以内者，所属经略应酌计宽限期。有二十日以上宽限期者，则当有谕文，当以文武次第奏报中书、枢密所职管处定宽限期。国师、法师、禅师、功德司大人。副判、承旨、道士功德司大人、承旨等司中有职管事限度者一日起至十日，寺检校、僧监、众主二十日期间当报所属功德司，使定宽限度，二十日以上则当告变。国师、法师、禅师等司内不管者，径直当报中书，依所报次第限之。"

密^①；四是接受地方监察官员的监察情况上报，这主要是指接受刺史的上报^②。

在司法方面主管五项：一是判刑较重之案件，如有枉之处要上报中书、枢密^③，由于西夏徒刑一般要服与判刑年限相同时间的劳役，当出现长期或无期徒刑时劳役时间就相当长，这种情况也要上报中书、枢密^④；二是复查审判结果，主要还是针对判刑较重之案件进行复核，以防出现冤案^⑤；三是如果出现屈枉案件在上报瓯匣司后仍有枉误时，可上报中书、枢密以求再判断^⑥；四是囚犯簿册应按时上报中书^⑦；五是接受地方捕盗事宜的上报^⑧，从《天盛律令》详尽的盗法中也可以看出西夏政府对捕盗事宜的重视程度。

---

① 《天盛律令》卷十《官军敕门》："诸人袭官、求官、由官家赐官等，文官经报中书、武官经报枢密，分别奏而得之。依法求官者，当报边中一种所属监军司，经经略使处，依次变转，与不属经略之京师界等一起依文武分别报告中书、枢密。"

② 《天盛律令》卷二十《罪则不同门》："诸人监军司之刺史者……一等等何所闻见数，隶属于经略使者当告经略使，不隶属经略使者，当依文武分别告中书、枢密。"

③ 《天盛律令》卷九《事过问典迟门》："在京师各司问习事中，获死、无期□□，审刑已审中，与□□不同时，当问有何异同曲枉，令明，则人□□□□□枷，问于其处，问其异枉，为之转官□何应，当奏报于中书、枢密所管事处，赐予谕文。不系属于经略之啰庞岭监军司者，自杖罪至六年劳役于其处判断。获死罪、长期徒刑、黜官、革职、军等行文书，应奏报中书、枢密，回文来时方可判断。"

④ 《天盛律令》卷二十《罪则不同门》："边中、京师畿内等诸司人判断公事时，获重劳役已出时，为苦役中应如何派，预先当告中书、枢密。中书、枢密大人当量之，遣送处已明时，当遣送所示处。倘若诸司局分大小人不寻中书、枢密谕文，擅自遣送有事处时，有官罚马一，庶人十三杖。"

⑤ 《天盛律令》卷二《不奏判断门》："无期徒刑及三种长期徒刑等，诸司人判决有名以外，而后判决各不有名者，应奏不奏，擅自判断时，不应赎及应赎未使赎等，已承鞠杖者，一律当算，当依人数多寡，罪状高低，有一人徒三年，二人徒五年，三人以上一律徒六年。……其中若中书、枢密诸司遣人令审问公事时，应告不告判断者，比前述不奏判断之不同罪情所示高低依次当减一等。"

⑥ 《天盛律令》卷九《越司曲断有罪担保门》："诸司人已枉，入状于瓯匣中时，瓯匣司人亦枉误，则当依文武次第报于中书、枢密。只关取文，司局分大小转承次第等，瓯匣司人当依法为之。中书、枢密人亦枉误，则可告御前而转司，另遣细问者奏量实行。"

⑦ 《天盛律令》卷九《行狱杖门》："因人染疾病不医，不依时供给囚食，置治牢狱不洁净处，及应担保而不担保等，疏忽失误而致囚死时，依四季节，诸司所属囚亡若干，刺史司体等依次相互检视。所属司中人分别入册，报于经略，经略人于其上转之，尔后经略与不隶属诸司一并依文武次第分别报中书、枢密。边中诸司都巡检等处拘囚中，有以枉法、稽缓、受贿、徇情而遣放之等，所属刺史人当每十日一番审视推察之，当登记于簿上。如其有枉法等，则属司应再予之期限则予之期限，一个月一番报于经略，不隶属经略者则当报中书，中书局分当行板簿。"

⑧ 《天盛律令》卷十三《派大小巡检门》："边中监军司、五州地诸府、军、郡、县等地方中所派捕盗巡检者，阁门、神策当检时，臣僚官吏、独诱类种种中，当按职门能任、人勇武强健及地方广狭、盗诈多少计量，管事者当依次转告，应告枢密遣之。"

在经济方面主管三项：一是管理纳粮、地租等事宜①；二是管理河渠之事②；三是管理各类仓库相关事宜③。

从以上的论述可以看出，西夏与宋代的中书、枢密所掌职能基本相近，可谓是无所不管。

第三节　其他中央行政机构④

一　官城禁卫及侍奉机构

1. 殿前司（𗦼𗓽𗏵）

殿前司的设置始于周世宗⑤，按《宋史·职官志》的记载，殿前司"掌

---

① 《天盛律令》卷十五《纳领谷派遣计量小监门》："计量小监人除原旧本册以外，依所纳粮食之数，当为新册一卷，完毕时以新旧册自相核校，无失误参差，然后为清册一卷，附于状文而送中书。中书内人当再校一番，有不同则当奏，依有何谕文实行。同则新旧二卷之册当藏中书，新簿册当还之，送所管事处往告晓。边中、畿内租户家主各自种地多少，与耕牛几何记名，地租、冬草、条椽等何时纳之有名，管事者一一当明以记名。中书、转运司、受纳、皇城、三司、农田司计量头监等处，所予几何，于所属处当为簿册成卷，以过京师中书，边上刺史处所管事处检校。边中、畿内租户家主检地租法：年年死亡、外逃、地头无人、依次相卖，所改变之情须有，虚杂不入，典册清洁，三年一番，司干及中书郡县等处所置新册当俭之使牢。……所属郡县内人自二月一日始，一县写五面地册板簿，自己处及皇城、三司、转运司、中书等当分别予之。司当记名，所当改变除数，其上当改正，其上司衙（据潘洁：《〈天盛律令〉农业门校勘考释》，上海古籍出版社，2016，第193页中补入汉译本所缺二字。）人当为提举，七十日以内当使完毕，则四月十日当送转运司，分别为手记于板簿。五月一日当送中书，十五日以内当校验，无参差，则中书大人亦当为手记、置印。"
② 《天盛律令》卷十《春开渠门》："每年春伕事大兴者，勿过四十日。事兴季节到来时当告中书，依所属地沿水渠干应有何事计量，至四十日期间依高低当子之期限，令完毕。"
③ 《天盛律令》卷十七《库局分转门》："畜、谷物等，当告经略使人转□。不隶属经略之边中、京师、五州地等各司□，自己本司人各自账册有所告纳聚集，与文书接校之，磨勘司当引送告纳，一面同日告知中书、枢密所管事处。……若账册有半送半小送，则磨勘司自己人应当行，于中书内所管事处应告则当。边中诸司各自所属种种官畜、谷物，何管事所遣用数，承旨人合分任其职，所属大人当为都检校以为提举，所借领、供给、交还及偿还、催促损失等，依各自本职所行用之地程远近次第，自三个月至一年一番当告中书、枢密所管事处。……中书内所管事者当告先后诸司，总计种种文书，所有延误住滞当弃之。官物所辖诸司所行用、催促何有何无，一年毕时，当先后告于中书、枢密所管事处，当总计种种文书，有何延误住滞当言之。"
④ 本部分体例仿照翟丽萍《西夏官僚机构及其职掌与属官考论》（宁夏大学2010年硕士学位论文）一文（以下正文和注释中均简称翟文）分类，但翟文侧重于介绍各机构的属官，对其职能介绍相对简略，并且有些论述还有不当之处，鉴于此，本书主要考察其职源以及其职能，并纠正翟文中的不当之处。
⑤ 《玉海》卷一三九《宋朝侍卫亲军　三衙》，第2584页。

殿前诸班直及步骑诸指挥之名籍，凡统制、训练、番卫、戍守、迁补、赏罚，皆总其政令……入则侍卫殿陛，出则扈从乘舆，大礼则提点编排，整肃禁卫卤簿仪仗，掌宿卫之事"①。而从《庆元条法事类》的记载来看，宋代的殿前司似只管理下班祗应这一无品低阶武官，及管理武官的考试工作②。成书于西夏乾祐二十一年（1190）的西夏文汉文双解字典《番汉合时掌中珠》中即有殿前司的名称，汉文西夏文献《杂字·司分部》中也有"殿前"的记载。其职能主要有以下几点。

一是与后文所述经略司的职能相当，经略司负责地方行政机关与中央之间的联系，殿前司则负责京师范围内的行政机关与中央之间的联系③。二是负责人及马匹簿籍管理工作。人主要是指在宫廷当差之人④。马匹簿籍的管理则通过每年的季校工作实现，季校工作结束后，将簿册上交于殿前司⑤。对于官员受罚时所罚之马，无马之军卒向所属司申领时，也要上报至殿前司进

---

① 《宋史》卷一六六《职官六》，第3927页；《宋会要辑稿》职官三二之四。

② 《庆元条法事类》卷六《朝参赴选》："诸下班祗应乞寻医侍养、随侍、随行指教在外者，经所在州投状，勘会无规避，保明报殿前司。诸下班祗应初参班，召品官或将校二人保正身，所在官司审验，遣赴殿前司。诸初补下班祗应若年及格者，依使臣例，本家具家状申所在官司，缴赴殿前司。"卷十五《试武艺》："诸乞试武艺人，许经所属自陈，知州、通判、兵官审验人材，呈试艺手。若弓弩斗力及使马枪皆合格者，保奏，三人以上为保，连家状、保状在前，各给公凭。朝旨令发遣者，具录。每年以八月后十二月前解发至尚书兵部，试人执公凭呈验投纳，召保识官一员，赍告身同赴殿前司验讫收试。"卷16《行移》："诸下班祗应。转授差遣或有劳绩过犯，若年未及格居家而出入者，所在官司限五日内报殿前司。"

③ 《天盛律令》卷二《戴铁枷门》："使军因犯一种罪戴铁枷，已向属者嘱咐，原判断处司人当增记簿籍上，册不□□□京师者当向殿前司，边中者当向所应经略使等行文引送，经略使、殿前司等亦各自处，如其记已判断，及诸司引送多少等，相总计记簿而行，列犯罪者名，属者为谁，地名何处，使细细表示。"卷三《买盗畜人检得门》："检得官私畜物数，靠近京城者当经殿前司及所属郡县，边境当经监军司等各各自管事处，告者是谁，牲畜老幼、颜色、肥瘦使明，当增记于簿上，监军司人使告经略司。"

④ 《天盛律令》卷十二《内宫待命等头项门》："帐门末宿、内宿外护、神策、外内侍等所有分抄续转，悉数当过殿前司。其入待命者，人根是否鲜洁，当令担保只关者注册。"

⑤ 《天盛律令》卷五《季校门》："全国中诸父子官马、坚甲、杂物、武器等季校之法：应于每年十月一日临近时，应不应季校，应由殿前司大人表示同意、报奏。当视天丰国稔时，应派季校者，则当行文经略司所属者，当由经略大人按其处司所属次序，派遣堪胜任人使为季校队将，校毕时分别遣归，典册当送殿前司。非系属经略者，当由殿前司自派遣能胜任人，一齐于十月一日进行季校。"

行马匹簿籍的变动①。除了普通的老百姓，僧道的簿籍也归殿前司管理："僧人、道士、居士、行童及常住物、农主等纳册时，佛僧常住物记僧人、道士等册，依前法当纳于中书。居士、童子、农主等册当纳于殿前司。"②

宋代的殿前司主要掌管与宫廷相关之事宜，而西夏的殿前司与宫廷相关的内容似乎只有管理宫廷当值人员的簿册方面，像其管理僧人、马匹之簿籍等职能都是宋代的殿前司所不具备的。

2. 内宿司（𘞌𘌽𘟙）

汉文西夏文献《杂字·司分部》中有"内宿"一词，宋代没有内宿司这个机构，我们只能先从《天盛律令》中的律文看其主要职能：

在御前各现当值者，依法可入于内，已交班人奏言需经转告时，当与当值内宿承旨回应，应转告当转告，应遣本人入内则当遣。

内宿承旨及前宫侍承旨等当值入奏，有所转告者，当与当值内宿承旨回应，应入方可往。

閤门奏知、奏副等者，官家坐奏殿上，则除行礼者可入内以外，官家不坐奏殿上，中间有需转告奏言者，当与内宿承旨响应，然后可往。

种种待命、任职非当值，然有内宫事物者，当有内宿承旨转告，应入内方可入内。

官家住处所遣各内宫头项巡检，应依当值集中而在。内宿司人所属都案、案头、司吏中当遣一人，中间当检验之。

内宫中种种匠用度之刀、工具等往来，守门、内宿当持之，可与本人引导，于所需处做，不许使内宫中他人持之③。

御前殿使、管侍帐者、仆役房、厨庖、秘书监、楼上为法职者及局

① 《天盛律令》卷二十《罪则不同门》："诸人有受罚马者，当交所属司，隶属于经略者当告经略处。经略使当行所属司，军卒无马当令申领，于殿前司导送，册上当着为正编。若军卒无马者不申领，则当就近送于官之牧马，群牧司当行之，牧册上当着。不隶属于经略，当交判断处有司，当送殿前司。"
② 《天盛律令》卷十一《为僧道修寺庙门》，第408页。
③ 《天盛律令》卷十二《内宫待命等头项门》，第435～439页。

分人等新旧当值交接时，应过内宿承旨面前，令所属交接①。

从以上律文来看，西夏内宿司的职能主要是御前当值，轮番值宿，与宋代内侍省相似。内侍省之名始称于隋。② 宋代有入内内侍省与内侍省，且"入内内侍省与内侍省号为前后省，而入内省尤为亲近。通侍禁中、役服亵近者，隶入内内侍省；拱侍殿中、备洒扫之职、役使杂品者，隶内侍省"③。南宋绍兴三十年（1160）九月丁酉，以内侍省归入内侍省④。而"内侍"与"内宿"音相近，并且元昊建国时就曾大量购买从宋朝宫廷里出来的服侍人员，这些来自宋朝宫廷的服侍人员自然对掌管宋朝宫禁的内侍省比较熟悉，所以西夏的内宿司很有可能就是仿宋代的内侍省所建。

3. 皇城司（𗏹𗗙𘟣）

宋代旧名武德司。北宋太平兴国六年（981）十一月甲辰"改武德司为皇城司"⑤，"掌宫城出入之禁令，凡周庐宿卫之事、宫门启闭之节皆隶焉。……总亲从、亲事官名籍，辨其宿卫之地，以均其番直；人物伪冒不应法，则讥察以闻"⑥。还掌管"命妇朝会、伏日颁水，内中须索、内院斋料，并国忌修斋醮之事"⑦。从《天盛律令》的记载来看，西夏皇城司单独的职能不详，主要是与三司、群牧司、行宫司等职司合作承担为皇帝出行提供驿驾，为出使之人提供坐骑等服务的出行人员的职责⑧，没有发现与宋代皇城司相近的职能。

---

① 《天盛律令》卷十二《内宫待命等头项门》，第 435 页。
② （唐）杜佑：《通典》卷二十七《职官九》，王文锦等点校，北京：中华书局，2003 年，第 756 页。
③ 《宋史》卷一六六《职官六》，第 3939 页。
④ （宋）李心传撰：《建炎以来系年要录》卷一八六，绍兴三十年九月丁酉条，上海：上海古籍出版社，1992 年，第 651 页。
⑤ 《续资治通鉴长编》卷二十二，太宗太平兴国六年十一月甲辰条，第 504 页。
⑥ 《宋史》卷一六六《职官六》，第 3932～3933 页。
⑦ 《宋会要辑稿》职官三四之一五。
⑧ 《天盛律令》卷十九《供给驮门》："官家驿驾出，三司、皇城等应遣所须骑乘骆驼者，三司、皇城、行宫等大人当派其一以共职。皇城、三司等往汉、契丹卖者，坐骑骆驼预先由群牧司分给，当养本处，用时驮之。"

4. 閤门司（帨爫帲）

唐、宋分东、西上閤门司，"东上閤门掌朝会、宴集、视朝前后殿起居，臣僚见谢辞班仪范、赞引、恩礼、锡赐、承旨宣答、纠弹失仪、行幸前导、信使到阙授书、庆贺拜表、宣麻引案、应干吉礼等事"①，"西上閤门掌忌辰奉慰，行香临奠，问疾应干凶礼之事"②。南宋建炎元年（1127）十二月二十一日合二司为一，径称閤门③。西夏閤门司的职能主要体现在以下几个方面：一是与司法相关，管理京师拘囚检视事宜，"京师诸司现拘囚，每十日一番，中书内人、閤门检视中，当使依前述法提举"④。二是京师官员不能按期赴任，宽限期在十日之内的上报閤门司，"京师所属诸司大人、承旨宽限期次第者，一日起至十日于閤门司，十日以上则一律于中书等分别奏报，当以为宽限期"⑤。三是管理与别国往来事宜⑥。四是管理僧人还俗事宜，"国境内有僧人情愿交牒为俗人者，于前宫侍、閤门、帐门末宿本处纳册，不许入臣僚中。尔后欲入军待命、独诱，执种种重职，则当报，于所情愿处注册。其中与行童引导，则不许为辅主，当另置抄"⑦。五是为与内宿司一起负责御前当值，在皇帝不坐殿时，有须奏事之官当经閤门司与内宿司人员同意之后方可入内⑧。中书、

---

① 《宋会要辑稿》职官三五之八。
② 《宋会要辑稿》职官三五之一〇。
③ 《宋会要辑稿》职官三五之一〇、二二。
④ 《天盛律令》卷九《行狱杖门》，第337页。
⑤ 《天盛律令》卷十《失职宽限变告门》，第351～352页。
⑥ 《天盛律令》卷十一《使往来门》："正副使、内侍、閤门、文书、译语等，不与自人相伴而行，于理不□随意□□不□于他国客副他人等饮酒作歌，为歌失态，接待失礼时，正副使无官徒一个月，有官罚马二。其中内侍、閤门、文书、译语等有上、次、中品官者罚马一，无官十三杖。"卷十八《他国买卖门》："出使他国者往时，正副使、内侍、閤门、官之卖者、驾骆驼、侍马等所属之私物及诸人所卖官私物等，不许由官驮负之。"
⑦ 《天盛律令》卷十一《为僧道修寺庙门》，第410页。
⑧ 《天盛律令》卷十二《内宫待命等头项门》："閤门奏知、奏副等者，官家坐奏殿上，则除行礼者可入内之外，官家不坐奏殿上，中间有需转告奏言者，当与内宿承旨回应，然后可往。无转告奏言者，则当每日坐司院内。局分都案、案头、司吏、閤门巡检等允许入内，此外则当在三门楼以外。其中有应依时节入内者，由閤门奏知人计议之，当使具名方可入，不许不时阑入。中书、枢密者，除因在内宫中有种种任职依法可住之外，催提文书者当在车门以外，不许入内。其中有奏报言语及推问，须有解释等时，局分守门等大人处当提出、转告，应入则可入，推问言说毕时当回。"

枢密的当值情况也要由阁门司来进行检查①。六是向地方派遣官吏管理、检查经济事宜②。

从以上的叙述来看，宋代的阁门司与礼制相关，西夏的阁门司从西夏文的字面上看也应该有礼制功能，但从《天盛律令》的条文中无法看出。

5. 前宫侍司（𗴂𗥩𗊱𗤶）

西夏的前宫侍司与阁门司的职能有重合之处，主要体现在管理僧人还俗与派遣人员检查、管理地方事宜方面。按《天盛律令》卷五《军持兵器供给门》中的记载，前宫侍司人可持有战具。另外，卖给他国的畜物，当有前宫侍司印之。"往随他国买卖者，所卖官物而载种种畜物者，往时当明其数，当为注册。往至他国时，官物当另卖之，所得价及实物当于正副使眼前校验，成色、总数当注册，种种物当记之，以执前宫侍御印子印之。"③

6. 御庖厨司（𘝞𗃠𗊱𗤶）

相当于中原王朝所设御厨，北宋初光禄寺太官署、珍馐署、良酝署、掌醢署分隶御厨、法酒库，中兴后，废光禄并入礼部。掌"供御之膳馐及给内外饔饩、割烹煎和之事""车驾行幸开启烧香及素月分供素食"④。西夏的御庖厨司之职能也应与宋代相似。

7. 行宫司（𗴂𗥩𗤶）、南院行宫三司（𗊹𗴂𗥩𗤶𘃡𗤻）

《天盛律令》中记载："自京师畿北至富清县等十五行宫一□□上所派检溜者、下臣、臣僚、外内侍、神策、阁门等于正军、辅主得一样职门能办

---

①　《天盛律令》卷十二《内宫待命等头项门》："中书、枢密大人、承旨每日来不来所属司职上，阁门司人当核查。其中有不来者则当奏，中书当引送，依律令实行。"
②　《天盛律令》卷十五《催租罪功门》："每年春开渠大事开始时，有日期，先局分处提议，夫事小监者、诸司及转运司等大人、承旨、阁门、前宫侍等中及巡检前宫侍人等，于宰相面前定之，当派胜任人。"卷十七《库局分转派门》："种种官钱谷物，边中、京师库局分三年期满，迁转日已近，所遣新局分已明时，前宫侍、阁门臣僚等中当派能胜任之人，分别当往实地上，种种钱谷物何置，令交接者及新旧库等共于眼前交接，典、升册分明当行，新库局分人已敛几何当明之，与取敛状相接，于所辖本司分明，一文典当告，往都磨勘司核校。"
③　《天盛律令》卷十八《他国买卖门》，第569页。
④　《宋会要辑稿》方域四之一。

时□□上二种共事，当告枢密而遣之。"① 从这条史料可以看出，西夏皇帝也有行宫，故行宫司与南院行宫三司这两个机构从字面上看，应与皇帝的行宫事宜相关。

二 经济机构

1. 三司（𗤋𗣼）

唐代天祐三年（906）三月，始有盐铁、度支、户部三司之名②。三司作为宋代中央财权的主要体现者，其"应四方贡赋之入，朝廷不预"③，"祖宗之制，天下钱谷，自非常平仓隶司农寺外，其余皆总于三司，一文一勺以上，悉申帐籍"④。其具体职能为：

> 掌邦国财政大计，总盐铁、度支、户部之事，以经天下财赋而均其出入焉。盐铁，掌天下山泽之货，关市、河渠、军事之事，以资邦国之用；度支，掌天下财赋之数，每岁均其有无，制其出入，以计邦国之用；户部，掌天下户口、税赋之籍，榷酒、工作、衣储之事，以供邦国之用。⑤

宋代的三司除了拥有财权之外，还握有荐举与财政有关的官员，还要对地方转运司官员进行考核，考核有五方面的标准："一、户口之登耗；二、土田之荒辟；三、盐、茶、酒税统比增亏递年祖额；四、上供和籴、和买物不亏年额抛数；五、报应朝省文字及帐案齐足"⑥，其职权"超越了单纯财政的范围，变成了封建国家总理经济事务的中央机构"⑦。元丰官制改革，

---

① 《天盛律令》卷二十《罪则不同门》，第 615 页。
② （宋）司马光编《资治通鉴》卷 265，唐昭宣帝天祐三年三月戊寅条，（元）胡三省音注，北京：中华书局，1956 年，第 8658 页。原文为："戊寅，以朱全忠为盐铁、度支、户部三司都制置使。三司之名始于此。"
③ 《宋史》卷一六二《职官二》，第 3807 页。
④ 《续资治通鉴长编》卷 368，哲宗元祐元年闰二月甲午条，第 8871 页。
⑤ 《宋史》卷一六二《职官二》，第 3807～3808 页。
⑥ 《续资治通鉴长编》卷一六六，仁宗皇祐元年二月戊辰条，第 3984 页。
⑦ 《中国政治制度通史》（第六卷宋代），第 594～595 页。

"罢三司使并归户部"①。

元昊初建官制，仍制三司，"总国计，应贡赋之入，属有正使、副使、盐铁使、度支使等官"②。《天盛律令》卷首《颁律表》所列编纂者即：东经略使副枢密承旨三司正汉学士赵□。西夏三司下设药钱库、纳上杂、衣服库、赃物库、皮毛库、铁柄库、绫罗库、杂食库、柴薪库、帐库③。

从《天盛律令》的记载来看，西夏的三司有管理地租④及各项税钱⑤、畜牧管理⑥、官舍维护⑦、为每年进行校畜工作的人员提供禄食⑧等职能。此外，三司还参与同周边诸国的交易事项："皇城、三司等往汉、契丹卖者，

---

① 《宋史》卷一六二《职官二》，第3811页。
② 《西夏书事》卷十一。
③ 见《天盛律令》卷十七《库局分转派门》，第535~536页。
④ 《天盛律令》卷十五《纳领谷派遣计量小监门》："边中、畿内租户家主各自种地多少，与耕牛几何记名，地租、冬草、条椽等何时纳之有名、管事者一一当明以记名。中书、转运司、受纳、皇城、三司、农田司计量头监等处，所予几何，于所属处当为簿册成卷，以过京师中书，边上刺史处所管事处检校。边中、畿内租户家主检地纳租法：年年死亡、外逃、地头无人、依次相卖，所改变之情须有，虚杂不入，典册清洁，三年一番，司干及中书郡县等处置新册当倦之使牢。……所属郡县内人自二月一日始，一县写五面地册板簿，自己处及皇城、三司、转运司、中书等当分别予之。"
⑤ 《天盛律令》卷十七《库局分转派门》："中兴府租院租钱及卖曲税钱等，每日之所得，每晚一番，五州地租院一个月一番，当告三司，依另列之磨勘法施行。"
⑥ 《天盛律令》卷十九《畜利限门》："四种畜中，牛、骆驼、毁羭等之年年应交毛、酥者，预先当由群牧司于畜册上算明，斤两总数、人名等当明之而入一册，预先引送皇城、三司、行宫司所管事处。……其所纳毛、酥等当经群牧司，交送三司等分处，当予之收据，牧人当往其处院中验之。"卷十九《畜患病门》："畜患病已死，置接耳皮者，大校到来时当验之，当断耳印而焚之，皮者可还牧场。肉价：骆驼、马、牛一律五百，仔、犊、大毁羭等一百，小毁羭五十，与皮一并全部总计，当上交。群牧司到来时，钱当入库，皮送三司。"
⑦ 《天盛律令》卷二十《罪则不同门》："诸司司院有当修旧为新时，作物价钱及笨工、食粮价等，所属司所有罚贿畜，则当置其中修造。如彼无，则当告管事处以寻谕文，使计量所需作物数，皆当由三司出供修造。"
⑧ 《天盛律令》卷二十《罪则不同门》："□检军畜偏问磨勘者，大小局分之禄食当依以下所定而成。其中所增一种，由群牧司出，其余禄食当由三司出。……若因京师遣人急速，而未及使人马食出之谕文，及经略使人因敛官畜、谷、钱、物，磨勘问公事，他要语有疑等，当奏报京师，依圣旨上谕，于彼处遣人推问。有所遣行，经略使局分司所在处三司所属有罚贿，则当于其中予之。若无，则于所属地方内三司、群牧司所属之官畜、谷、钱、物中如数出予，当明之而行登录。……其中大人检畜偏问磨勘者等之灯油、燃料，由所辖处予之，校军磨勘者□□□□禄食依法当由三司局分中抽予。"

坐骑骆驼预先由群牧司分给，当养本处，用时驮之。"①

　　从以上史料可以看出，到西夏后期，三司已没有吴广成在《西夏书事》中所记载的包括盐铁、度支等官职，且其职能远没有宋代如此之广，而且也不独立或总领于其他经济机构，与转运司、受纳司、群牧司等分别负责不同经济事务，共同构成西夏的经济机构群体。

　　2. 群牧司（𘃝𗩳）

　　宋代"旧制，国马之政，皆骐骥二院监官专之"，咸平三年（1000）置"群牧司领内外厩牧之政，自骐骥院而下皆听焉"②，元丰五年（1082）五月一日，"官制行，废群牧置使，以职事归太仆寺"③。"掌内外厩牧之事，周知国马之政，而察其登耗焉。"④ 西夏的群牧司与宋代群牧司职能相当，掌管与畜物相关的一切事宜，包括为官方提供驿驾⑤，与三司共同管理所交牲畜之毛、酥，以及罚赃畜与遗失被捡之畜的簿册⑥，当官畜中出现病畜时，不隶属于经略司之机构需直接上报给群牧司⑦。

　　3. 磨勘司⑧（𘀢𗪉𗩳）

　　先看《天盛律令》中关于磨勘司的记载：

　　　　转运司大人将簿册、凭据种种于十一月一日至月末一个月期间引送

---

① 《天盛律令》卷十九《供给驿门》，第 576 页。
② 《宋会要辑稿》职官二三之五。
③ 《宋会要辑稿》职官二三之一二。
④ 《宋史》卷一六四《职官四》，第 3894 页。
⑤ 《天盛律令》卷十九《供给驿门》："官家驿驾出，随时供给，诸人借领所需骑乘时，群牧司、行宫司二种司内之骆驼当分别驱派。皇城、三司等往汉、契丹卖者，坐骑骆驼预先由群牧司分给，用时驮之。"卷十九《畜利限门》："御用等年供给乳畜，依先群牧司人计议能定之用度，母牛、母羖□、母羊者，应使笨工牧人中出多少，不许于牧监、大小首领等中派遣。"
⑥ 《天盛律令》卷十九《畜利限门》："诸人捡得畜，律令限期已过，应充公，及有诸人罚赃畜，又无力偿官钱物而换算纳畜等，由所辖司引送，当接与头字而送群牧司，于官畜中注册。"
⑦ 《天盛律令》卷十九《畜患病门》："诸牧场四种官畜中患病时，总数当明之。隶属于经略者，当速告经略处，不隶属于经略处，当速告群牧司。"
⑧ 翟文将其归为官员选拔机构是不恰当的，其实际应是一个经济机构。

磨勘司不毕，逾期延误时，大人、承旨、都案、案头、司吏等一律与前述郡县局分大小误期罪状相同。

磨勘司人腊月一日持来簿册、凭据，至腊月末一个月期间磨勘不毕而逾期时，大人、承旨、都案、案头、局分人之延误罪依转运司局分大小罪状法判断。①

诸种种执库所属司人，各自当行文书、升册，依法当引送告奏磨勘司，不许缺留。

诸司所属种种库局分引送磨勘司告纳者，官物收入、支出散册，每月诸案数当录先前官物收入、支出。②

掌库局分人已任职三年迁转者，边中经略所在地方内各司职及经略本人处之六库钱物各由谁管辖，置于何处，管事处监军司、府、军、郡、县、经略等依次已磨勘，来去已明时，送京师来隶属处磨勘。不隶属于经略之边中诸司地方内各住家，直接派遣来至京师管事处磨勘，依次送磨勘司。③

从上面的律文可以看出，"磨勘"一词在西夏主要是检查之意，无关官员考核，磨勘司也实则为一经济部门，掌管各类仓库及簿籍之事，与宋代的都磨勘司职能相同。北宋太宗端拱二年（989）十二月，诏置三司都磨勘司。④ 至道中，又置提举点检三司公事，寻复停废其帐籍并归磨勘司管系。淳化三年（992）十一月，置主辖支收司以判都磨勘司官兼领之。⑤ "掌覆勾三部帐籍，以验出入之数。"⑥

4. 农田司（𗧗𗿒）

与中原王朝司农寺职能相似。宋代司农寺掌供籍田九种及诸祀豕、蔬

---

① 《天盛律令》卷十五《催缴租门》，第 490~491 页。
② 《天盛律令》卷十七《库局分转派门》，第 524、527、528~529 页。
③ 《天盛律令》卷十七《物离库门》，第 543 页。
④ 《续资治通鉴长编》卷三十，太宗端拱二年十二月辛亥条，第 691 页。
⑤ 《宋会要辑稿》职官五之二五。
⑥ 《宋史》卷一六二《职官二》，第 3809 页。

果、明房油、平籴之事。元丰官制行，"凡京都官吏禄廪，辨其精粗而为之等；诸路岁运至京师，遣官阅其名色而分纳于仓庾，藁秸则归诸场，岁具封桩，月具见存之数奏闻。……凡苑囿行幸排比及荐饗进御、颁赐植藏之物，戒有司先期辨具，造麴蘖、储薪炭以待给用。天子亲耕藉田，有事于先农，则卿奉耒耜，少卿率属及庶人以终千亩"。①

西夏的农田司没有宋代司农寺这么大的职能范围，其职能仅仅是管理与农业相关的事宜。"边中、畿内租户家主各自种地多少，与耕牛几何记名，地租、冬草、条椽等何时纳之有名，管事者一一当明以记名。中书、转运司、受纳、皇城、三司、农田司计量头监等处，所予几何，于所属处当为簿册成卷，以过京师中书，边上刺史处所管事处检校。"②

5. 都转运司（𗱕𗤁𗤋𘃡𗓨）、转运司

宋代转运使"掌经度一路财赋，而察其登耗有无，以足上供及郡县之费；岁行所部，检察储积，稽考帐籍，凡吏蠹民瘼，系条以上达，及专举刺官吏之事"③。

按《天盛律令》的记载，西夏都转运司设于京师，转运司设于地方。一是掌管租地相关事宜④，从史料也可以看出，西夏土地的簿册保存在五个地方：土地所在处、皇城司、三司、转运司与中书⑤。二是管理水

---

① 《宋史》卷一六五《职官五》，第 3904 页。
② 《天盛律令》卷十五《纳领谷派遣计量小监门》，第 514 页。
③ 《宋史》卷一六七《职官七》，第 3964 页。
④ 《天盛律令》卷十五《催缴租门》："所属郡县局分大小人交纳种种地租多少，十一月一日于转运司不告交簿册、凭据，迟缓时罪：自一日至五日十三杖，五日以上至十日徒三个月，十日以上至二十日徒六个月，二十日以上一律徒一年。"卷十五《取闲地门》："诸人无力种租地而弃之，三年已过，无为租佣草者，及有不属官私之生地等，诸人有曰愿持而种之者，当告转运司，并当问临界相接地之家主等，仔细推察审视，于弃地主人处明之，是实言则当许耕种谕文，着之簿册而当种之。"卷十五《地水杂罪门》："诸人互相买租地时，卖者地名中注销，买者曰'我求自己名下注册'，则当告转运司注册，买者当依租佣草法租之。诸人互相卖租地，买地者曰我求丈量，告转运司者，当遣人丈量。"
⑤ 《天盛律令》卷十五《纳领谷派遣计量小监门》："边中、畿内租户家主检地纳租法：……所属郡县内人自二月一日始，一县写五面地册板簿，自己处及皇城、三司、转运司、中书等当分别予之。"

利等事①。

6. 其余经济机构

有些机构在《天盛律令》中没有详细的律文能看出其职能，只能从字面和汉文史料中推测其职能应属于与经济相关，包括：受纳司（𗽪𗥻𗰜）。

三　司法机构

1. 瓯匦司（𗫐𗫲𗰜）

唐武则天垂拱元年（685），置匦以达冤滞，"知匦使掌申天下之冤滞，以达万人之情状。立匦之制，一房四面，各以方色。东曰'延恩'，怀材抱器，希于闻达者投之；南曰'招谏'，匡正补过，裨于政理者投之；西曰'申冤'，怀冤负屈，无辜受刑者投之；北曰'通玄'，献赋作颂，谕以大道及涉于玄象者投之"②。天宝九载（750），改匦为献纳。至德元年（756），复名曰匦③。匦院所设投状铜匦，或称匦匣。北宋雍熙元年（984），"改匦为检"，景德四年（1007），"改为登闻检院……掌受文武官及士民章奏表疏，凡言朝政得失、公私利害、军期机密、陈乞恩赏、理雪冤滥及奇方异术，皆受以通达。凡进状者先鼓院④，若为所抑则诣检院"⑤。

---

① 《天盛律令》卷十五《催租功罪门》："每年春开渠大事开始时，有日期，先局分处提议，夫事小监者，诸司及转运司等大人、承旨、阁门、前宫侍等中及巡检前宫侍人等，于宰相面前定之，当派胜任人。"卷十五《桥道门》："大渠中唐徕、汉延等上有各大道、大桥，有所修治时，当告转运司……此外，沿大渠干有各小桥，转运司亦当于租户家主中及时遣监者，依私修治，依次紧紧指挥，无论昼夜好好监察。"卷十五《渠水门》："沿唐徕、汉延诸官渠等租户、官私家土地方所处，当沿所属渠段植柳、柏、杨、榆及其他种种树，令其成材，与原先所植树木一同监护，除依时节剪枝条及伐而另植以外，不许诸人伐之。转运司人中间当遣胜任之监察人。"

② 《唐六典》卷九《匦院使》，第 282 页。

③ （宋）王溥：《唐会要》卷五十五《匦》，上海：上海古籍出版社，2012 年，第 1123 页。

④ 鼓院，宋初曰鼓司，景德四年诏改为登闻鼓院，掌诸上封而进之，以达万人之情。凡文武臣僚阁门无例通进文字，并先经登闻鼓院进状，未经鼓院者，检院不得收接。

⑤ 《文献通考》卷六十《职官十四·检院》，第 1813 页。

西夏的瓯匣司一般掌管断案后仍因有枉误之处而争讼之案件①，如瓯匣司仍有枉误，则须上报中书②。西夏明确规定不允许越诉，"其中无故越司而告御前并击鼓等时，徒三个月，情由当问于局分"③。宋代则允许越诉，"诸奉行手诏及宽恤事件违戾者，许人越诉"④。在《庆元条法事类》中我们还可以看到许多允许下层民众越诉的法律条文。

2. 审刑司（都审刑司）（𗙺𗪚𗣼）

宋有审刑院，北宋淳化二年（991），太宗"虑大理、刑部吏舞文巧诋。（八月）己卯，置审刑院与禁中。……凡狱具上奏者，先有审刑院印讫，以付大理寺、刑部断覆以闻，乃下审刑院详议，中覆裁决讫，以付中书，当者即下之，其未允者，宰相复以闻，始命论决"⑤。《天盛律令》记西夏审刑司职能的律文仅有以下一条：

> 诸人已犯罪，经官已杀者，一年以内不允许收葬，一年已过时，当由小巫为之。先告都审刑司，当派巫小监者，应翻检头字，当收葬，不允作咒。⑥

西夏文汉文双解词典《番汉合时掌中珠》中记载了西夏断案的程序：

> 诸司告状，大人嗔怒，指挥局分，接状只关，都案判凭，司吏行遣，医人看验，踪迹见有，知证分白，追干连人，不说实话，事务参

---

① 《天盛律令》卷九《越司曲断有罪担保门》："诸人有互相争讼陈告者，推问公事种种已出时，京师当告于中兴府、御史，余文当告于职管处，应取状。其中有谓受枉误者时，于局分都案、案头、司吏争论者当告于所属司大人，应转争讼局分人则转当地大人。若所属司问者为大人、承旨有争论时，当入状于瓯匣中，瓯匣司人当问告者，如何枉误，有何争讼言语，当仔细明之。"
② 《天盛律令》卷九《越司曲断有罪担保门》："前述诸司人已枉，入状于瓯匣中时，瓯匣司人亦枉误，则当依文武次第报于中书、枢密。只关取文，司局分大小转承次第等。"
③ 《天盛律令》卷九《越司曲断有罪担保门》，第339页。
④ 《庆元条法事类》卷十六《诏敕条例》，第336页。
⑤ 《续资治通鉴长编》卷三十二，太宗淳化二年八月己卯条，第718页。
⑥ 《天盛律令》卷七《杀葬赌门》，第290页。

差，枷在狱里，出与头字，令追知证，立便到来，仔细取问，与告者同，不肯招承，凌持打拷，大人指挥，愚蒙小人，听我之言，孝经中说，父母发身，不敢毁伤也，如此打拷，心不思惟，可谓孝乎，彼人分析，我乃愚人，不晓世事，心下思惟，我闻此言，罪在我身，谋知清人，此后不为，伏罪入状，立便断止。①

西夏的另一个与司法相关的机构应为陈告司（𗴮𗊩𗴴），《天盛律令》中没有记载陈告司的具体职能，我们只能从陈告司的西夏文的字面意思来解释。其中"𗴮"在《文海》中的解释为"𗴮　𗴴𗵷　𘕄　𗴮𗵴𗴮𗱕𗴯　𗴴　𗴯𗊩　𗉢𗾕𗴯"，汉语意思为"告，不左服右，此者告呼也，不服也，告之谓也"②。从字面上看，陈告司的设置应是为那些对前次审判不服者的上诉之所。

四　监察机构

西夏的监察机构主要是御史（𗷬𗄭）。秦汉时，御史初具纠察之任，西汉有御史府之名，东汉始称御史台，或称兰台寺③。宋沿置。"掌纠绳内外百官奸慝，肃清朝廷纪纲，大事则廷辩，小事则奏弹。"④ 元昊改革官制时，御史台的职能是"掌纠察官邪，肃正纲纪"⑤。但是《天盛律令》中仅有一条记载御史职能的律文，与监察无关，似与司法有关："诸人有互相争讼陈告者，推问公事种种已出时，京师当告于中兴府、御史，余文当告于职管处，应取状。"⑥

① （西夏）骨勒茂才著《番汉合时掌中珠》，黄振华、聂鸿音、史金波整理，第133~137页。
② 《文海研究》，第404页。
③ 《通典》卷二十四《职官6·御史台》，第658~659页。
④ 《宋会要辑稿》职官一七之三。
⑤ 《西夏书事》卷十一。
⑥ 《天盛律令》卷九《越司曲断有罪担保门》，第338页。

五　选官、考核机构

(一) 宣徽 (𗷕𘉍)、大恒历司 (𗥂𘄷𘃺)

按《天盛律令》的记载，西夏的宣徽和大恒历司似与求官有关。

> 依法求官者，当报边中一种所属监军司，经经略使处，依次变转，与不属经略之京师界等一起依文武分别报告中书、枢密。局分处于升册上当推寻，前所得中除外，则所属案中官名人名当寄，并增着于板簿上，当奏告以明时，当行宣徽，给内管。宣徽中人当增着典册，内管当结中头上"坎图"者，一半内管及一半升册上当着以外，末尾上全"坎图"当放置□，内管者牌、铁箭、局分前宫人当给，并奏□，当置印。宣徽局分当取，导送大恒历院，□言当结说。大恒历司人当行升册，计量职级、本功，官当□。"未及御印"官者，其处墨印、官板当置。内管官等当还于中书、枢密原置典处，当过问，"及御印"官一种与内管当总合，牌、铁箭当还内侍。前述内管当依法印中当入取，有"未及御印"官者，当着印手记，则官寄名人当掌，当还内管大恒历司。①

宋代的宣徽则"掌总领内诸司及三班内侍之籍，郊祀、朝会、宴飨供帐之仪，应内外进奉，系检视其名物"，分为宣徽北院、宣徽南院，"南院资望比北院颇优"。下设四案，为兵案、骑案、仓案、胄案②。西夏宣徽的职能与宋代完全不一样，宣徽的西夏文"𗷕𘉍"二字直译为"宣赏院"，结合上段史料的记载，其只能可能与官员的奖赏有关。

宋代没有大恒历司这个机构。大恒历司，从其西夏文来看，𗥂，意"法""礼"；𘃺，意"典"，其字面意思为"典礼司"。从这点来看，大恒

---

① 《天盛律令》卷十《官军敕门》，第 356~357 页。
② 《宋史》卷一六二《职官二》，第 3806 页。

历司应属于西夏的礼制机构。

（二）养贤务（𘟂𗩳𘂤）

"建中靖国元年（1101），乾顺始建国学，设弟子员三百，立养贤务以廪食之。"[①] 设立养贤务是因为"自襄霄创建蕃学，国中由蕃学进者诸州多至数百人，而汉学日坏，士皆尚气矜，鲜廉耻，甘罹文网，乾顺患之。……景宗（元昊）以神武建号，制蕃字以为程文，立蕃学以造人士，缘时正需才，故就其所长以收其用。今承平日久，而士不兴行，良由文教不明，汉学不重，则民乐贪顽之习，士无砥砺之心"[②]。

六　宗教事务机构

西夏的宗教事务机构主要是两种功德司：僧人功德司（𗼃𗒹𗪁𗵘𗖊）和道士功德司（𗪒𗩳𗪁𗵘𗖊），分别掌管西夏佛教、道教，僧人、道士，寺庙、道观等与宗教相关的事宜。

> 国师、法师、禅师、功德司大人、承旨、道士功德司大人、承旨等司中有职官事限度者一日起至十日，寺检校、僧监、众主二十日期间当报所属功德司，使定宽限度，二十日以上则当告变。国师、法师、禅师等司内不管者，径直当报中书，依所报次第限之。[③]
>
> 僧人、道士所属行童中，能诵《莲花经》《仁王护国》等二部及种种敬礼法，梵音清和，则所属寺僧监、寺检校等当转，当告功德司，依次当告中书，当问本人及所属寺僧监、副判、寺检校、行童首领、知信等，令寻担保只关者。[④]

---

① 《宋史》卷四八六《夏国下》，第 14019 页。
② 《西夏书事》卷三十一。
③ 《天盛律令》卷十《失职宽限变告门》，第 352 页。
④ 《天盛律令》卷十一《为僧道修寺庙门》，第 402 页。

七 无法判断职能的机构

(一) 资善务 （𗛁𘋨𘄴）

《天盛律令》中仅有一条与资善务相关的史料："资善务所属获罪畜，管一种畜者，当依前法为之。检畜者谁，有所用等，资善务当派本人行之，群牧司勿管事。年年检者往，经行磨勘司磨勘法，群牧司当依法为之。"[①]但从这条史料中无法判断其具体职能，故翟文将其置于经济管理机构似不太恰当。由于"资善"二字为西夏文"𗛁𘋨"的音译，故此职司应不是西夏新创。宋代的资善堂则为皇子就学之所，创立于北宋真宗时期，"诏筑堂于元符观南，为皇子就学之所，赐名曰'资善'"[②]。

(二) 回夷务 （𗉛𗙏𘄴）

翟文将其归入宗教与文化机构，认为其应为管理河西走廊回鹘地区的某些民族或宗教事务的机构。《天盛律令》中没有史料记载，仅从字面上似是与回鹘地区相关，但"𗙏"字还有"僧人、和尚"之意，是否还与僧人管理有关，有待于更多史料发掘后再做定论。

(三) 择人司 （𘝞𘐊𗟲）

《天盛律令》中除在《司序行文门》中出现"择人司"一词，其余地方没有出现过此词，但出现"择人"一词，主要集中在卷十二《内宫待命等头项门》，与宫廷当值有关。

> 除帐门末宿等以外，其余内宫当值人及阁门、择人、守护者，不许于当值日不集中到来及放弃职事等。
>
> 前述择人、守护者，所自投奔者、汉山主、羌、回鹘使军等甚伙，不须使守护于官家住处内宫，其代转处内宿、外护人可守护，择人、守护者应使住于官家不住之内宫、库藏及其他处，应守护。

---

① 《天盛律令》卷十九《畜利限门》，第 581 页。
② 《续资治通鉴长编》卷八十六，真宗大中祥符九年二月甲午条，第 1973 页。

种种待命及择人守护者、诸执局分人等每月当值时，大人、承旨、都案、案头、司吏等遣放当值人，无贿，自一人至三人徒三个月，自四人至七人徒六个月，自八人至十人徒一年，十人以上一律徒二年。受贿则与枉法贪赃罪比较，从重者判断。①

但从前文所列西夏各级机构人员设置表中，择人司并没有"择人"这个官职，仅设承旨和都案，所以不知此处所记"择人"为何官职，列于此存疑。

第三章　西夏与宋代地方行政制度比较研究

地方行政制度的研究主要包括两个方面的内容：一是行政区划；二是地方行政组织。前一章将西夏的中央行政制度与宋代进行了对比，中央政府必须通过地方行政机构才能有效地管理国家。西夏作为一个少数民族政权，其地方行政制度的设置与实施在有效借鉴中原王朝时又会有自己的特点，并且自身的特点要多于借鉴而来的，这也是明显有别于中央行政制度的。

第一节　西夏与宋代行政区划制度比较

据《宋史》卷四八六《夏国下》记载："夏之国境，方二万余里。……河之内外，州郡凡二十有二。河南之州九：曰灵、曰洪、曰宥、曰银、曰夏、曰石、曰盐、曰南威、曰会。河西之州九：曰兴、曰定、曰怀、曰永、曰凉、曰甘、曰肃、曰瓜、曰沙。熙、秦河外之州四：曰西宁、曰乐、曰廓、曰积石。"① 西夏显道元年（北宋明道二年，1033）五月，"升兴州为兴庆府"②。"赵元昊既悉有夏、银、绥、静、宥、灵、盐、会、胜、甘、凉、瓜、沙、肃，而洪、定、威、怀、龙皆即旧堡镇伪号州，仍居兴州，阻河，依贺兰山为固。……置十八监军司，委酋豪分统其众。……创十六司于兴州，以总众务。"③

---

① 《宋史》卷四八六《夏国下》，第 14028 页。
② 《西夏书事》卷十一。
③ 《续资治通鉴长编》卷一二〇，仁宗景祐四年，第 2845 页。

　　按《天盛律令》的记载，西夏的地方行政组织大致有经略司、监军司、州、府、军、郡、县几个层级，按照上、次、中、下、末划分为五个等级。而且"经略司者，比中书、枢密低一品，然大于诸司"①。

　　宋代地方行政建制为州（府、军、监）—县两级，在州级以上设置路一级派出机构。北宋太宗至道三年（997）将全国改成十五路，仁宗天圣时析为十八路，神宗元丰八年（1085）增至二十三路。宋朝统治者鉴于唐代集一道之权于节度使一身所造成的严重后果，太祖、太宗在位时，

　　　　剪削藩镇，齐以法度，择文吏为之佐，以夺其杀生之柄，揽其金谷之富，选其麾下精锐之士，聚诸京师，以备宿卫，制其腹心，落其爪牙，使不得陆梁，然后天子诸侯之分明，而悖乱之原塞矣。于是节度使之权归于州，镇将之权归于县。又分天下为十余路，各置转运使，以察州县百吏之臧否，复汉部刺史之职，使朝廷之令必行于转运使，转运使之令必行于州，州之令必行于县，县之令必行于吏民。②

宋太祖乾德元年（963）正月，即以沈义伦为京西、韩彦卿为淮南转运使，以分割事权为指导思想，在路级设转运司、提点刑狱司、提举常平司与安抚司四大常设机构，其中以"婚田、税赋属之转运，狱讼、经总属之提刑，常平、茶盐属之提举，兵将、盗贼属之安抚"③。

　　宋代，州的等级有两套标准，一套将州分为辅、雄、望、紧、上、中、中下、下数等；另一套则将州分为六等，"凡州之别有六，曰都督、曰节度、曰观察、曰防御、曰团练、曰军事"④，州下统县，分为赤、畿、望、紧、上、中、下七等，宋建国伊始，"有司请据诸道所具版籍之数，升降天下县望，以四千户以上为望，三千户以上为紧，二千户以上为上，千户以上

---

① 《天盛律令》卷十《司序行文门》，第364页。
② 《续资治通鉴长编》卷一九六，仁宗嘉祐七年五月丁未条，第4748页。
③ 《庆元条法事类》卷四《职掌》，第31~32页。
④ 《宋会要辑稿》职官四七之一。

为中，不满千户为中下"①。

西夏地名虽沿用府、州、军、郡、县等称呼，但并没有建立起中原王朝实行的州—县两级地方行政体系，从《天盛律令》条文中所反映的内容来看，根据所在地域不同，西夏中央对地方大致呈以下四种统辖方式：

①中央→经略司→监军司→边境地区

②中央→经略司→边中地区

③中央→殿前司→京师及周边地区

④中央→不隶属于经略之监军司（这种方式主要针对啰庞岭监军司）。

西夏同样将地方政区划分为五等，根据现存可考史料，西夏政区的划分大致遵循以下几个原则。

（1）以首都兴庆府为中心的同心圆分布规律。《天盛律令》卷十七《物离库门》中规定了按路程远近各地往京师进行官畜、谷、钱、物磨勘的到达日期。

不隶属于经略使之种种官畜、谷、钱、物，库局分人边中家所住处之府、军、郡、县、监军司等未磨勘，因是直接派者，自迁转日起十五日以内，当令分析完毕而派遣。依地程远近次第，沿途几日道宿，以及京师所辖处一司司几日磨勘当明之。

二种监军司自派日起至来到京师所辖处四十日，京师所辖司内磨勘六十日，都磨勘司五十日：

沙州、瓜州。

二司一律自派日至来到京师之日三十日，所辖司内磨勘六十日，都磨勘司六十日：

肃州、黑水。

八司一律自派日至来到京师之日二十日，京师所辖司磨勘七十日，都磨勘司六十日：

---

① 《续资治通鉴长编》卷一，太祖乾德元年十月壬申条，第26页。

西院、啰庞岭、官黑山、北院、卓啰、南院、年斜、石州。

七司一律自派日至来到京而之日十五日，所辖司内磨勘八十日，都磨勘司五十五日：

北地中、东院、西寿、韦州、南地中、鸣沙、五原郡。

六司一律自派日至来到京师之日十日，所辖处司内磨勘八十日，都磨勘司六十日：

大都督府、灵武郡、保静县、临河县、怀远县、定远县。

经略使所辖之种种官畜、谷、物，边中监军司、府、军、郡、县等各库局分人自迁转起十五日以内令分析完毕，监军司、府、军、郡、县等本处已磨勘，则派送经略处。其已磨勘，已明高下，尔后经略本处种种管库局分等，一并由经略一司一番磨勘，其如何派遣，一等等遣于京师管事处，依次几日限期磨勘，期限长短等如下所示。

二种一律监军司三十日，自派出来到经略处二十日，经略处磨勘二十日，派京师途中二十日，所辖处司内磨勘三十五日，都磨勘司二十五日：

沙州、瓜州。

二种一律监军司三十日，自派出至来到经略司之日十五日，经略处磨勘二十日，派京师途中十五日，京师所辖司磨勘四十日，都磨勘司三十日：

肃州、黑水。

三种一律监军司四十日，派出至来到经略处十日，经略处磨勘三十日，派京师至到来沿途十日，京师所辖司磨勘三十日，都磨勘司三十日：

西院、官黑山、北院。

四种一律监军司四十日，派出至来到经略处十日，经略处磨勘三十日，派京师沿途十日，京师所辖处四十日，都磨勘司二十日：

卓啰、南院、年斜、石州。

三种一律监军司四十日，派出至来到经略处十日，经略处磨勘二十五日，派出来到京师十日，京师所辖司磨勘四十日，都磨勘司二十五日：

北地中、东院、西寿。

二种监军司三十日，派出至来到经略处十日，经略处磨勘三十日，派来京师沿途十日，京师所辖司磨勘三十五日，都磨勘司三十五日：

韦州、南地中。

二种一律本司三十五日，派出至来到经略处十日，经略处磨勘三十日，派来京师十日，京师所辖本司磨勘三十五日，都磨勘司三十日：

鸣沙、大都督府。

五种一律京师郡县人四十日，派出至来到所辖处十日，所辖司磨勘六十日，都磨勘司四十日：

灵武郡、保静县、临河县、怀远县、定远县。①

根据以上律文可画出六层同心圆，见图3-1。

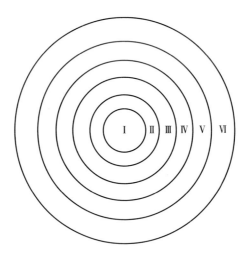

图3-1 六层同心圆

---

① 《天盛律令》卷十七《物离库门》，第544～547页。

　　第Ⅰ层代表兴庆府所在的京师界；第Ⅱ层包括大都督府、灵武郡、保静县、临河县、怀远县、定远县；第Ⅲ层包括北地中、东院、西寿、韦州、南地中、鸣沙、五原郡；第Ⅳ层包括西院、啰庞岭、官黑山、北院、卓啰、南院、年斜、石州；第Ⅴ层包括肃州、黑水；第Ⅵ层包括瓜州、沙州。按照费孝通先生的"差序格局"理论，社会关系"不像团体中的分子一般大家立在一个平面上的，而是像水的波纹一般，一圈圈推出去，愈推愈远，也愈推愈薄"①。依据这个理论，也就不难理解为什么属于西夏五州故地的夏州和绥州居然位列末等司的现象了。

　　（2）根据其地对于国家的重要性决定其等级高低的特点。主要有以下三个地方呈现这个特征。一是西凉府。按距离兴庆府的远近来看，西凉府应位于同心圆的第Ⅳ层，但其高列于次等司，这主要是由于西凉府对于首都兴庆府的重要屏卫作用。咸平六年（1003）十二月，李继迁攻陷西凉府②，吴广成评价李继迁取西凉府之后，"西夏势成而灵州永固矣。盖平夏以绥、宥为首，灵州为腹，西凉为尾，有灵州则绥、宥之势涨，得西凉则灵州之根固。况其府库积聚，足以给军事，调民食，真天府之国也"③。二是如鸣沙郡。虽离都城较远，但由于有御仓"天丰仓"在此，故其为中等司。元丰四年（1081）十月，宋五路大军征西夏，刘昌祚于鸣沙得窖藏米百万。"（十月）辛巳，泾原兵既破磨脐隘，行次尝移口，有二道，一北出黛黛岭，一西北出鸣沙川。鸣沙少迁，诸将欲之黛黛，刘昌祚曰：'离汉时运司备粮一月，今已十八日，未到灵州，倘有不继，势将若何？吾闻鸣沙有积粟，夏人谓之御仓，可取而食之，灵州虽久，不足忧也'。既至，得窖藏米百万，为留信宿，重载而趋灵州。"④ 三是五原县（郡）。因境内有盐池，位列中等司行列。《太平寰宇记》卷三十七载："盐州五原郡，今理五原县……元领县二：五原、白池……地居沙卤，无果木，不植桑麻，唯有盐池，百姓采漉

---

① 费孝通：《乡土中国》，北京：人民出版社，2011 年，第 30 页。
② 《续资治通鉴长编》卷五十五，真宗咸平六年十二月甲子条，第 1219 页。
③ 《西夏书事》卷七。
④ 《续资治通鉴长编》卷三一八，神宗元丰四年十月辛巳条，第 7697 页。

以为业。"① 宋人就曾指出:"乌、白盐池,夏贼洎诸戎视之犹司命也。"②
不光是乌、白池,据《新唐书》卷三十七记载,盐州五原还有瓦池、细项
池等盐池③。《天盛律令》上还记载的盐池有"盐池、□池、文池、萨罗池、
红池、贺兰池、特克池、杂金池、大井集荤灰岬池、丑堡池、中由角、西家
池、鹿□池、啰皆池、坎奴池、乙姑池"④ 大小 16 个盐池。

(3) 监军司地位较高,如边中监军司就位列中等司。关于监军司的详
细论述见后文。

第二节　西夏的经略司 (𗀃𗾫𗉔)
与监军司 (𗊱𗉵𗉔)

"经略使"之名始见于《北齐书》⑤,武定八年(550),"侯景叛,除
(辛术) 东南道行台尚书,封江夏县男,与高岳等破侯景,擒萧明,迁东徐
州刺史,为淮南经略使"⑥。宋朝前期,为了实现对外抵御西夏等少数民族
政权的侵扰,在西北沿边设置经略使,临时处理以军事为主的事务,后在广
南地区也设置经略使。

> 宋朝不常置,咸平五年⑦始以右仆射张齐贤为邠宁环庆泾原路经略
> 使……又以邓州观察使钱若水为并代经略使……此后不除人。宝元中,

---

① (宋) 乐史:《太平寰宇记》卷三十七《盐州》,王文楚等点校,北京:中华书局,2007
年,第 782 页。
② 《续资治通鉴长编》卷四十四,真宗咸平二年六月戊午条,第 951 页。
③ 《新唐书》卷三十七《地理一》,第 973 页。
④ 《天盛律令》卷十七《库局分转派门》,第 535 页。
⑤ 《文献通考》卷六十二《职官十六》记为:"唐贞观二年,边州别置经略使,此盖始名之
起。"
⑥ (唐) 李百药:《北齐书》卷三十八《辛术传》,北京:中华书局,第 501 页。按《魏书》
卷十二《孝静纪第十二》,《北史》卷五《魏本纪第五》均记为武定五年,此处武定八年当
误。
⑦ 《宋史》卷二六五《张齐贤传》记为:"(咸平) 四年,李继迁陷清远军,命 (张齐贤) 为
泾、原等州安抚经略使,以右司谏梁颢为副。"

夏人入寇，始命陕西沿边大将皆兼经略使……所以重帅权而服羌夷也。……掌一路兵民之事，皆帅其属而听其狱讼，颁其禁令，定其赏罚，稽其钱谷、甲械出纳之名籍而行以法，若事难专决，则具可否禀奏，即干机速边防及士卒抵罪则听以便宜裁断。帅臣任河东、陕西、岭南路，职任绥御戎夷，则为经略安抚使。①

庆历年间（1041～1048）宋夏和议后，鉴于夏人的反叛无常，"诏陕西、河东经略司，夏国虽复称臣，其令边臣益练军。毋得辄弛边备。其城垒器甲逐季令转运、提点刑狱司按察之"②。基于此，此后经略安抚使成为沿边的常设机构，"以西鄙用兵，权置经略安抚使，一路之兵，得以便宜从事。及西事已平，因而不废"③。

经略司的西夏文写为"𗥤𘃡𘕿"，其中"𗥤𘃡"为"经略"的音译。由于宋代的经略司在宋夏关系中有着极其重要的地位，西夏与宋代经略司的接触也最直接、频繁，事关对西夏军事情报的刺探，两国疆界的划定，夏人与宋通和等事宜都需要先经过宋代的沿边经略司，所以经略司这一机构应当是西夏借鉴宋朝的制度设立的。西夏的经略司按《天盛律令》和出土文物的记载应分为东、西、南、北四大经略司。"监军司大小一年中往接续提举状，及城主司人说聚集状等，监军司当变，每年正月五日以内，当告经略使处，经略使当一并总计而变。正月五日始东南经略使人二十日以内，西北经略使一个月以内，当向枢密送状。"④ 甘肃武威市西郊林场西夏 2 号墓出土的西夏八面木缘塔的八角形塔顶木板里面有汉文墨书："故考□西经略司都案刘纯仁，寿六旬有八，于天庆五年岁次戊午四月十六日亡殁，至天庆七年岁次庚辰□□□五日兴工建缘塔，中秋十三日入课讫。"⑤

---

① 《文献通考》卷六十二《职官考十六·经略使》，第 1862 页。
② 《续资治通鉴长编》卷一五四，仁宗庆历五年二月己亥条，第 3747 页。
③ 《续资治通鉴长编》卷一九六，仁宗嘉祐七年五月丁未条，第 4749 页。
④ 《天盛律令》卷四《修城应用门》，第 220 页。
⑤ 史金波、陈育宁主编《中国藏西夏文献》（第 18 册），兰州：甘肃人民出版社，2005 年，第 263 页。图版见附录图版 2。

　　虽然经略司没有因为宋夏和议而废置，但综观宋代史料，宋代经略司的职能还是仅限于与边境军事相关的内容，包括与转运司合作负责军粮的筹措，边境军事人员的选拔，侦查军事情报，与邻国的军事外交往来，守备修护边境堡寨等职。其没有成为与宋代各路所设四大监司平级的机构，在一些事务上还要受转运司的管辖，"诸经略安抚、总管、钤辖司召所部议事，及差移军马，报转运司知"①。经略司在西夏则具有十分重要的地位，其"比中书、枢密低一品，然大于诸司"②，充当着地方与中央联络线的作用，对于不直接隶属于中央的地方机构，上报中央的任何事情都需要经由经略司完成，经略司的较高地位通过其饰物也可以表现出来："诸大小官员、僧人、道士诸人等救禁：不允有金刀、金剑、金枪，以金骑鞍全盖全□，并以真玉为骑鞍。其中节亲、宰相及经略、内宫骑马、驸马，及往边地为军将等人允许镶金。"③ 不隶属经略司的有啰庞岭监军司④，其不隶属经略诸司则依文武直接报于中书、枢密，"一国境中诸司判断习事中，有无获死及劳役，革职、军，黜官，罚马等，司体中人当查检，明其有无失误。刺史人当察，有疑误则弃之，无则续一状单，依季节由边境刺史、监军司等报于其处经略，经略人亦再查其有无失误，核校无误则与报状单接。本处有无判断及尔后不隶属于经略之各边境、京师司等，皆依文武次第分别当报中书、枢密"⑤。

　　据《宋史》卷四八六《夏国下》记载，西夏监军司"有左右厢十二监军司，曰左厢神勇，曰石州祥祐，曰宥州嘉宁，曰韦州静塞，曰西寿

① 《庆元条法事类》卷八《评议公事》，第141页。
② 《天盛律令》卷十《司序行文门》，第364页。
③ 《天盛律令》卷七《救禁门》，第282页。
④ 《天盛律令》卷九《事过问典迟门》，第317页。对于啰庞岭监军司不隶属于经略司而直接归中央管辖的原因推测为此地以前曾是任得敬企图分国的自立之地，据《西夏书事》卷三十七记载："（西夏仁宗乾祐元年五月），（任）得敬邪谋日甚，凌轹宗亲，诛锄异己。仁孝不能制，分国之西南路及灵州罗庞岭与得敬自为国。……八月，任得敬伏诛。"若此推测成立，则《天盛律令》的成书年代就不在天盛年间，而在诛任得敬后的乾祐初年。以上论断仅为推测，由于没有更多的史料印证，故出注存疑。
⑤ 《天盛律令》卷九《诸司判罪门》，第323页。

保泰，曰卓啰和南，曰右厢朝顺，曰甘州甘肃，曰瓜州西平，曰黑水镇燕，曰白马强镇，曰黑山威福"①。《续资治通鉴长编》则记西夏为十八监军司。西夏奲都六年（北宋嘉祐七年，1062），"夏国改西市监军司为保泰军，威州监军司为静塞军，绥州监军司为祥祐军，左厢监军司为神勇军"②。《天盛律令》卷十《司序行文门》中记西夏在仁孝时共十七监军司，分别是：石州、东院、西寿、韦州、卓啰、南院、西院、沙州、啰庞岭、官黑山、北院、年斜、肃州、瓜州、黑水、北地中、南地中③。这十七处监军司符合同卷记载的边中监军司之等级④。监军司的职能主要有以下几项：

在行政方面主管以下三项：一是上报地方出现的谋反迹象⑤；二是接受

---

① 《宋史》卷四八六《夏国下》，第14029页。本书所载监军司的顺序大致是遵循一个顺时针方向，从最东边的左厢神勇监军司起往西顺时针排列。若按这个顺序，右厢朝顺监军司的位置应在卓啰和南监军司东部与甘州甘肃监军司西部之间一带的地区。《西夏纪事本末》卷首所附《西夏地形图》将其标注在凉州以北附近也是遵循这个原则的。而《中国历史地图集》则将其标注于兴庆府以北的克夷门，这大概取自《元史》与《西夏书事》中的记载。《元史》卷一《太祖纪一》中记到"（元太祖）四年春，进至克夷门"，吴广成的《西夏书事》第四十卷中，在此事下附言"克夷为中兴府外卫，两山对峙，中通一径，悬绝不可登。曩霄时，尝设右厢朝顺监军司兵七万守之"。

② 《续资治通鉴长编》卷一九六，仁宗嘉祐七年六月癸未条，第4762页。《宋史》卷四八五《夏国上》记为："改西寿监军司为保泰军，石州监军司为静塞军，韦州监军司为祥祐军，左厢监军司为神勇军。"《西夏书事》卷二十记为："谅祚以韦州监军司为静塞军，绥州监军司为祥祐军，左厢监军司为神猛军，更于西平府设监军司为翔庆军总领之。"汤开建经过考证认为嘉祐七年时有石州监军司之名不可信，应为威州（或韦州）监军司。元丰四年才出现"石州"监军司，应是西夏失绥州后将祥祐军名置于石州，但旋又重归西夏，故"石州祥祐"监军司名存至西夏后期。《天盛律令》卷十《司序行文门》中亦有"石州"监军司之名。（见《西夏监军司驻地辨析》，载氏著《党项西夏史探微》，台北：允晨文化实业股份有限公司，2005年，第366~368页）

③ 《天盛律令》卷十《司序行文门》，第369~370页。

④ 唯一不符合同卷所记即大都督府，在各种机构等级划分中，大都督府属于次等司，而在机构人员设置中，大都督府同时出现在次等司与中等司中，在设刺史的二十个中等司中，十七个边中监军司、五原郡、鸣沙郡均无误，大都督府似是也没有监军司，如大都督府也设有监军司，那与《续资治通鉴长编》中所记十八个监军司吻合，存疑。

⑤ 《天盛律令》卷一《谋逆门》："谋逆语本来已发生，虽未入议计中，然□□□已告别人之耳时，说他人以强力逼迫恐吓，因畏杀顺从而做者，已接语或计议时，在边上人已知觉，乐不乐意未说，后掩遮闻等，在京师者，在何职官属司，及在边中者，其所属经略使、监军司等，何就近处当速告知，若报告稽缓及未告知，谋逆者行为已得未得，依理使与同谋相等判断。"

求官事宜，经过经略司后上报中书①；三是接待入境的他国使者②。

在军事方面主管以下五项。一是防止接壤国人员通过防线。此事本应归正、副军统所管，但"若正、副统归京师，边事、军马头项交付监军司，则监军、习判按副行统，监军按正统法判断"。③这项工作需要监军司人员严密注意沿边敌军动态④，如有人员入境投诚，监军司人员也要及时上报以便安置。已出土的黑水城西夏文书中有一篇命名为《乾定酉年黑水城副统告牒》⑤的上报文书，内容就是关于接待安置投诚人员的。因已有前辈学者将此文书译出，为便于论述，现将译文转引于此。

> 黑水副将都尚苏嗨浮屠铁禀：
>
> 兹本月十一日，接肃州执金牌边事勾管大人谕文，谓接伊朱房安县状，传西院监军司语：执金牌出使敌国大人启程，随从执银牌及下属使人计议，引一千人畜经伊朱来黑水入籍，令准备粮草。接谕文时，浮屠铁亲自火速先行启程前来，领取官职及附属耕地，守城勾管大人许之。其人距边界附近一日路程，当夕发而朝至。投诚者来谓，盖不迟于耕种时节出行边界入籍。恐内郊职事生住滞有碍，故准备接纳之法：一面以小城边检校城守蒐嗨奴山行文，往沿途一驿驿准备接待，不为住滞，一面先差通判耶和双山及晓事者执状文启程，至执金牌大人附近，其时浮屠铁亦火速前往。可否，一并告乞执金牌大人计议并赐谕文。
>
> 乾定酉年二月，浮屠铁。⑥

---

① 《天盛律令》卷十《官军敕门》："依法求官者，当报边中一种所属监军司，经经略使处，依次变转，与不属经略之京师界等一起依文武分别报中书、枢密。"

② 《天盛律令》卷十三《执铁箭显贵言等失门》："他国使来者，监军司、驿馆小监当指挥，人马口粮当于近便官谷物、钱物中分拨予之，好好侍奉。"

③ 《天盛律令》卷四《边地巡检门》，第211页。

④ 《天盛律令》卷四《敌军寇门》："沿边盗贼入寇者来，守检更口者知觉，来报堡城营垒军溜等时，州主、城守、通判、边检校、营垒主管、军溜，在上正、副溜等，当速告相邻城堡营垒军溜，及邻近家主、监军司等，当相聚。"

⑤ 图版见附录图版3。

⑥ 汉文译文取自聂鸿音《关于黑水城的两件西夏文书》，《中华文史论丛》第63辑，上海：上海古籍出版社，2000年，第137页。

从上面的文书可以看出，黑水副将接到有投诚人员信息时，从下到上的传递顺序为：伊朱房安县—西院监军司—肃州执金牌边事勾管大人，最后由执金牌边事勾管大人向黑水副将发布谕文。在接待这些投诚人员之前，浮屠铁已经领取了要授予这些人的官职及安排他们所需的耕地。《天盛律令》规定："边境上敌人投诚者已出，消息已说是实，到守城溜、更口者，现在军马力总计□□□为者，依法实行以外，增力新军□□□□说者本人、刺史、监军司当□□□□□应计量，共当议语□□□□□□□□□□显合当……。"① "他国人来投诚者，□□□□□已出处多少，总数名□□□□□以内，当告监军司安置，令□□□□，三个月以内当告奏，接置处当□□给注册安置。"② "敌人投诚者已来执给官赏、粮食等，当视来人状高下，在敌中任何官职，送何消息，计议按应给给予。"③ "敌人真来投诚者，地边、边中军内及他人辅主等，愿投奔处当办理。其中若于敌界任高位，及一部部迁家统摄引导来投诚，并有实言消息送来者，视其人状、功阶，应得何官赏、职位，以及应按原自本部顺序安置，当依时节奏告实行。"④ 对于来投诚的僧人的规定是："他国僧人及俗人等投奔来，百日期间当纳监军司，本司人当明晓其实姓名、年龄及其中僧人所晓佛法、法名、师主为谁，依次来状于管事处，应注册当注册，应予牒当予牒。"⑤

《天盛律令》中没有明确指出这些投诚人员或投诚僧人是否还应由监军司继续向中央机构上报，宋代则规定要上报至尚书兵部或者礼部，《庆元条法事类》卷七十八《归明附籍约束》中的《归明人帐》规定了上报内容：

某州：

今具某年新收及逃、死归明人数如后：

----

① 《天盛律令》卷四《敌动门》，第222页。
② 《天盛律令》卷七《为投诚者安置门》，第269页。
③ 《天盛律令》卷七《为投诚者安置门》，第273页。
④ 《天盛律令》卷七《为投诚者安置门》，第268~269页。
⑤ 《天盛律令》卷十一《为僧道修寺庙门》，第408页。

一新收

一名某人，元系北界或西界或诸路蛮人。

右件状如前，勘会到前项人数，委无漏落，保明并是诣实。谨具申尚书兵部。谨状。

年月　日依例程

僧人应别具状申礼部者，仿此。①

二是管理沿边城堡事宜②。三是管理军事装备③以及军籍，西夏的纳军籍法为："每年畿内三月一日，中地四月一日，边境六月一日等三种日期当年年交簿。按所属次第由监军司人自己地方交纳籍者，年年依时日相互缚系自□□□。当派主监者使集中出检，与告状当□□交纳。"④ 四是遴选军事人员以供上级机构派遣任职⑤。五是管理符牌，负责发兵事宜⑥。

在司法方面主管以下三项：一是抓捕违法贩卖敕禁品之人⑦以及外逃

---

① 《庆元条法事类》卷七十八《归明附籍约束》，第 862～863 页。
② 《天盛律令》卷四《修城应用门》："州主、城守、通判等所属城中，种种准备聚集，城战具、铁绳索、勿串、板门、石炮、垒等聚集应修治而未做，每年不按期以状告监军司而懈怠时，城主、城守、通判等一律有官罚马一，庶人十三杖，以下局分人一律十杖。"
③ 《天盛律令》卷六《官批甲马门》："诸大小臣僚、行监、将、盈能等对首领等官马、坚甲应移徙时，当经边境监军司及京师殿前司，当给予注销。诸人领有官马、坚甲中，著籍本人及辅主、子男、兄弟，选拔不同军抄之他人等使穿者、骑者与骑在战场确实为敌所俘而无者一样，当以同院不同院大小军首领等三人担保。在边境者，监军司及京师畿内军首领等当移换，自亡失日起一年以内当申报注销，披、甲、马当自官家请领。"
④ 《天盛律令》卷六《纳军籍磨勘门》，第 255～256 页。
⑤ 《天盛律令》卷六《行监溜首领舍监等派遣门》："盈能、副溜有应派遣时，监军司大人应亲自按所属同院溜顺序，于各首领处遴选。当派遣先后战斗有名、勇健有殊功、能行军规命令、人□□□折服、无非议者。入选者为谁确定后，当经刺史、司，一齐上告改，正副将、经略等依次当告奏枢密，方可派遣。"
⑥ 《天盛律令》卷六《行监溜首领舍监等派遣门》："取牌中，同体以外稍有不合者，依军法何行，彼符有若干不合，变处当由刺史、监军同官共为手记而行，京师局分人派发致误者徒一年，监军司人见符不合，懈怠而不告，亦徒一年。边上敌人不安定，界内有叛逃者，应立即急速发兵，求发兵符。奏报京师而来牌。发兵谕文中，符皆不合者，需要兵力语是真实，则刺史、监军同官当发兵。"
⑦ 《天盛律令》卷七《敕禁门》："刺史、监军司局分大小，地方巡检等捕得已卖敕禁者而枉法释之，或问时转换其罪情，受贿徇情等，一律依第九卷上枉法加罪之罪状法判断。"

人员①；二是办理争讼案件②；三是上报地方审判事宜③。西夏审判上报程序
见图 3 - 2。

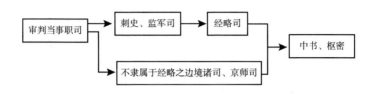

图 3 - 2　西夏审判上报程序

在经济事务方面则有管理遗失畜物的认领④，管理官粮的收纳、分发工
作⑤以及管理仓库等职责⑥。另外，黑水地区由于地程遥远，这里的病畜检
视则归监军司⑦，而按《天盛律令》的记载，检视病畜的工作一般由经略司

---

① 《天盛律令》卷十三《逃人门》："逃人于主人之军首领、正军、迁溜检校、交管等院中辅
主人等□□局分迁院时□□，则住家主人、迁溜检校等当火速起行，十个月期间当委托，
在处属者视近远，则当告交中监军司、京师界殿前司等。"

② 《天盛律令》卷九《越司曲断有罪担保门》："诸人因相互争讼而投奔地边，经略
使上职管者因种种公事当告原先所属监军司。其中谓已枉误而不服，则告于刺史，敢只关则取文而
视之。实为枉误，于局分争讼者当引送监军司，局分当转之，应遣不争讼之人。"

③ 《天盛律令》卷九《诸司判罪门》："国境中诸司判断习事中，有无获死及劳役、革职、军、
黜官、罚马等，司体人中当查检，明其有无失误。刺史人当察，有疑误则弃之，无则续一
状单，依季节由边境刺史、监军司等报于其处经略，经略人亦再查其有无失误，核校无失
误则与报状单接。本处有无判断及尔后不隶属于经略之各边境、京师司等，皆依文武次第
分别当报中书、枢密。"

④ 《天盛律令》卷三《买盗畜人捡得门》："检得官私畜物数，靠近京城者当经殿前司及所
属郡县，边境当经监军司等经各自管事处，告者是谁，牲畜老幼、颜色、肥瘦使明，当
增记于簿上，监军司人使告经略司。日期过后属者出认，亦仍旧归官，应置何处则置何
处。"

⑤ 《天盛律令》卷十五《纳领谷派遣计量小监门》："地边、边中纳粮者，监军司及诸司等
局分处当计之。有木料处当为库房，务需置瓦，无木料处当放干地坚实处掘窖，以火烤
之，使好好干。垛囤、垫草当为密厚，顶上当撒土三尺，不使官粮食损毁。"诸边中有官
粮食中，已出于诸分用处，监军司谕文往至时，当明其领粮食斛斗者为谁，刺史处知觉
当行。

⑥ 《天盛律令》卷十七《库局分转派门》："诸种种库局分已派时，派于何地名、何家、何城、
部中，总数当明之，地方所属监军司、府、军、郡、县何管事处当各自分明行文。三年库
局分迁转，日毕时，十五州以内当分析完毕，由本人交转文典、录册、种种文书，监军司、
府、军、郡、县、本人不隶之京师诸司上管事者，其处不须磨勘，直接留用而当派之。"

⑦ 《天盛律令》卷十九《校畜磨勘门》："黑水所在畜中有患病时，当告监军司验视，其法依
另定实行。"

或群牧司完成①。

陈炳应先生认为监军司为西夏军队统兵体制中的第三级，是西夏军队的主力，"监军司以部落兵制为主，所以其统兵体制也基本上是氏族部落首领的统属关系"②，并且按照西夏文的字义翻译，西夏文"监军"二字，"是'军主'或'领军''主军'等。'军主'是西夏部族兵早就有的军职……西夏的'监军'……是部落、部族首领，也是统兵官。所以，完全可以用'监军'来作军区的名称——'监军司'"③。以上说法似乎有些片面，从前述西夏监军司的一系列职能中可以看出，西夏的监军司不仅具有军事功能，而且民事、经济、行政、司法无所不统，这让我们不禁想到了宋代的转运司。

转运司在宋代简称"漕司"。宋初临时设置转运使，其职责只是因军兴专主粮饷，至班师即停罢④。太宗太平兴国年间（976～984），曾下诏要求各道转运司"察访部下官吏，凡罢软不胜任，及黩于货贿者，俾条上其事状，其清白自守，干局不苟者，亦许其明扬"⑤。只是要求转运司监察本道的官吏。至道二年（996），因发现各路转运使、副因循旷职，又下诏要求自今都须尽心察访所部和"提举钱帛粮食，无令积压损恶，及信纵欺隐官物，并淹延刑禁"。除对本路官员实施监察外，还担负了计度钱物和审理刑狱两项职责。淳化三年（997），宋太宗再次在两份诏书中界定转运使、副在财计、民政、司法、监察等方面的职掌为：第一，规划本处场务的课利增盈；第二，更改公私的不便之事；第三，除去民间的弊病；第四，按问雪活冤狱；第五，在沿边水陆运转粮草不扰于民；第六，觉察部内知州、通判、监当场务、京朝官、使臣、幕职州县官等的政绩⑥。四年（998）十月，罢

---

① 《天盛律令》卷十九《畜患病门》："诸牧场四种官畜中患病时，总数当明之。隶属于经略者，当速告经略处，不隶属经略者，当速告群牧司，验者当往。"

② 陈炳应：《贞观玉镜将研究》，银川：宁夏人民出版社，1995 年，第 14 页。

③ 陈炳应：《贞观玉镜将研究》，银川：宁夏人民出版社，1995 年，第 26 页。

④ 《文献通考》卷六十一《职官考十五·转运使》，第 1846 页。

⑤ （宋）真德秀：《西山先生真文忠公文集》卷四《直前奏札二》，四部丛刊本。

⑥ 《宋会要辑稿》食货四六之六至七。

提点刑狱司，将其职能并入转运司。咸平二年（999），真宗在诏书中规定："朝廷以州郡之事，委漕运之臣提其纪纲、按以条法。"明确把州郡置于转运司的管辖之下。从这时起，到仁宗明道二年（1033）各路复置提点刑狱司前，转运使、副"于一路之事无所不总"①。实际掌握一路的大权。哲宗元祐元年（1086），命各路转运司兼管赈济灾民和捕捉贼盗②。转运司在宋代只是作为路级机构下的一级行政机构，监军司可以说是西夏在经略司下的唯一一级行政机构。

第三节　西夏的刺史

刺史作为始置于汉代的官职，在西夏法典《天盛律令》中大量出现，学界对此关注并不多③，只在论述西夏地方行政制度时提及，没有单独就此进行论述。本节将通过《天盛律令》的记载，结合汉文史料，探讨一下西夏刺史的渊源、设置、职掌以及其他相关问题。

一　西夏刺史的渊源

中国古代刺史首次设置是在西汉时期，汉武帝元封五年（前106），"初置部刺史，掌奉诏条察州"。《汉官典职仪》载：

> 刺史班宣，周行郡国，省察治状，黜陟能否，断治冤狱，以六条问事，非条所问，即不省。一条，强宗豪右田宅逾制，以强凌弱，以众暴寡；二条，二千石不奉诏书，遵承典制，倍公向私，旁诏守利，侵渔百姓，聚敛为奸；三条，二千石不恤疑狱，风厉杀人，怒则任刑，喜则淫

---

① 《文献通考》卷六十一《职官十五·转运使》，第1848页。
② 《宋会要辑稿》食货四九之一七、二三。
③ 涉及论述西夏刺史的论文有：李昌宪《西夏疆域与政区考述》，《历史地理》（第19辑），上海：上海人民出版社，2003年，第89~111页；孙伯君《西夏文献中的"城主"》，《敦煌学辑刊》2008年第3期，第69~74页；聂鸿音《〈辽史·西夏外纪〉中的"团练使"和"刺史"》，《东北史地》2011年第2期，第71~73页。

赏，烦扰刻暴，剥截黎元，为百姓所疾，山崩石裂，袄祥讹言；四条，二千石选署不平，苟阿所爱，蔽贤宠顽；五条，二千石子弟恃怙荣势，请托所监；六条，二千石违公下比，阿附豪强，通行货赂，割损政令①。

西汉成帝绥和元年（公元前 8），"罢部刺史，更置州牧"②。"'刺'指刺吏，属于监察；'牧'指牧民，属于行政，改刺史为州牧，即改中央监察官为地方行政官。"③ 到王莽改制时期，"新的监察系统的成立，从另一方面说明由刺史演变来的州牧的监察职能完全丧失，成了纯粹的行政官员，主要处理行政事务"④。东汉建武十八年（42）"罢州牧置刺史"⑤，又将西汉武帝时刺史的监察制度恢复，同时还兼有"录囚徒、考殿最"⑥、救济灾荒、安抚流民、劝课农桑、兴修水利等职责。陈仲安与王素先生认为：

> 经过五十年的演变，这时的刺史已与以前的刺史不同了。主要是权力比过去为大。第一，以前的刺史每年要亲自上中央汇报工作，而这时的刺史每年只派计吏代替自己上中央汇报工作。第二，刺史可承州牧旧制，弹奏地方官吏，不须经过三公掾吏察验。第三，刺史参掌地方选举。……东汉中叶以后，刺史的职权又有发展。第一，监察范围由青绶、黑绶扩大到黄绶，拥有控制地方各种行政事务的权力。第二，职掌范围由监察扩大到行政，拥有控制地方各种行政事务的权力。第三，控制地方军事的权力增大。……这样，州刺史也具备了由监察区划长官变

① （汉）班固：《汉书》卷十九上《百官公卿表第七上》，（唐）颜师古注，北京：中华书局，1975 年，第 741 页。
② 《汉书》卷十《成帝纪第十》，第 329 页。
③ 陈仲安、王素：《汉唐职官制度研究》，北京：中华书局，1993 年，第 161 页。
④ 汪清：《两汉魏晋南朝州、刺史制度研究》，合肥：合肥工业大学出版社，2006 年，第 63 页。
⑤ 《后汉书》卷一下《光武帝纪第一下》，第 70 页。
⑥ 《文献通考》卷六十一《职官十五·州牧刺史》，第 1835 页。

为行政长官的条件。①

隋开皇三年（583），罢郡，以州统县。"自是刺史之名存而职废。后虽有刺史，皆太守之互名，理一郡而已，非旧刺史之职。"② 至唐代，刺史同样为郡守。贞观三年（629），唐太宗谓侍臣曰："朕每夜恒思百姓，阅事或至夜半不寐。唯思都督、刺史，堪养百姓，所以前代帝王，称共治者，惟良二千石③耳。虽文武百僚，各有所司，然治人之本，莫如刺史最重也。"④ 唐人认为，"刺史、县令，治人之首"⑤。

党项作为唐代的羁縻州，封授刺史的渊源可追溯至唐贞观年间，唐太宗为招抚周边各民族，授予党项部族首领刺史一职。"贞观三年（629），南会州……酋长细封步赖举部内附，太宗降玺书慰抚之。步赖因来朝，宴赐甚厚，列其地为轨州，拜步赖为刺史。……其后，诸姓酋长相次率部落皆来内属，请同编户，太宗厚加抚慰，列其地为崌、奉、岩、远四州，各拜其首领为刺史。"⑥ 且其所授刺史之职也是可以世袭的，"唐兴，初未暇于四夷，自太宗平突厥，西北诸蕃及蛮夷稍稍内属，即其部落列置州县。其大者为都督府，以其首领为都督、刺史，皆得世袭"⑦。"五代之末，中国多事，唯制西戎为得。中国未尝遣一骑卒，远屯塞上，但任土豪为众所伏者，封以州邑。征赋所入，足以赡兵养士，由是无边鄙之虞。"⑧ 沿至宋代，吐蕃、党项之族内附，"羌戎种落不相统一，保塞者谓之属（熟）户，余谓之生户。陕西则秦凤、泾原、环庆、鄜延，河东则石隰、麟府。其大首领为都军主，百帐已上为军主，都虞候、指挥使、副指挥使、军使、副兵马使。以功次补

---

① 《汉唐职官制度研究》，第 161～162 页。
② 《通典》卷三十二《州牧刺史》，第 888 页。
③ 西汉成帝罢刺史置州牧时，州牧秩二千石。
④ 《唐会要》卷六十八《刺史上》，第 1416 页。陈仲安、王素先生在《汉唐职官制度研究》一书中指出，这段史料说明刺史主管民事，而都督主管军事。
⑤ 《唐会要》卷六十八《刺史上》，第 1419 页。
⑥ 《旧唐书》卷一九八《党项羌传》，第 5291 页。
⑦ 《新唐书》卷四十三下《地理七下》，第 1119 页。
⑧ 《宋史》卷三二五《刘平传》，第 10501 页。

者为刺史、诸卫将军、诸司使、副使、承制、崇班、供奉官至殿侍"①。如咸平春，"（李）继迁复表归顺，真宗乃授夏州刺史、定难军节度、夏银绥宥静等州观察处置押蕃落等使"②。党项部族在五代北宋初期已不是唐代的羁縻关系，所以五代北宋初期对于党项部族封授刺史一职只是为了安抚他们而授予的一种象征性的官阶。

二 西夏刺史的设置及职掌

据《天盛律令》记载，西夏刺史根据所在地域不同，大致可分为边上刺史、边中刺史、边境刺史三类。

（1）边中、畿内租户家主各自种地多少，与耕牛几何记名，地租、冬草、条椽等何时纳之有名、管事者一一当明以记名。中书、转运司、受纳、皇城、三司、农田司计量头监等处，所予几何，于所属处当为簿册成卷，以至京师中书、边上刺史处所管事处检校。完毕时，依据属法当取之。③

（2）诸边中刺史者，与中等司平级传导。④

（3）国境中诸司判断习事中，有无获死及劳役，革职、军，黜官，罚马等，司体中人当查检，明其有无失误。刺史人当察，有疑误则弃之，无则续一状单，依季节由边境刺史、监军司等报于其处经略，经略人亦再查其有无失误，核校无失误则与报状单接。⑤

根据刺史所在部门的不同，又分为监军司刺史和其他职司刺史两类："诸人监军司之刺史者……诸方监军司以外，其他与其同类诸司之刺史在，其巡检告奏法亦使与监军司刺史人遣行法相同。"⑥

西夏在二十个地方设立了刺史一职，分别是：东院、五原郡、韦州、大都督府、鸣沙郡、西寿、卓啰、南院、西院、肃州、瓜州、沙州、黑水、啰

① 《续资治通鉴长编》卷一三二，仁宗庆历元年六月己亥条，第 3144 页。
② 《宋史》卷四八五《夏国上》，第 13988 页。
③ 《天盛律令》卷十五《纳领谷派遣计量小监门》，第 514 页。
④ 《天盛律令》卷十《司序行文门》，第 365 页。
⑤ 《天盛律令》卷九《诸司判罪门》，第 323 页。
⑥ 《天盛律令》卷二十《罪则不同门》，第 607～608 页。

庞岭、官黑山、北院、年斜、南北二地中、石州①。除五原郡、大都督府、鸣沙郡外，其余地方都设有监军司，除符合上面所提到的除监军司刺史之外，还有其他职司之刺史的说法。

西夏刺史主要有以下四大类职责②。

（一）军事方面

（1）边境事务。一是严防接壤国通过防线。"与沿边异国除为差派外，西番、回鹘、鞑靼、女直相和倚持，我方大小检引导过防线迁家、养水草、射野兽来时，当回拒，勿通过防线，刺史、司人亦当检察。"③ 二是接待投诚人员。"边境上敌人投诚者已出，消息已说是实，到守城溜、更口者，现在军马力总计□□□为者，依法实行以外，增力新军□□□□说者本人、刺史、监军司当□□□□□应计量……"④

（2）发兵、管理符牌。

> 边上敌人不安定，界内有叛逃者，应立即急速发兵，求取兵符。奏报京师而来牌。发兵谕文等中，符皆不合者，需要兵力语是真实，则刺史、监军司官当发兵。⑤

> 诸监军司所属印、符牌、兵符等当记之，当置监军司大人中之官大者处。送发兵谕文时当于本司局分大小刺史等众面前开而合符。⑥

（3）向朝廷上报军事人员遴选事宜。"盈能、副溜有应派遣时，监军司大人应亲自按所属同院溜顺序，于各首领处遴选。当派遣先后战斗有名、勇健有殊功、能行军规命令、人□□□折服、无非议者。入选者为谁确定后，

---

① 《天盛律令》卷十《司序行文门》，第369页。
② 《宋史》卷四八五《夏国上》记载："（庆历三年，元昊）遣六宅使伊州刺史贺从勖与文贵俱来，犹称男邦泥定国兀卒上书父大宋皇帝，更名曩霄而不称臣。"这里的刺史与西夏后期刺史的职能不同，应不是地方官的官职，而是官阶的一种。
③ 《天盛律令》卷四《边地巡检门》，第211页。
④ 《天盛律令》卷四《敌动门》，第222页。
⑤ 《天盛律令》卷十三《执符铁箭显贵等失门》，第476页。
⑥ 《天盛律令》卷十三《执符铁箭显贵等失门》，第474页。

当经刺史、司一齐上告改，正副将、经略等依次当告奏枢密，方可派遣。"①

（二）司法方面

（1）缉捕违法卖敕禁品之人。"刺史、监军司局分大小、地方巡检等捕得已卖敕禁者而枉法释之，或问时转换其罪情，受贿徇情等，一律依第九卷上枉法加罪之罪状法判断。"②

（2）审判复查、管理囚犯。亲自过问和向上级呈报死刑、无期罪人中有不服判刑者。"边中监军司府、军、郡、县问种种习事中，应获死、无期之人，于所属刺史审刑中，□有罪人谓其不服，则当明其枉□□语为何□。本人应枷于刺史处问之，报经略职管司等，当待谕文。"③

检查判刑有无失误。"国境中诸司判断习事中，有无获死及劳役，革职、军、黜官、罚马等，司体中人当查检，明其有无失误。刺史人当察，有疑误则弃之，无则续一状单，依季节由边境刺史、监军司等报于其处经略，经略人亦再查其有无失误，核校无失误则与报状单接。"④

管理囚犯。"囚人染疾病不医，不依时供给囚食，置诸牢狱不洁净处，及应担保而不担保等，疏忽失误而致囚死时，依四季节，诸司所属囚亡若干，刺史司体等当依次相互检视。"⑤ "边中诸司都巡检等处现拘囚中，有以枉法、稽缓、受贿、徇情而遣放之等，所属刺史人当每十日一番审视推察之，当登记于板簿上。如其有枉法等，则属司应再予之期限则予之期限，一个月一番报于经略，不隶属经略者则当报中书，中书局分当行板簿。"⑥

（三）经济民事方面

（1）管理官粮。"诸边中有官粮食中，已出于诸分用处，监军司谕文往至时，当明其领粮食斛斗者为谁，刺史处知觉当行。……领粮食处邻近，则刺史当自往巡察，若远则可遣胜任巡察之人，依数分摊。所予为谁，分用几

① 《天盛律令》卷六《行监溜首领舍监派遣门》，第265~266页。
② 《天盛律令》卷七《敕禁门》，第286页。
③ 《天盛律令》卷九《事过问典迟门》，第317页。
④ 《天盛律令》卷九《诸司判罪门》，第323页。
⑤ 《天盛律令》卷九《行狱杖门》，第334页。
⑥ 《天盛律令》卷九《行狱杖门》，第336页。

何，当行升册。完毕时，现本册当送刺史处磨勘，同时令库局分、巡察者等当一并只关。未有虚杂，谕文、本册等相同无碍，则当还监军司，并告出谕文之局分处，以索注销。"①

（2）地租、耕牛等簿册的检校管理。

纳种种租时节上，计量小监当坐于库门，巡察者当并坐于计量小监之侧。纳粮食者当于簿册依次一一唤名，量而纳之。当于收据，上有斛斗总数、计量小监手记，不许所纳粮食中入虚杂。计量小监、局分大小之巡察者巡察不精，管事刺史人中间应巡察亦当巡察②。

边中、畿内租户家主各自种地多少，与耕牛几何记名，地租、冬草、条椽等何时纳之有名、管事者一一当明以记名。中书、转运司、受纳、皇城、三司、农田司计量头监等处，所予几何，于所属处当为簿册成卷，以过京师中书、边上刺史处所管事处检校。完毕时，依据属法当取之③。

（四）监察位高位尊之人

诸人监军司之刺史者，当坐所隶属大人以上位，所辖地方有位有尊之人等，不闻敕书、律条，与官事相背，曲量律法，懈怠公事，贪饮食物，判断不公，狱囚瘐死，又倚势凌弱，无理摊派，若有疑公事不好好□□□□□怒时，无罪罚判而喜时，无功□□，又有位有尊人等之□□，势力□□，于诸局分处□□□□□地方内□□相现，另有其他未置语等，一等等何所闻见数，隶属于经略使者当告经略使，不隶属经略使者，当依文武分别告中书、枢密。当分别依法律遣送，应遣行本人则遣行本人，应奏报则奏报。其中经略使本人已涉错恶，有所说谓，则刺

---

①　《天盛律令》卷十五《纳领谷派遣计量小监门》，第 512～513 页。
②　《天盛律令》卷十五《纳领谷派遣计量小监门》，第 513 页。
③　《天盛律令》卷十五《纳领谷派遣计量小监门》，第 514 页。

史当亲自与六个月以内来奏京师①。

从以上四大类西夏刺史的职能来看，西夏的刺史延续了汉、唐刺史郡守的职能，作为主掌民事、司法、行政、军事②的地方官或部门长官。虽然刺史在中原王朝已渐渐不再担负监察职能，但是西夏的刺史仍保持汉代设置刺史的初衷，负有监察之职，其可监察位高位尊之人的规定与西汉刺史六条问事中的第二条、第三条极为相似。

三　关于刺史的几点馀论

（1）随着西夏建国，各级行政机构不断完善，从以上分析来看，西夏的刺史成为地方官或部门长官，主管民事、军事等诸多要事，同时还保留了刺史的监察职能。

（2）汉、唐时期，刺史是作为行政长官的官职出现，而在《天盛律令》中，刺史有时也似一个机构名称，表现为其与一些机构名称并列书写，如写到地方官被属地居民殴打致伤时的处罚、划分地域时，就将刺史与经略司、府、军、郡、县、监军司、城、寨、堡这些行政区划或者机构并列书写③。

（3）《天盛律令》中除刺史作为一个地区或一个职司长官外，还出现"城（州）主④"一词，有学者认为："《天盛律令》中同时使用'刺史'和'城（州）主'……'刺史'一般用以指称'府''州''郡'的首长，而'城（州）主'则沿袭西夏本语词，用以指称西夏境内各边地'郡''县''城''寨'的长官"，并且"与'刺史'相比，'城（州）主'的名称范围无疑要宽泛得多。"⑤上述说法并不十分准确。在《天盛律令》中出现州

① 《天盛律令》卷二十《罪则不同门》，第607～608页。
② 据《宋史》卷四八六《夏国下》中记载西夏各级正军的装备，其中"刺史以下，无帐无旗鼓，人各橐驼一、箭三百、幕梁一"。
③ 见《天盛律令》卷十四《误殴打争门》，第485页。
④ 《番汉合时掌中珠》中为州主（《番汉合时掌中珠》，第130页）。
⑤ 孙伯君：《西夏文献中的"城主"》，《敦煌学辑刊》2008年第3期，第72页。也有学者认为，"刺史"与"城主"与官员所在地区的民族文化氛围有关。汉文化主导地区的行政长官称为"刺史"，党项文化主导地区的行政长官称为"城主"。（见前引聂鸿音文。）

主的地方均是与边境堡寨有关，其应是守城官员中一员，如"州主、城守、通判等所属城中，种种准备聚集，城战具，铁绳索、勿串、板门、石炮、垒等聚集应修治而未做，每年不按期以状告监军司而懈怠时，城（州）主、城守、通判等一律有官罚马一，庶人十三杖"①。监军司管理州主、城守、通判等人员，按第3条所述监军司与刺史之关系，不论刺史隶属于监军司还是高于监军司，其地位均高于州主，除边境刺史，还有边中与边上刺史之外，并非只有州主才在边境地区，似应该说刺史比州主的范围宽泛得多为宜。

（4）虽然富弼说西夏"得中国土地，役中国人力，称中国位号，仿中国官属"②，但从刺史的设置来看，西夏并没有仿照宋朝，因为刺史在宋代"俱无职任，特以为武臣迁转之次序"③，仍是沿用汉、唐旧制。

第四节　西夏地方行政制度的补充论述及考释

一　西夏地方行政机构的补充论述

（一）东、西、南、北院

从前文可知，这四地设有监军司，西院和南院还设有转运司。《天盛律令》中还出现了几条与这四地相关的律文：

诸人不允将南院黑铁钱运来京师，及京师铜钱运往南院等。④

年年供应给他国所用骆驼、马，牧者预先予北院所辖牧人中分出八十户，再于东院所辖牧人中分出二十户，以此为供应所用骆驼、马予他

---

① 《天盛律令》卷四《修城应用门》，第220页。
② 《续资治通鉴长编》卷一五〇，仁宗庆历四年六月戊午条，第3641页。
③ 《文献通考》卷五十九《职官十三》，第1777页。
④ 《天盛律令》卷七《敕禁门》，第287页。

国之牧者。彼所派牧人持官畜，则以后当令远离场中。①

综合这些记载来看，这四地应不是具体的地名，而是一个区域范围，由于记载所限，无法得知所辖具体区域②。

（二）大都督府

受唐代在灵州设立大都督府的影响，西夏沿用大都督府的建制，其下设刺史和转运司③。

> 催促水浇地租法：自鸣沙、大都督府、京师界内等所属郡、县及转运司大人、承旨等，每年当派一人□□。④

二　西夏政区地名的补充考释

对于《天盛律令》中所出现的地名，许多学者进行了大致地望的考释，笔者现在前人研究的基础上，对还未涉及或前人论述中不太恰当之处进行一些补充。

（一）华阳县与治源县

杨蕤在其《西夏地理研究》一书中认为二县应是《天盛律令》卷十四《误殴打争斗门》中所指的京师界南北二县中的二县⑤，笔者认为是恰当的，但其认为北县的大致方位应该是位于今宁夏石嘴山市庙台乡境内省嵬城的观点欠妥。从此县位列中等司来看，其地位高于定远、怀远、临河、保静、灵

---

① 《天盛律令》卷十九《畜利限门》，第580页。
② 杨蕤认为东院监军司应该就是汉文史料中记载的左厢神勇监军司；南院疑在天都山地区。参见氏著《西夏地理研究》，第136~138页。
③ 《天盛律令》卷十五《渠水门》："大都督府转运当管催促地水渠干之租，司职事勿管之，一律当依京师都转运受理事务次第管事。大都督府转运司地水渠干头项涨水、降雨、渠破己出大小事者，其处转运司当计量多少，速当修治，同时当告闻管事处。大都督府转运司所属冬草、条橡等，京师租户家主依法当交纳入库。"
④ 《天盛律令》卷十五《催租罪功门》，第493页。
⑤ 《西夏地理研究》，第135页。

武，应距离首都中兴府较近，大致应在篇首所示同心圆的Ⅱ层及以内，省嵬城则大致处于Ⅲ、Ⅳ层，不大符合。

（二）大通军

汉译本《天盛律令》将"𗀕𗴛𗥻"这三个西夏文字译为"大通军"，而陈炳应的《西夏文物研究》和克恰诺夫的俄译本均将其译为"鞑靼（靼）军①"。在西夏陵出土的汉文残碑中也出现了"鞑靼②"的记载，若译为"大通军"，实难理解其意也无从考察其地望，但译为"鞑靼（靼）军"的话，就比较容易考其大致地望了。

天圣六年（1028），赵德明使子元昊攻回鹘，取甘州③。而正是由于"甘州东据黄河，西阻弱水，南跨青海，北控居延，绵亘数千里。通西域，扼羌瞿，水草丰美，畜牧孳息"的地理优势，河西鞑靼在元丰七年（1084）攻打甘州，宋朝西北边境的诸路谍报证实了这一消息，"近日……夏人苦被（鞑靼）侵扰④"。元祐六年（1091），鞑靼国再次入侵西夏。据元祐七年（1092）环庆路经略使章楶的上奏，"听得西界人说，首领庆鼎察香道：'有塔坦（鞑靼）国人马于（元祐六年）八月出来，打劫了西界贺兰山后面娄博贝监军司⑤住坐人口孳畜'。已具状奏讫。续据西界投来蕃部苏泥通说称：'塔坦国人马入西界右厢，打劫了人口孳畜，不知数目'。本司未敢全信。今又据捉到西界首领伊特香通说：'去年闰月内，梁乙逋统领人马赴麟府路作过去来，至当月尽间到达尔结罗，有带银牌天使报梁乙逋来称，塔坦国人马入西界娄博贝，打劫了人户一千余户，其带牌天使当时却回去'"⑥。由于

---

① 克恰诺夫的俄译本译为"Дада"，汉语拼音对译为"Dada"。
② 编号 M₂E：105，编号 M₂E：438 的两块残碑，分别见《中国藏西夏文献》第 19 册，第 233、257 页。图版见附录图版 4。
③ 《西夏书事》卷十一。《续资治通鉴长编》卷一百十一载于明道元年（1032）赵德明卒后，不知其实际年月。
④ 《续资治通鉴长编》卷三四六，神宗元丰七年六月己巳条，第 8301 页。
⑤ （清）戴锡章：《西夏纪》作"罗博监军司"。
⑥ 《续资治通鉴长编》卷四七一，哲宗元祐七年三月丙戌条，第 11238 页。

频受鞑靼国的侵扰，西夏设置鞑靼军以免受侵袭是很有可能的事情①。关于鞑靼军的大致地望，据《续资治通鉴长编》载，其在西夏东北，《大金国志》记载，"绍兴六年（西夏大德二年，1136）冬十月，（乾顺）遣兵由河清渡河，自云中府路天德军界追取所亡马，于塔坦国得之而回"②，按照乾顺遣兵的路线，是自西夏一直朝东北方向行军。《建炎以来朝野杂记》中记载："鞑靼之境，东接临潢府，西与夏国为邻，南距静州，北抵大人国。"③

综合以上记载可以看出，鞑靼国应在西夏的东北方向，鉴于防止鞑靼国入侵的目的，鞑靼军的驻地也应在西夏的东北，介于鞑靼国与西夏京师之间。

---

① 陈炳应也认为此军的设置应是防御鞑靼人入侵，但未考其地望。见氏著《西夏文物研究》，银川：宁夏人民出版社，1985 年，第 242 页。
② （宋）宇文懋昭：《大金国志校证》卷九《熙宗孝成皇帝一》，崔文印校证，北京：中华书局，1986 年，第 139 页。
③ 《建炎以来朝野杂记》乙集卷十九《鞑靼款塞》，第 849 页。

第四章　西夏与宋代人事管理制度比较研究

人事管理制度主要包括官制体系，官吏的选拔、任用与管理等方面。首先建立起一套体系森严的官制体系，在此之下还有一套完善的选拔、任用、致仕体系。以保证国家官吏队伍正常有序地流动，确保封建国家的正常运转。

第一节　西夏与宋代官制体系

研究行政体系，离不开对西夏官制体系的研究。而西夏的官制，汉文史料仅载："其设官之制，多与宋同。"① 在宋、辽、金政权与西夏交往的记录中，可见其一些官员的官职、官阶名称②，但其品阶与职掌均不清楚。宋代的官制体系经历了元丰改制前后两个阶段。宋初承唐末官制，各省、部、寺、监之职"皆空存其名，而无其实"③，形成了官、职、差遣分离的宋代前期官制体系特征。"官"主要用来定品位，这时的"官"主要还是指本官；"职"主要在于表现资序、威望；"差遣"才是真正担任的职事官，正所谓"官以寓禄秩、叙位著，职以待文学之选，而差遣以治内外之事"④。

---

① 《宋史》卷四八六《夏国下》，第 14028 页。
② 见附表。
③ （宋）徐自明：《宋宰辅编年录校补》卷一，王瑞来校补，建隆元年八月甲申条，北京：中华书局，2012 年，第 6 页。
④ 《文献通考》卷四十七《职官考一·官制总序》，第 1362 页。

元丰官制改革，以"寄禄官"来代替宋代前期之"本官"，职事官与差遣统一，形成了"寄禄官"与"职事官"分离的格局。

黑水城遗址出土的西夏文、汉文双解词集《番汉合时掌中珠》中记载了西夏的一些职司与官职名称。但记载西夏官制体系信息最丰富的莫过于《天盛律令》，有关西夏的官制体系散见于各门，现综合这些内容论述如下：

据《天盛律令》的记载，西夏的官品品阶大概分为十三等，从高到低分别为上品、次品、中品、下品、末品、六品、七品、八品、九品、十品、十一品、十二品、杂官。

> 诸人袭官中及降、未及降法依以下所示：未降而违律时，奏者，局分人、寻安乐者等，视有无贪污徇情，行袭官次第所至，前往已任未任等，依前罪情，任司位三年期间曾住滞，不应得官赏而使得官赏，依罪情高低法判断，应降依官法降。应不应降，依以下所定实行：
>
> 下十一、十二品及杂官等勿降，当革之。
>
> 十品、九品、八品等三品中当降一品。
>
> 七品、六品、末品、下品等四品中当降二品。
>
> 上次中三等当奏别论。①

每一等级品阶内的部分官品名称在《天盛律令》卷二《罪情与官品门》、卷五《军持兵器供给门》中有记载，虽然史料较长，但为了便于叙述，还是将律文摘录于此：

> 诸有官人及其人之子、兄弟，另僧人、道士中赐穿黄、黑、绯、紫等人犯罪时，除十恶及杂罪中不论官者以外，犯各种杂罪时与官品当，并按应减数减罪，其法按以下所定实行，勿施一种黥刑。
>
> 一等有官人犯杂罪时，在庶人获杖罪、劳役、死罪上衡量，以官品

---

① 《天盛律令》卷十《官军敕门》，第362页。

当。判断罪法：

……

庶人获十三杖，徒一年时：

「十乘」官至「胜监」官降一官，受十三杖。

「暗监」官至「柱趣」官降一官，罚马一。

「语抵」官至「拒邪」官罚马二。

庶人获十三杖，徒二年时：

「十乘」官至「胜监」官受十三杖，降二官。

「暗监」官至「柱趣」官，降二官，罚马一。

「语抵」官至「真舍」官降一官，罚马二。

「调伏」官至「拒邪」官降一官，罚马一。

庶人获十五杖，徒三年时：

「十乘」官至「胜监」官当革除官、职，军勿革，受十三杖，徒三个月，日满依旧当往。

「暗监」官至「戏监」官降五官，罚马三。

「头主」官至「柱趣」官降四官，罚马二。

「语抵」官至「真舍」官降三官，罚马二。

「调伏」官至「拒邪」官降二官，罚马二。

庶人获十五杖，徒四年时：

「十乘」官至「胜监」官，官、职、军皆当革除，徒六个月，日满依旧当往。

「暗监」官至「戏监」官，官分两半降一分，革职，勿革军，徒三个月，日满依旧当往。

「头主」官至「柱趣」官，降七官，罚马四。

「语抵」官至「真舍」官，降五官，罚马二。

「调伏」官至「拒邪」官，降三官，罚马二。

庶人获十七杖，徒五年时：

「十乘」官至「胜监」官，官、职、军皆革除，徒一年，日满依旧往。

「暗监」官至「戏监」官，官、职、军皆革除，徒六个月，日满依旧往。

「头主」官至「柱趣」官，官分两半降一分，革职，勿革军，徒三个月，日满依旧往。

「语抵」官至「真舍」官，降七官，罚马四。

「调伏」官至「拒邪」官，降五官，罚马三。

庶人获十七杖，徒六年时：

「十乘」官至「胜监」官，官、职、军皆革除，徒二年，日满依旧往。

「暗监」官至「戏监」官，官、军、职皆革除，徒一年，日满依旧往。

「头主」官至「柱趣」官，革除官、职，勿革军，徒六个月，日满当依旧往。

「语抵」官至「真舍」官降十官，罚马四。

「调伏」官至「拒邪」官降七官，罚马三。

庶人获二十杖，徒八年长期时：

「十乘」官至「胜监」官，官、职、军皆革除，徒三年，日满依旧往。

「暗监」官至「戏监」官，官、职、军皆革除，徒二年，日满依旧往。

「头主」官至「柱趣」官，官、职、军皆革除，徒一年，日满依旧往。

「语抵」官至「真舍」官，革职，勿革军，降十五官，罚马七。

「调伏」官至「拒邪」官，勿革军，降十官，罚马五。

庶人获二十杖，徒十年时：

「十乘」官至「胜监」官，官、职、军皆革除，徒四年，日满依旧往。

「暗监」官至「戏监」官，官、职、军皆革除，徒三年，日满依旧往。

「头主」官至「柱趣」官，官、职、军皆革除，徒二年，日满依旧往。

「语抵」官至「真舍」官，革职，勿革军，降十七官，罚马七。

「调伏」官至「拒邪」官，勿革职、军，降十三官，罚马五。

庶人获二十杖，十二年长期、无期徒刑时：

「十乘」官至「胜监」官，官、职、军皆革除，徒六年，日满依旧往。

「暗监」官至「戏监」官，官、职、军皆革除，徒四年，日满依旧往。

「头主」官至「柱趣」官，官、职、军皆革除，徒三年，日满依旧往。

「语抵」官至「真舍」官，降二十官，罚马七，革职，勿革军。

「调伏」官至「拒邪」官，勿革职、军，降十五官，罚马七。

庶人获二种死罪时：

「十乘」官至「胜监」官，官、职、军皆革除，徒八年，日满依旧往。

「暗监」官至「戏监」官，官、职、军皆革除，徒五年，日满依旧往。

「头主」官至「柱趣」官，官、职、军皆革除，徒三年，日满依旧往。

「语抵」官至「真舍」官，官分两半降一分，罚马七，革职、军，依旧往。

「调伏」官至「拒邪」官，官三分中降一分，罚马七，革职，勿革军，依旧往。①

① 《天盛律令》卷二《罪情与官品当门》，第138～145页。

诸臣僚属：

正军：官马、披、甲、弓一张、枪一枝、剑一柄、拨子手扣、宽五寸革一。

依官爵高低箭数；

「十乘」起至「胜监」，箭五十枝；

「暗监」起至「戏监」，箭百枝；

「头主」起至「柱趣」，箭百五十枝；

「语抵」起至「真舍」，箭二百枝；

「调伏」起至「拒邪」，箭三百枝；

「涨围」起至「盛习」，箭四百枝；

「茂寻」以上，一律箭五百枝。①

按卷八《威势藏妻门》第一条的记载，"拒邪"官以上还有"盈绕"这一官阶："节亲宰相、位高臣僚隐藏他人妻、女、媳强以和合时，有自'拒邪'以下官者徒二年，有自'盈绕'以上官者，应判何重轻罪，奏报实行，人则当还。"②

根据以上律文的记载，可知道西夏的官品等级，见表4-1。

表4-1 西夏官品等级

等级	品级	官品名称
及授官	下品	茂寻
	末品	盛习
		—
		盈绕
		—
		涨围

---

① 《天盛律令》卷五《军持兵器供给门》，第226页。
② 《天盛律令》卷八《威势藏妻门》，第303～304页。

续表

等级	品级	官品名称
及御印官	六品至十二品	拒邪
		—
		调伏
		真舍
		—
		语抵
		柱趣
		—
		头主
		戏监
		—
		暗监
杂官	—	胜监
		—
		十乘

其中"十乘"官至"胜监"官之间至少分两个等级，"暗监"官至"戏监"官之间至少分五个等级，"头主"官至"柱趣"官之间至少分七个等级，"语抵"官至"真舍"官之间至少分二十个等级，"调伏"官至"拒邪"官之间至少分十五个等级。编号为俄 Инв. NO. 5921 的《官阶封号表》①可以与《天盛律令》中的记载相互印证。史金波《西夏文〈官阶封号表〉考释》一文在对 5921 号《官阶封号表》翻译后指出，"左列上、次、中三品双行小字封号第 1、2 字为'文、武'，（左列）下、末、六、七品的双行小字封号第 1 字为'文'。右列末、六、七三品双行小字封号第 1 字皆为'武'。是否此表左列主要是文（官）阶，右列主要是武（官）阶"②。而《天盛律令》中所出现的官阶名称均为 5921 号《官阶封号表》的右列，不知何故。

---

① 图版见附录图版 5。对 5921 号《官阶封号表》的讨论可参见史金波《西夏文〈官阶封号表〉考释》，载《中国民族古文字研究》（第三集），第 246~348 页。李范文：《西夏官阶封号表考释》，《社会科学战线》1991 年第 3 期，第 171~179 页。

② 《西夏文〈官阶封号表〉考释》，载《中国民族古文字研究》（第三集），第 250 页。

　　除杂官外，在这些官品中，根据《天盛律令》的记载，分为"及授"官和"及御印"官，史金波先生认为，上、次、中、下、末品应为"及授"官，六品至十二品应为"及御印"官①。"及御印"官及以上应有较高的地位，《天盛律令》卷二《八议门》中的第六项"尊上"的解释为："有'及御印'以上官之谓"②。其"尊上"大致相当于《唐律疏议》与《宋刑统》"八议"中的"议贵"："谓职事官三品以上，散官二品以上及爵一品者。"③

　　从前引《天盛律令》卷二《罪情与官品当门》的记载中可以看出，西夏的官制体系大致分为官、职、军三种类型。官在西夏可以说是身份的象征，有职务的人不一定有官位，官位并不随着职位的降低而降低，去职时仍可保留其官位，"诸司任职因位得官者，后年高才弱等而为低位，告老时官不失"④。"官"大概就是指《官阶封号表》中所列的官阶名称，与宋代元丰改制后的"寄禄官"制度相似，"职"应是指《天盛律令》卷十《司序行文门》中所列各机构属员名称。"军"在《天盛律令》中看不出其具体含义，只知官与军在西夏是可以世袭的："国内官、军、抄等子孙中，大姓可袭，小姓不可袭。……官、军、抄当赐大姓，大姓情愿，则允许共抄不共抄中赐亲父、亲伯叔、亲兄弟、亲侄、亲孙等五种。"⑤

　　西夏以番官为尊，《天盛律令》规定："任职人番、汉、西番、回鹘等共职时，位高低名事不同者，当依各自所定高低而坐。此外，名事同，位相当者，不论官高低，当以番人为大。"以文官为尊："官相等而有文武官者，当以文官为大。"⑥

　　西夏的官员被授予职位时，"上次中三等大人、承旨、习判，下等司正当赐敕，依文武次第，由中书、枢密所管事处分别办理。下等司承旨、末等

---

① 见《西夏的职官制度》，《历史研究》1994 年第 2 期，第 62~71 页。
② 《天盛律令》卷二《八议门》，第 134 页。
③ 《宋刑统》卷二《八议》，第 17 页。
④ 《天盛律令》卷十《官军敕门》，第 362 页。
⑤ 《天盛律令》卷十《官军敕门》，第 353 页。
⑥ 《天盛律令》卷十《司序行文门》，第 378~379 页。

司大人等当赐头字"①。而宋代与授予官职相关的文书主要有五种：立后妃，封亲王、皇子、大长公主，拜三师、三公、三省长官用册书，命尚书左右仆射，开府仪同三司，节度使用制书。文武官迁改职秩，内外命妇除授及封叙用诰命，赐待制、大卿监、中大夫、观察使以上用诏书，赐少卿监、中散大夫、防御使以下则用敕书。

在西夏的官制体系中，除了官、职、军三种类型，还有爵制。在《天盛律令》卷首《颁律表》中所列纂定者的第一人即为"北王兼中书令嵬名地暴"，在西夏陵出土的汉文残碑中还可见"齐王"②"梁国正献王"③"赵国公"④"郡公"⑤"忠武王"⑥等爵位名称。在西夏陵出土的汉文残碑中还可见"食邑"⑦以及"食实封"⑧的记载，说明西夏也与中原王朝一样，在授爵位的同时也授食邑。宋代前期爵位共分为十二等，神宗朝与哲宗朝略有变化⑨，主要为"王、嗣王、郡王、国公、郡公、开国公、开国郡公、开国县公、开国侯、开国伯、开国子、开国男"，其中"皇子、兄弟封国，谓之

---

① 《天盛律令》卷十《官军敕门》，第362页。"头字"不知其是指圣旨还是其他文书类型。若是指其他文书类型，疑为宋代的"头子"。按《宋史》卷一五四《舆服六》中的记载："宋初，令枢密院给券，谓之'头子'。太宗太平兴国三年，诏罢枢密院券，乘驿者复制银牌……端拱中，以使臣护边兵多遗失，又罢银牌，复给枢密院券。"孙继民在《西夏汉文"南边榷场使文书"再研究》一文中指出，汉译的《天盛改旧新定律令》多见"头字"一语，这些"头字"也都是由官方颁发的凭证之意，因此疑与汉译"头字"相对应的西夏文字本来就是参照宋朝的"头子"而来。（《历史研究》2011年第4期，第50页。）陈瑞青进一步指出，西夏时期的"头子"大致可分为官员上任时的凭据、司法机关出具"拘捕令"、坐骑头子、军事文书性质的头子和纳税登记簿以及地方行政机构使用的头子等六大类。（见氏著《黑水城所出西夏榷场使文书中的"头子"》，《中华文史论丛》2015年第3期，第195~205页。）

② 6号陵出土，编号 H. C. M_8 : C. B. H － 1 ＋ 275。图版见附录图版6。

③ 编号P8：26，载《中国藏西夏文献》第19册，第317页，图版见附录图版7。

④ 编号P8：88，同上书，第323页，图版见附录图版8。

⑤ 编号P8：149，同上书，第326页，图版见附录图版9。

⑥ 编号P8：196，同上书，第329页，图版见附录图版10。

⑦ 分别见编号为 H. C. M_8 : C. B. H － 4、H. C. M_8 : C. B. H － 8、M_2E : 84 的残碑，见《中国藏西夏文献》第19册，第83页、84页、230页，图版见附录图版11。

⑧ 编号 M_2E : 439，见《中国藏西夏文献》第19册，第257页，图版见附录图版12。

⑨ 神宗朝定为王、郡王、国公、郡公、县公、侯、伯、子、男九等；哲宗朝定为王、嗣王、郡王、国公、郡公、开国县公、开国侯、开国伯、开国子、开国男十等；南宋时将哲宗朝的郡公改为开国郡公，其余不变。

亲王。亲王之子承嫡者为嗣王。宗室近亲承袭，特旨者封郡王。遇恩及宗室祖宗后承袭及特旨者封国公。余宗室近亲并封郡公。其开国公、侯、伯、子、男皆随食邑：二千户以上封公，一千户以上封侯，七百户以上封伯，五百户以上封子，三百户以上封男。见任、前任宰相食邑、实封共万户"①。

宋代的食邑共十四等，分别为"一万户、八千户、七千户、六千户、五千户、四千户、三千户、二千户、一千户、七百户、五百户、四百户、三百户、二百户"，其中"右宰相、亲王、枢密使经恩加一千户，两府、使相、节度使七百户。宣徽、三司使、观文殿大学士以下至直学士，文臣侍郎、武臣观察使、宗室正任以上、皇子上将军、驸马都尉加五百户。宗室大将军以上加四百户。知制诰、待制并文臣少卿监、武臣诸司副使、宗室副率已上，并承制、崇班、军员等，初该恩加三百户、承制、崇班、军员再该二百户。二千户已上虽有加例，缘无定法。亲王、重臣特加有至万户者"②。食实封共有"一千户、五百户、四百户、三百户、二百户、一百户"六等，"右宰臣、亲王、枢密使经恩加四百户。两府、使相、节度、宣徽使、皇子上将军并宗室驸马都尉任观察使已上加三百户。观文殿学士并宗室正任已上，骑都尉加二百户。武臣崇班、宗室副率已上加一百户。五百户已上虽有加例，缘无定法。亲王、重臣有特加至数千户者"③。

由于碑文残缺，大多数碑文只有"食邑"二字，没有具体的户数，无法得知西夏食邑的具体分级标准，只有在编号为 H.C.M₈：C.B.H-4 的碑文"食邑"二字下方为"三"字，后文缺，由于六号陵为帝陵，碑文写的都是皇帝生平，在墓主即皇帝位之前，应以皇子或者宗室子封爵，按宋代的封爵制度，"三"字下方似应是"千"字为妥。虽然不能详尽得知西夏的封爵和食邑的具体分级，但依照碑文可以肯定的是西夏沿袭了中原王朝的封爵制度以及食邑食实封制。

本节最后，我们试举宋代元丰改制前后部分臣僚以及西夏部分臣僚的官

---

① 《宋史》卷一六九《职官九》，第 4060~4061 页。
② 《宋史》卷一七○《职官十》，第 4076 页。
③ 《宋史》卷一七○《职官十》，第 4076 页。

衔来具体看一下宋与西夏的官制体系。

首先来看司马光在英宗治平元年（1064）上《资治通鉴》时，还是元丰官制改革前的官衔：朝散大夫、右谏议大夫、权御史中丞、充理检使、上护军赐紫金鱼袋臣司马光。其中"朝散大夫"为文散官阶中的从五品下，"右谏议大夫"为正官阶中的正四品下，"权御史中丞充理检使"为真正的差遣。其次来看元祐元年（1086），已是元丰官制改革后的吕公著的官衔：金紫光禄大夫、守尚书右仆射、兼中书侍郎、上柱国、东平郡开国公、食邑七千一百户、食实封二千三百户臣吕公著。其中"金紫光禄大夫"为寄禄官中的正二品，"守尚书右仆射、兼中书侍郎"为职事官，因"金紫光禄大夫"的寄禄官官品低于"尚书右仆射"的职事官官品，所以带一"守"字，"上柱国"为勋级中的十二转正二品，"东平郡开国公"为爵制，对应后面的食邑与食实封。最后来看西夏，试举《天盛律令》卷首《颁律表》中一名编纂者来说明：中书智足赐才盛文孝恭敬东南姓官上柱国嵬名地远。其中"中书智足"为"职"，属于中书六大人中的一种，"赐才盛文孝恭敬东南姓官上柱国"为"官"，从 5921 号《官阶封号表》中可以看出，其品级为下品。从西夏王陵的残碑中得知西夏也有勋制与爵制。从上面的分析可以看出，至少在《天盛律令》颁布的西夏仁宗时期，西夏的官阶更似宋代元丰改制后的官阶设置。

第二节　官吏选拔与管理制度

西夏与宋相仿，官吏的选拔主要通过以下几个途径实现：世袭、恩荫、选官以及后期实行的科举制度。关于西夏的科举选官制度，在《天盛律令》中并无详细记载，但存世的汉文史料有如下记载，天盛元年（1149），"策举人，始立唱名法"①。其实早在李元昊时期，就有通过建立蕃学，选拔蕃、汉子弟授予官职的做法："元昊思以胡礼蕃书抗衡中国，特建蕃学，以野利仁荣主之。……于蕃、汉官僚子弟内选俊秀者入学教之，俟习学成效，

---

① 《宋史》卷四八六《夏国下》，第 14024 页。

出题试问，观其所对精通，所书端正，量授官职。并令诸州各置蓄学，设教授训之。"① 西夏的神宗皇帝李遵顼就是科举出身，据《宋史》卷486《夏国下》记载："遵顼，始以宗室策进士及第，为大都督府主。"② 神宗时期的吏部尚书权鼎雄也是进士出身，"鼎雄，凉州人，天庆中（1194～1206）举进士"③。西夏末期的名臣高智耀也为"本国进士第"④。现存《天盛律令》的条文中只能看到各种机构中吏员选拔的条件：

> 中书、枢密、经略使，次中下末等司都案者，遣干练、晓文字、知法律、善解之人，其遣法依以下所定，奏而遣之：
>
> 一等中书、枢密等应遣都案者，当于本司正案头及经略、次等司正都案等中遣。
>
> 一等经略、次、中、下、末五等司应遣都案者，当量其业，依本司所属军马、公事、钱谷等事务多少，当派遣晓业者。
>
> 经略使处都案者，于中书、枢密正案头及次等司都案、经略本司正案头等中遣。
>
> 次等司都案者，于中书、枢密、经略使司正案头、中等司正都案、本司正案头等中遣。
>
> 中等司都案者，于次等司正案头派正都案及权（代理）案头，中书、枢密司吏等派权都案等。彼权案头及司吏等于所遣都案处依律令三年毕续转时，称职而无住滞，则当遣往平级司中任正都案及下属司中案头等有缺额处。
>
> 下等司都案者，于中等司正案头、中书、枢密司吏等派正都案及中等司权案头、次等司司吏等派权都案。
>
> 末等司都案者，于下等司、本司等正案头、次等司司吏等派正都案

---

① 《西夏书事》卷十三。
② 《宋史》卷四八六《夏国下》，第14027页。
③ 《西夏书事》卷四十一。
④ 《元史》卷一二五《高智耀传》，第3072页。

及权案头，中等司司吏等派权都案。

中书、枢密诸司等应遣案头者，属司司吏中旧任职、晓文字、堪使人、晓事业、人有名者，依平级法量其业，奏报而遣为案头。①

上述史料中的都案、案头应属于西夏各级机构中的吏，并不是官。黑水城出土的西夏文献中有一篇编号为俄 Инв. NO. 2150A 的关于三司都案、案头设置的文书，是西夏文刻本经摺装《大般若波罗蜜多经》的封套裱纸上部②。虽然此件文书破损严重，但根据残文，结合《天盛律令》中的记载，还是可以大概推断出文书性质。现将文书整理如下：

①三③司设立法度
②一限天庆元年正月内，承旨④……
③圣旨三司系管收……
④使所差□应入权……
⑤结绝然系□□□……
⑥显迹，又案分司属繁……
⑦阙乏，今中书副提点□……
⑧□及拊擗差都案……
⑨□□事检会，自六□……
⑩呈准
⑪御札子
⑫圣旨为见三司法……
⑬汉都案、案头、司……

① 《天盛律令》卷十《司序行文门》，第 375～377 页。
② 下部文书与其字迹相同，应是同一份文书，但由旁边的习字文书中的字来看，应不是一页，而且此件文书缺损更为严重，故本文不录这篇文书，文书图版见附录图版13。
③ 该图版背面的这个字是"得"字，不知何故。
④ 因《天盛律令》记三司设四正八承旨，所以猜测此处缺字为"旨"。

⑭□将旧在官吏……

⑮八人虽添，八人见甚……

⑯旧在司属等驾……

这部文书也是记载着西夏三司里都案、案头这一类"吏"的设置，从前段史料详尽记载吏的选拔程序和本件文书来看，可以说"吏"在西夏机构的人员设置中占有很重要的位置。翻检整部《天盛律令》，都案（𘐩𗗟）大致出现 104 次，案头（𗥔𘐩）大致出现 119 次，司吏（𗏹𗤁）大致出现 134 次，"吏"可以说是西夏官僚体系的重要角色。

不光是西夏，"中国传统社会的官僚体质，特别是隋唐以降的科举制，决定了吏在处理各种事务上不可替代的作用，使其实际权利远远超出制度规定的范围"①。

西夏各机构官吏每届任职时间为三年，三年任期届满后进行考核，决定各级官吏的留任与升迁。

诸司大小任职三年完毕，续转与否，依以下所定实行。

一等三年已满当续转：

中书、枢密承旨、诸司大人承旨，

边中刺史、军主、同判、习判，

边中诸城主、通判、城守，

边中诸司都案、夜禁铸铁等提点、渠水、捕盗、检□□□前检。

一等三年毕不在续转中：

中书、枢密大人、诸司案头、司吏。

一等中书、枢密都案及京师诸司都案等，三年完毕应不应续转，依时节奏报实行"②。

---

① 赵世瑜：《吏与中国传统社会》，前言页，杭州：浙江人民出版社，1994 年。
② 《天盛律令》卷十《续转赏门》，第 348～349 页。

经过考核，如果三年任期内"无住滞，不误入轻杂，则中书、枢密、经略等别计官赏……枢密都案依下等司正法则得官赏"；若"其间住滞遭降官、罚马者……其中受贿者与枉法贪赃罪比较，从其重者判断"①。

在出土的西夏文书中，有一篇名为《乾定申年黑水守将告牒》②（编号：俄藏 Инв. NO.2376）的文书，涉及官员选拔、升迁的一个大致情况。为便于后文论述，现将前辈学者的汉译文摘录于下：

> 黑水守城勾管执银牌度尚内宫走马没年仁勇禀：
>
> 兹仁勇曩者历经科举学途，远方鸣沙家主人也。先后任大小官职，历宦尚那皆、监军司、肃州、黑水四司，自子年始，至今九载。与七十七岁老母同局共财，今母实年老病重，与妻眷儿女一并留居家舍，其后不相见面，各自分离，故反复申请迁转，乞遣至老母住处附近。昔时在学院与先至者都使人彼此心存芥蒂，故未得升迁，而出任不同司院多年。其时以来，无从申诉。当今明君即宝位，天下实未安定，情急无所遣用，故仁勇执银牌为黑水守城勾管。今国本既正，上圣威德及大人父母之功所致也。微臣等皆脱死难，自当铭记恩德。仁勇自来黑水行守城职事时始，夙夜匪解，奉职衙门。守城军粮、兵器及炮大小五十六座、司更大鼓四面、铠甲等应用诸色原未足，所不全者，多多准备，以特为之配全。又自黑水至肃州边界瞭望传告烽堠十九座，亦监造完毕。仁勇转运远方不同司院之鸣沙家主蓄粮，脚力贫瘠，惟恃禄食一缗，而黑水之官钱谷物来源匮乏，均分之执法人，则一月尚不得二斛。如此境况，若无变更，则恐食粮断绝，羸瘦而死。敝人仁勇蒙恩以归宁母子，守城职事空额乞遣行将讹张力铁补之，依先后律条，于本地副将及监军司大人中遣一胜任者与共职，将仁勇遣至老母住处附近司中勾管大小职事。可否，一并乞宰相大人父母慈鉴。

---

① 《天盛律令》卷十《续转赏门》，第349～350页。
② 原文图版见附录图版14。

乾定申年七月，仁勇。①

从该文可以看出，没年仁勇是通过科举考试走上仕途的。从没年仁勇的任职情况可以看出，《天盛律令》中规定的三年一迁转的制度是严格执行的，没年仁勇写这个禀帖是因为他在黑水城的任期还没到迁转所规定的三年，现在要求调动工作是不符合法律规定的，《天盛律令》卷十《续转赏门》中规定了可以不按照规定期限迁转的条件："诸大小臣僚任职中，年高，有疾病及未能任职求续转等，有告者，视其年纪，疾病轻重，是否实为未能任职等衡量，奏报实行。"② 正是因为不符合规定，所以仁勇在禀帖中"用了一些多余的笔墨来渲染他和母亲的私情，试图以此来打动宰相大人，破例准许他及早调任"③。守城人员的职责主要是储备军粮、维护边境军器以及修造沿边烽堠。从这段文字可以看出，西夏官员同样实行俸禄制，不像范仲淹所说："（西夏）建官置兵，不用禄食，每举众犯边，一毫之物，皆出其下，风集云散，未尝聚养。"④ 李蔚指出："西夏军粮，除了由国家供应以外，其余一部分军粮也像宋朝一样靠沿边军民进行屯垦去解决。"⑤ 正是由于一部分需要自己解决，所以才出现没年仁勇"惟恃禄食一缗"，而下面的执法人员（即是"吏"们），"官钱谷物来源匮乏，均分之执法人，则一月尚不得二斛"，黑水城在元代为"亦集乃路"，《元史》记此地"在甘州北一千五百里，城东北有大泽，西北俱接沙碛"⑥，恶劣的自然环境造成了物资贫乏，需要自己解决的禄食来源匮乏。

相比于西夏对官员考核内容的简略，宋朝对各监司的考核内容则要细致、具体得多，从《庆元条法事类》的《考课格》中可以看出对不同监司

---

① 汉文译文取自《关于黑水城的两件西夏文书》，《中华文史论丛》第 63 辑，第 133～134 页。
② 《天盛律令》卷十《续转赏门》，第 350 页。
③ 《关于黑水城的两件西夏文书》，《中华文史论丛》第 63 辑，第 136 页。
④ 《续资治通鉴长编》卷一三四，庆历元年十一月乙亥条，第 3202 页。
⑤ 李蔚：《西夏"建官置兵不田禄食"辨析》，载氏著《西夏史研究》，第 80 页。
⑥ 《元史》卷六十《地理三》，第 1451 页。

不同的考察方面：

转运、提点刑狱、提举常平依下项。

一奉行手诏有无违戾。

一兴利除害。

一有无朝省行下本路过失已上簿及责罚不了过犯。

一受理词讼及指挥州县与夺公事，有无稽滞不当。（应经朝省或他司举驳，及有人论诉合改正者，皆为不当）

一有无因受理词讼改正州郡结断不当事。（如有，即具改正事因件数）

一应干职事有无废弛，措置施行有无不当。（如转运司移用财赋不当致在有糜费及亏损官钱，或场务不因灾伤而课额亏减，或措置无术而岁计不足，及应合拨还诸司及别路所欠钱物而失于计置致大段亏少；提点刑狱司不督察主兵及捕盗官训练士卒、修整器甲；提举常平司所管常平户绝田产、场务不以时检举出卖，或积欠课利，农田水利应兴修而不兴修，造簿不以时或不如法，编排保甲不如令之类，皆为废弛）

一奏请及报应朝省文字有无卤莽乖谬，以上应上簿责罚废弛不当、卤莽乖谬事件，并逐一名件分明开说。

一按察并失按察所部官犯赃以上罪及按察不当。

一荐举所部官有无不当。谓被举后有罪恶或不职事状者。

一劝农桑。（如增垦田亩，或创修堤防水利，或修整堕废，劝课栽植桑、柘、枣之类）

一招流亡，增户口。（具招集逃户归业，或招人户请佃田土而非分烟析生，比旧额增数，及本年有无灾伤，本官曾如何经画赈恤安存，或失于赈恤致有逃亡）

一分定巡历是何州县，自甚月日起离至某处，至何月日还本司，有无分巡不遍去处，如有，开具缘由。

一逐年合上供钱物有无出限违欠。

一所部刑狱有无平反及驳正冤滥并淹延稽滞。

一机察贼盗已获、未获各若干。

提举常平司依下项。

一本年并前三年收支免役钱若干。

一场务净利比旧额有无增亏，限外有若干拖欠。

知州县令四善四最：

一善德义有闻。

二善清谨明著。

三善公平可称。

四善恪勤匪懈。

一生齿之最：民籍增益，进丁入老，批注收落，不失其实。

二治事之最：狱讼无冤，催科不扰。

三劝课之最：农桑垦殖，水利兴修。

四养葬之最：屏除奸盗，人获安居，赈恤困穷，不致流移；虽有流移而能招诱复业，城野遗骸无不掩葬。①

除了正常的选官程序外，最主要的官吏选拔方法即为世袭与荫补。

西夏作为游牧民族，世袭制度可以说是作为其民族特色的一种选官方式，其"首领者父死子继，兄死弟袭，家无正亲，则又推其旁属之强者以为族首，多或数百，虽族首年幼，第其本门中妇女之令亦皆信服，故国家因其俗以为法"②。《天盛律令》中，对世袭的规定如下：

国内官、军、抄等子孙中，大姓可袭，小姓不许袭。……官、军、抄当赐大姓，大姓情愿，则允许于共抄不共抄中赐亲父、亲伯叔、亲兄弟、亲侄、亲孙等五种。

---

① 《庆元条法事类》卷五《考课·考课格》，第68～70页。
② 《宋史》卷一九一《兵五》，第4755～756页。

诸人有己子，则不许以同姓不同姓继子为□。若无己子，是同姓，则类□中同与不同一样，不允不同类中边中出任重军职者来任轻职。此外，种种待命独诱中，亲伯叔、亲兄弟、亲侄、亲孙允许为继子于父弟、子兄弟。已为继子而后生己子，及子死而遗孙等时，抄、官、军当由己子孙大姓袭，当赐继子宝物多少一分而使别居。若未有己子孙，则抄、官、军皆以继子袭，畜物亦由继子掌。若违律不应为继子而为继子时，依转院法判断。

诸人之妻子与他人通而生杂子者，不许袭丈夫之抄、官、军，勿得畜杀宝物，依次板□注册。若违律袭抄、官、军时，依转院法判断。

诸部种种死绝，人根已断，无人袭抄、官、军者，部司院首领同不同中□、依节亲类顺序，职轻重分明，依下所定判断。

一等种种待命独诱等者，同部院中□亲伯叔、兄弟、侄孙等五等人可袭。若同部院中无袭者，则依待命等是轻职，部司院首领等不同中，亦有亲父、伯叔、兄弟、侄、孙，则可袭之。

一等主边中军及任重职种种等，前述待命独诱种种等中人根已断者，不许往袭抄。依自身同部次第内同不同院中有五等人，则可袭抄、官、军。

一等待命独诱种种任轻职人，主边中任重军、职中袭断，各节亲及品者欲袭，则当允许袭。

一等依前述所示五节亲无袭者，则诸部种种披、甲、马校口碑以□□□因，失职、军上遗遣次第与第五卷上分别相同。

一等人根已断之抄，有比同院中亲父、亲伯叔、亲兄弟、亲侄、亲孙等五种亲节远者，官、军及前内侍、閤门、帐门末宿不许袭抄等，当入分抄次第，然后军独诱种种部抄一种依法可袭，有披、甲、马亦当寄名。①

---

① 《天盛律令》卷十《官军敕门》，第353～356页。

综合以上史料可总结出西夏世袭的几个特点：①大姓才可袭，小姓不允许袭官、军、抄。②只能世袭给亲子，不允许继子袭抄，只有在无亲子的情况下才允许继子袭抄。继子也必须是同姓亲戚，不允许不同姓之人为继子。③妻子与他人私生之子不允许继亲夫之抄。④除了亲子外，其他亲属的袭抄顺序为亲父、伯、叔、兄弟、侄、孙。

宋代的官员已没有世袭爵位的特权，官员的子弟及亲属只能通过荫补制度获得官衔或差遣。据《庆元条法事类》的记载，宋代荫补的名目主要有以下几类：①因公事牺牲者。"诸捕盗或干办公事之类，殁于王事特与恩泽之家，限十年陈乞。……其家若无尊长及近上亲属，止有子孙而年小者，自十八岁理；若止有未嫁女，元得旨许安排女夫者，自应出嫁日理。出限不许收使。"① ②举行"大礼"时。不同官阶允许荫补的人数，"臣僚遇大礼：荫补缌麻以上亲，宰相、开府仪同三司以上，十一人；执政官、太尉，八人；太中大夫以上及侍御史、节度使至观察使，六人；中大夫至中散大夫、通侍大夫至右武大夫，四人；朝议大夫至带职朝奉郎、武功大夫至武翼大夫，三人"。② "大礼"中荫补亲属的亲近关系还跟遇大礼的次数相关。③一定级别官员致仕时。"臣僚致仕：荫补缌麻以上亲，曾任宰相及见任三少、使相，三人；曾任三少、使相、执政官见任节度使，二人。太中大夫及曾任尚书侍郎及右武大夫以上，并曾任谏议大夫以上及侍御史，一名。"③ ④官员申报遗表。"荫补缌麻以上亲，曾任宰相及见任曾任三少、使相，五人；曾任执政官并见任节度使，四人；太中大夫以上，一名；诸卫上将军子承宣使，四人；观察使，三人。"④

官员被任命后，要在规定的时间内赴任履职，若逾期，将受到法律的制裁，先看西夏的规定：

---

① 《庆元条法事类》卷十二《职制门九·殁于王事》，第 220 页。
② 《庆元条法事类》卷十二《荫补·荐举格》，第 236 页。
③ 《庆元条法事类》卷十二《荫补·荐举格》，第 236 页。
④ 《庆元条法事类》卷十二《荫补·荐举格》，第 236 页。

诸大人、承旨、习判、都案、案头等不赴任上及超出宽限期，又得职位官敕谕文已发而不赴任等，一律超一二日罚五斤铁，三四日十斤铁，五日十三杖，六日起至十日徒三个月，十一日起至十五日徒六个月，十六日起至二十日徒一年，二十日以上至二十五日徒二年，二十六日起至一个月徒三年，一个月以上一律当革职，官□□马勿失。

司吏不赴司职时，一日起至五日笞十五，六日起至十日十杖，十一日起至十五日十三杖，十六日起至二十五日徒三个月，二十六日起至一个月徒六个月，一个月以上至三个月徒一年，三个月以上至十个月徒二年，十个月以上一律徒三年。

使人、都监未赴任上，一二日笞十五，三四日笞二十，五日起至十日十杖，十日以上至一个月徒三个月，一月以上至三个月徒六个月，三个月以上至十个月徒一年，十个月以上一律徒三年。①

如果不能按期赴任，需要根据不同的延长时间上报不同的主管部门：

京师所属诸司大人、承旨宽限期次第者，一日起至十日于閤门司，十日以上则一律于中书等分别奏报，当以为宽限期。诸司都案二十日期间当报属司、及期□上当报中书，与中书、枢密都案□□大人酌计限期。其余案头、司吏、□所使等当报于本司中大人，应酌计给予宽限。

边中正副统、刺史、监军、习判及任其余大小职位等完限期时，至二十日以内者，所属经略应酌计宽限期。有二十日以上宽限期者，则当有谕文，当以文武次第奏报中书、枢密所职管处定宽限期。

国师、法师、禅师、功德司大人、副判、承旨、道士功德司大人、承旨等司中有职管事限度者一日起至十日，寺检校、僧监、众

①　《天盛律令》卷十《失职宽限变告门》，第351页。

主二十日期间当报所属功德司，使定宽限度，二十日以上则当告变。国师、法师、禅师等司内不管者，径直当报中书，依所报次第限之。①

对于因为自身或家人患病、死亡等情况不能按期赴任的规定："边中任职位人宽限期分别依前以外，其中或自身染疾病而不堪赴任上，或父母、叔姨、兄弟、妻子、子孙等病重而死生不明及已死等，则□五日期间者，于自身相共职处为宽限期。若无相共职，则当遣子告主职经略使，以十五、二十日为宽限期，当携状而限之。"②

再来看宋朝，上述《天盛律令》中并没有提及在官吏被任命后需在几日内到任。在宋代，"诸之官者，川、广、福建路，限六十日；余路，三十日。下班祗应事干急速放朝词者，限五日到。以上并除程，在京以朝辞日，在外以授敕告、宣札日，待阙者以阙满日，非次阙以得报日为始"，而对于"河防军期及有定日立界开场之类，皆不给限"③。若在期限内没有按时赴任，则处罚如下：

> 诸之官，限满无故不赴者，罪止杖一百。
> 诸下班祗应之官无故违限者，一日杖六十，十日加一等，罪止徒一年。
> 诸副尉已授在外差遣，应起发而无故违程限者，杖一百。
> 诸之官限满不赴所属，不依限申尚书吏部者，杖一百。吏人三犯仍勒停，所委官奏裁。若故为隐漏，展磨勘二年，吏人依三犯法。即应再申而不申，若置籍销注于令有违者，杖一百。④

---

① 《天盛律令》卷十《失职宽限变告门》，第 351~352 页。
② 《天盛律令》卷十《失职宽限变告门》，第 352 页。
③ 《庆元条法事类》卷五《之官违限·职制令》，第 53 页。
④ 《庆元条法事类》卷五《之官违限·职制敕》，第 52 页。

　　相比宋与西夏对于不按期赴任官吏的处罚，西夏要重于宋代，宋代最严厉的处罚也只是判处一年徒刑，其余均为杖刑，西夏为最高可达三年的徒刑，并且还有罚实物的规定。相较《唐律疏议》与《宋刑统》，宋朝后期及西夏对于官员不按期赴任的处罚均有所加重，按《唐律疏议》与《宋刑统》，"诸之官限满不赴者，一日笞十，十日加一等，罪止徒一年"①。

---

①　《宋刑统》卷九《刺史县令私出界》，166 页。

第五章　西夏与宋代文书制度比较研究

有效的行政运转离不开行之有效的文书体系。俄国学者孟列夫总结了黑水城出土的西夏文书的种类，"被分成行政及归属于行政的司法、军事三大类型。……（第一类为）纯行政文书（提取报告、履历表、呈文等等）"和"关于捕捉、羁押、释放某人的来往公文"等半行政半司法类的文书，第二类包括"审讯记录、监禁某人的生活费报销单、说明书、民事判决书、监禁案卷和刑事判决书"，"第三类是军事性的文书"①。

第一节　文书的书写格式

宋代对不同的文书有不同的用纸要求，"中书省面奉宣旨事，别以黄纸书，中书令、侍郎、舍人宣奉行讫，录送门下省为画黄；受批降若覆请得旨，及入熟状得画事，别以黄纸，亦书宣奉行讫，录送门下省为录黄。枢密院准此，惟以白纸录送"②。所用纸由官给，若无官纸则用"不系省头子或赃罚钱买"，以写诏敕用纸尺寸最大（高一尺三寸，长二尺），其余用纸不得超过这个尺寸③。具体的书写格式为：

---

① 〔俄〕孟列夫：《黑城出土汉文遗书叙录》，王克孝译，银川：宁夏人民出版社，1994 年，第 22 页。
② 《续资治通鉴长编》卷三二三，神宗元丰五年二月癸丑条，第 7775 页。
③ 《庆元条法事类》卷十六《诏敕条例》，第 336 页。

诸文书奏御者，写字稍大。上表仍每行不得过十八字，皆长官以臣名款其背缝，然后用印。余文书无印，则所判者款之。

诸上书及官文书皆为真字，仍不得轻细书写。凡官文书有数者，借用大字。

诸申发章奏及公文，皆书实日。要速机密，仍实封其公文。

诸在外官司径赴枢密院投下通封奏状者，用号书贴。

诸亲王、宗室公文，皆不书姓。①

对于钱谷簿册的书写还有专门的规定："诸内外官司申奏及互相关会钱谷物色之类，并仰各开逐色细数，不得泛称'贯石匹两'等。"② 但是这项法令似乎执行的并不怎么好，我们现在看到的一些宋代经济史史料中经常是泛称"贯石匹两"，以至于无法得出每一个的具体数值。文书中要遵循避讳原则，犯圣祖名、庙讳、旧讳、御名者皆需改避，文书中不得指斥、援引皇帝名。③

写完后还须用印，用印规定为：

诸官文书皆印年月日及印封，应奏申者，印缝背，贴黄者，印贴黄。

诸奏状应用印而无印者，借非钱谷、刑狱印。④

诸官司印记，不得印私文书。⑤

宋代与西夏印的形质不同，宋代的官印沿袭唐制。

两汉以后，人臣有金印、银印、铜印。唐制，诸司皆用铜印，宋因

---

① 《庆元条法事类》卷十六《文书》，第 344 ~ 345 页。
② 《庆元条法事类》卷十六《行移》，第 353 页。
③ 参见《庆元条法事类》卷三《名讳》，第 8 页。
④ 《庆元条法事类》卷十六《文书》，第 345 页。
⑤ 《庆元条法事类》卷十七《给纳印记》，第 362 页。

之。诸王及中书门下印方二寸一分,枢密、宣徽、三司、尚书省诸司印方二寸。惟尚书省印不涂金,余皆涂金。节度使印一寸九分、涂金。余印并方一寸八分,惟观察使涂金。诸王、节度使、观察使、州、府、军、监、县印,皆有铜牌,长七寸五分。诸王广一寸九分,余广一寸八分。诸王、节度使、观察使牌涂以金,刻文云:"牌出印入,印出牌入。"其奉使出入,或本局无印者,皆给奉使印。景德初,别铸两京奉使印。又有朱记,以给京城及外处职司及诸军将校等,其制长一寸七分,广一寸六分。……中兴仍旧制,惟三省、枢密院用银印,六部以下用铜印,诸路监司、州县亦如之。①

西夏各种司印、官印的形制如下所记:

诸司行文书时,司印、官印等钝金、钝银及铜镀银、铜等四种,依司位、官品等,分别明其高下,依以下所定为之。

司印:

皇太子金重一百两。

中书、枢密银重五十两。

经略司银重二十五两。

正统司铜上镀银二十两。

次等司铜上镀银十五两。

中等司铜上镀银十二两。

下等司铜重十一两。

末等司铜重十两。

僧监、副、判、权首领印等铜重九两。

官印:

三公诸王银重二十五两。

---

① 《宋史》卷一五四《舆服六》,第3590~3592页。

有「及授」官中宰相铜上镀银重二十两，其余铜十五两。

有「及御印」官者铜重十二两。

有「惠臣」「柱趣」官者铜重十两。

有「威臣」「帽主」官者铜重九两。

前述司印、官印者，上等中书、枢密之长宽各二寸半，经略司二寸三分，正统、有「及授」官等二寸二分，次等司二寸一分，中等司及有「及御印」官等二寸，下等司及有「威臣」「帽主」官等一寸九分，末等司一寸八分，僧监副、判、权首领印一寸七分。①

史金波先生根据出土的西夏首领印进行测算，推算出西夏的一寸约合3.12厘米②，宋代的一寸约合3.16厘米③，这样看来，西夏各级的官印形制都略大于宋代。

在《庆元条法事类》中，"式"这种律文格式即是各类文书的书写模板。主要格式是：先写报告人姓名、报告事宜所遵循的某项规定，然后上报具体事宜，最后落上日期与姓名。现今出土的西夏文书中的一些纯行政报告文书也基本遵循这种格式，即先写报告人的具体职位和姓名，然后写清报告事宜，最后落上日期、姓名。符合《天盛律令》中"诸司所判写文书者，承旨、习判、都案等当认真判写，于判写上落日期"④ 的规定。

不同的是，由于西夏是少数民族建立的政权，并且西夏有自己的文字，所以文书都要求用西夏文书写：

西夏大庆三年（宋景祐四年，1037），冬十一月，设蕃、汉二字院，"元昊既制蕃书，遵为国字，凡国中艺文诰牒，尽易蕃书。于是，立蕃、汉二字院。汉习正、草；蕃兼篆、隶。其秩与唐、宋翰林等。汉

---

① 《天盛律令》卷十《官军敕门》，第357~360页。
② 见史金波《西夏度量衡刍议》，《固原师专学报》（社会科学版）2002年第2期，第10页。
③ 见丘光明《中国度量衡》，北京：新华出版社，1993年，第123页。
④ 《天盛律令》卷九《事过问典迟门》，第322页。

字掌中国往来表奏，中书汉字，旁以蕃书并列；蕃字掌西蕃、回鹘、张掖、交河一切文字，并用新制国家，仍以各国蕃字副之。以国字在诸字之右，故蕃字院特重"，元昊自令野利仁荣创制西夏自己的文字后，"国中纪事，悉用蕃书，历二百余年，不复改正"①。

第二节　文书的处理与传递

宋代对于制书这类较重要的文书，在下发之前要进行翻录，翻录的时间规定为：

> 诸受制敕应翻录行者，给书写程，急速限当日，满百纸一日，二百纸二日，每二百纸加一日，非急速各加一日，余文书各加制敕限一日。所加虽多，制敕不得过五日，余文书不得过十日。即军务急速不以纸数，皆限当日发出。②

> 诸受枢密院转宣札子，实时誊写行下，以元降宣札实封传递。以次官司各不得过二日，其最后承受官司誊行讫，缴纳本院，不得漏泄。③

《天盛律令》中的律文无法得知像诏书这类重要的文书是否需要进行翻录，只记载了不按时向下传达时需要受到的处罚，但是由于文书需要传达至不同的职司，文书必定要经过翻录，以便保存与传达。

> 诸司执圣旨头字者，应如何行……不许懈怠。若违律时，立便□□□个月期间为懈怠者，依延误罪判断。一个月以上懈怠一番，司吏徒二年，案头徒一年，都案徒六个月，承旨、习判等徒三个月，大人

---

① 《西夏书事》卷十二。
② 《庆元条法事类》卷十六《诏敕条例》，第334页。
③ 《庆元条法事类》卷十六《诏敕条例》，第335~336页。

罚马一。懈怠二番，司吏徒三年，案头徒二年，都案徒一年，承旨、习判等徒六个月，大人罚马二，三番以上一律司吏徒四年，案头徒三年，都案徒二年，承旨、习判等徒一年，大人罚马三。再依□□□节使人遣人于日限期间以内往□□□逾日时分析头字，有……则依一番懈怠法……①

文书写成之后还须校对，"案头、司吏校文书者当于外为手记。倘若其不合于文书而住滞、则校文书者依法判断。同任职有手记时，所校文书上有疑□，知有住滞而未过问者，比校者罪减一等。未知，则因未仔细搜寻而再减一等"②。

经过翻录的文书即可向下进行传递工作。宋代的文书在传递之前，根据不同类型规定了不同的封装形式。宋代文书的封装分为实封与通封两种，"诸奏事涉机密，若急速及灾异，或告妖术若狱案，或臣僚自有所陈（谓非叙述身事者）。及被旨分析事状，皆实封，余通封。即不应实封而实封者，所属点检举劾。系臣僚陈事，仍缴奏"，"诸奏事应实封而无印者，文书及内外封面须一手写"③，如果"诸奏事应通封而辄实封者，杖一百"④。

关于实封与通封的样式，乾兴元年（1022）十一月，诏："都进奏院告报诸州、府、军、监，自今所奏文字，凡系实封者，并令依常式封书毕，更用纸折角重封，准前题字，及两折角处，并令用印，无印者，细书名字。"⑤英宗治平元年（1064）十一月十三日，李东之等言："应内外臣僚所进文字不限机密及常程但系实封者，并须依常下粘实封讫，别用纸折角重封，有印者内外印，无印者于外封皮上臣名花押字，仍须一手书写，所有内外诸司及

---

① 《天盛律令》卷九《事过问典迟门》，第 320 页。
② 《天盛律令》卷九《事过问典迟门》，第 321 页。
③ 《庆元条法事类》卷十六《文书》，第 344 页。
④ 《庆元条法事类》卷十六《文书》，第 343 页。
⑤ 《宋会要辑稿》职官二之四六。

诸道州、府、军、监并依此例，如违，仰本司不得收进，其外处有不如式样递到实封文字，仰进奏院于监官前折角重封用印，于本司投下。"① 治平三年（1066）六月二十四日，李东之等又言："本司先准治平元年中指挥，今后臣僚所进文字，依常下粘实封讫，别用纸折角重封。今来诸处投进文字，多作圆封，并不折角，却剪碎两头用圆纸花子贴定，可以因缘开拆，深虑所在作弊，漏泄机密，及有外处臣僚言时政得失利害者，往往只作通封，致有传布于外，缘素无明白约束，乞今后中外臣僚投进文字但干机密及言时政得失利害并体量官员等事，并须褊捺用全张小纸，斜侧折角实封，所经历官司不致作弊漏泄事宜。仍乞下进奏院遍下在京及诸路州、府、军、监等，告示如不依此式样，所经官司并不收接。"②

封装好后的文书才能进行传递，根据不同的事件要求发付的时间也不一样：

> 诸奉使官司取会文书，限三日报，急，一日，于法当应副事，限二日。

> 诸官司所受之事，皆用日印，当日受，次日付。事速及见送囚徒，皆即时发付。其行遣小事限五日（谓不须检覆者）。中事十日（谓须检覆案或须勘会者）。大事二十日（谓计算簿帐或须议论者）。签审经三人以下，小事别给一日；四人以上，给二日，中事、大事各递加一日。以上受付之日不计。即限内可毕或急速者，不用此令。③

不同的文书有不同的传递方式，"敕降入马递，日行五百里。事干外界或军机，及非常盗贼文书入急脚递，日行四百里。如无急脚递，其要速并贼盗文书入马递，日行三百里。……常程文书入步递，日行二百里"④。"诸奉使应

---

① 《宋会要辑稿》职官二之二八。
② 《宋会要辑稿》职官二之二八~二九。
③ 《庆元条法事类》卷十六《程限》，第351页。
④ 《续资治通鉴长编》卷四五七，哲宗元祐六年四月丁酉条，第10939页。

行文书，入马递，机速者入急脚递。"① "进奏院承受尚书省、枢密院实封及应入急脚递文字，并即时发。又承受捕盗、赈济、灾伤、河防紧急及制书并朝廷文字应入马递者，并当日发。又承受制书及朝廷文字入步递者，限一日。余文书不得过三日。"②

宋代规定，文书不允许先印好空纸，然后再填入相关内容，"诸官司及将校预印空纸，填写文书及印之者，各杖八十"③。

西夏则规定不同种类的文书由不同的"案"处理：

密案：地边消息。

搜交案：经略等□死□　□诸人□。

磨勘案：四季判断　官敕……磨勘。

军案：军马始行，散逃，兵符，将佐大小检人家院牲畜，军争及军马解悟……回鹘□□投奔者……统军、军□、监军、习判遣……人马、甲胄，注册注销，军杂物□□接转，当罚供给，领旗鼓号，罚马革官，远军未来，大小臣僚遣守护，诸人寻军，营垒……守护者□□堡城，城主、同判、城守遣，地边遣使人小监，西番、回鹘……诸人寻军立功，待命未来催促，军杂物库监、出纳遣转、防守，内外侍、帐门后宿□内宿、神策，帐门后宿……杂物……

官案：诸寺庙塔、閤门、臣僚、下臣、僧人、道士、案头、司吏、刻字、待牌、住续、印、大典、僧人坐、祭地神、案头司吏□别、皆子离、□印、遣居京都案、案头。

家案：内宫种种头项职，身船□□为、神猛军、匠人、金匠、□□□□捕、养羊、诸盐池、边上卖路度、空羊食草、城之所用解悟军坚□、铸钱、皇城、三司、地边散买、铸钱、边境堡城断修造、分赐谷草、城中军杂物军粮供给、检畜者人马谷粮种种诸杂职摊派、牧场施请

---

① 《庆元条法事类》卷五《奉使》，第 49 页。
② 《续资治通鉴长编》卷四九六，哲宗元符元年三月丙寅条，第 11801 页。
③ 《庆元条法事类》卷十六《行移》，第 352 页。

火印，梧桐池采纳、种麻种波、贺兰山等护林场、京师界七种郡县派水种地纳税利额、香草滩等护院、抽□税。

大庐令案：农田司属利额、诸边经略大都督府山内山后□、地界中□地水□地租散等纳额、官谷物中□中军粮以外供应皮□□分用□底地□□捕分用。

□案：契丹使承、执飞禽、群牧□、马院、行宫、官畜、内使、帐门□□、□□弃尸养□、设四季宴、官乐人、阴阳分食者、前宫侍、帐下宫侍、执奉桌汉使承处衣紫黑、门楼主。

刑案：敌界往来、诸司判断、地人入□□敌界敕禁畜物卖过……地边地中派遣劳役、地人畜……女使、遣监狱小监、溜首领派散饮食食物。

谍案：汉、契丹、西番、西州、大食等中使……写转传谍语诏……①

宋代的各职司中也设有不同的"案"来处理不同的事务，推测以上所列西夏的"案"也分属不同的机构，如"官案"可能在阁门司与功德司中都有设置，"家案"则在内宫侍司、皇城司、三司等职司中有设置。

《天盛律令》中有详细规定的处理时限的文书有两类，一类是军籍簿册，另一类是仓库文书。现分别叙述之。

畿内、地中、边境地区分别在三月一日、四月一日、六月一日上交军籍簿册，并与四十日、五十日、两个月内分别核校完毕。② 而且军籍簿册不允许随便查阅："军案内置官簿者，不准诸人随意来司内及拿到司外看阅。违律时，如系司内人，则随意查阅者及局分人等一律徒六个月；如系拿到司外，则阅者及局分人等徒一年。"③

仓库簿册则应按以下规定向上缴纳，"京师界内执局分人三个月、诸转

---

① 《天盛律令》卷九《事过问典迟门》，第318～320页。
② 《天盛律令》卷六《纳军籍磨勘门》，第255～256页。
③ 《天盛律令》卷六《纳军籍磨勘门》，第257页。

卖库六个月、种种匠一年期间一番当告纳本处账册。地中执局分人各自六个月一番当告纳账册。地边执局分人各自一年一番当告纳账册"。① 而且库局分人员在三年任职到期时，应在十五日以内将自己任期内的文书、簿册整理完毕，向上级机构进行汇报以备查验。②

第三节　文书的保管

为便于日后翻阅、查检，各类文书还必须好好保管，西夏与宋代都针对不同文书规定了在保管过程中出现各类问题的不同处罚规定。

《庆元条法事类》中详细记载了宋代文书的保管规定：

（一）制书③的保管

> 诸条制，发运、监司及州县并置库，余官司于本厅封锁，法司掌之。无法司者，选吏兼掌，替日对簿交受。州每半年具被受条目申监司。

> 诸条制先次行下者，置册，分门编录，仍以所受月日次第连粘，候颁降到印册，以先受者架阁。若续降诏条内有未到或已到而

---

① 《天盛律令》卷十七《库局分转派门》，第524~525页。

② 《天盛律令》卷十七《库局分转派门》："种种库局分三年迁转，十五日以内使分析完毕，本人文书、录册、接交文字等虽已依时派送边中管事者，然不往管事处，不来磨勘，已逾原有期限时，自一至五日不治罪；自六日至十日，有官罚钱五缗，庶人十杖；十日以上至十五日，有官罚马一，庶人十三杖；自十六日至二十日徒三个月；自二十一日至二十五日徒六个月；自二十六日至一个月徒一年；一个月以上一律当获二年徒刑。……管何畜、谷物等，当告经略使人转□。不隶属经略之边中、京师、五州地等各司□，自己本司人各自账册有所告纳聚集，与文书接校之，磨勘司当引送告纳，一面同日告知中书、枢密所管事处。告纳处各司及来告知处当分别为板簿，注册而藏之。都库局分三年毕迁转，来磨勘时，当入抵校磨勘中。若账册有半送半小送，则磨勘司自己人应行当行，于中书内所管事处应告则告。中间互相当行推察，有何障碍，速当行遣、局分大小应伏罪则令伏罪，所行稽缓住滞，各自罪情别，依法判断。"

③ 《庆元条法事类》卷十六《诏敕条例》中对制书的定义为："诸称'制'者，诏、告、宣、敕、御札、御宝、批降及三省、枢密院奉圣旨文书同。"

缘路损坏者，申尚书本部录降。去京五百里外，仍先牒邻州誊写照用。①

诸一路、一州、一县、一司条制，各置册编写，仍别录连粘元本架阁。其虽系一时指挥而遍行下者，准此。②

诸敕降，发运、监司及州县并置库，余官司于本厅封锁，法司掌之。无法司者，选吏兼掌，县选二人专管，二年一替，不得差出。替日对簿交受。③

诸制书及重害文书。若祥瑞、解官、婚田、市估、狱案之类，长留仍置籍立号，别库架阁，以时晒暴。即因检简移到者，别为一籍。号止因旧。

诸架阁公案非应长留者，留十年，每三年一检简，申监司，差官覆讫除之。其有本应长留者，移于别库，籍内仍随事朱书所除所移年月，同覆官签书。

诸官司承受无行文书，元无事祖者，别簿具录名件，当职官月一签书。应架阁者，别架贮之。

诸架阁库，州职官一员，县令丞、簿掌之。应文书印缝计张数，封题年月事目并簿历之类，各以年月次序注籍，立号编排，仍置籍。遇借，监官立限，批注交受，纳日勾销，按察及季点官点检。④

由此可以看出，宋代从路到州以及县都有专门保管制书的仓库，并且由司法机构掌管。无须长期保管的文书，最多保留十年，每三年检查一次，与需要长期保管的文书放于不同的仓库保管，文书以年月次序编号保管。

（二）户口账册的保管

"诸户口增减实数，县每岁具帐四本，一本留县架阁，三本连粘保明，

---

① 《庆元条法事类》卷十七《架阁》，第358页。
② 《庆元条法事类》卷十六《诏敕条例》，第335页。
③ 《庆元条法事类》卷十六《敕降》，第341页。
④ 《庆元条法事类》卷十七《架阁》，第357页。

限二月十五日以前到州。州验实毕，具帐，连粘管下县帐三本，一本留本州架阁，二本限三月终到转运司。本司验实毕，具都帐二本，连粘州县帐，一本留本司架阁，一本限六月终到尚书户部。"①

（三）仓库簿册的保管

诸仓库各置销钞簿，具注送纳钱物数、年月日、纳人姓名，候获官抄对簿销凿，监官书字用印。其钞常留一纸，以千字文为号，月一架阁，并簿专留本处，备官司点检。②

（四）官物簿册的保管

"诸官物交界讫，本州限十日取帐历、应干文书送磨勘司，限三十日驱磨毕，送库架阁。仍保明申州，给公凭。后须照用者，止录公凭报，不得勾人。即磨勘不如法致失陷者，元主守人及磨勘吏人均备，磨勘之官于吏人总数内备一分，虽会恩去官，犹备如法"，对于官物中没有固定收益的物品，如屋舍、地基、园林、什物、法物等簿册，"置簿用州印，应有开收，即日除附，当职官通签。每季点讫，簿后书月日、季点官姓名。监司所至，点检其簿，五年一易，本州对磨讫架阁"③。

（五）判案文书的保管

一般的判案文书即封印后再由本州保管，如涉有本周官员犯罪的判案文书，则送邻州保管，也是起到保密、防止徇私的目的。④

（六）军事文书的保管

"诸军帐若甲杖、防城、备城库文书于监官厅写造封锁。即差发军马所支器甲，以支出见在逐色数申尚书兵部。所申状，监官诣长吏厅监写，签书

① 《庆元条法事类》卷十七《架阁》，第358页。
② 《庆元条法事类》卷十七《架阁》，第359页。
③ 《庆元条法事类》卷十七《架阁》，第359页。
④ 《庆元条法事类》卷十七《架阁》，第360页。

官聚厅点检书印。"①

《天盛律令》中没有十分详细的文书保管规定，但规定了不同类型的文书由于保管不善导致丢失、损毁的处罚措施。

一、重要文书（皇帝诏书、兴兵文书、机密文书等）

这类文书如被盗、损毁或者丢失，重则判处绞杀，轻则判处二三年的徒刑。

> 写秘事及牒诏书，兴兵文书、恩赦等损毁、盗隐、亡失等之罪，依所定判断。
>
> 国内秘事中有自多族部议逃以上数种事兴起者，以计谋施行捕逃语及干连人部分未制捕等时，欲受贿而盗隐、损毁文书者与犯罪者同。其中无心失误而失之时，推问中有碍则当绞杀，无碍则徒六年。若推问已毕，典已置库中而盗隐损之者，徒三年，失之则徒二年。
>
> 盗隐、损毁、亡失所记文书秘事中，有言敌属州、府、军、郡、县、城、寨、经略、同知、安抚、头领、佐官，其他族部人一同归降者，有言予信物、受迎遣法头项文书，及两国间写牒敕、誓文，接壤邻国分予我等之地，四方接壤诸侯曰其当归附等时，于所谋事有碍无碍，轻重如何，视其时节语义，奏报实行。
>
> 持边中兴兵火急文书者，局分人失之及他人盗之等，当绞杀。失、盗军品文字者，一律徒三年。②

二、根据文书中的内容是否已经施行完毕进行不同的处罚

盗损未结案之判案文书以释放有罪人，故意为之则与罪人同等判罪，未释放成功则比之减一等。无心丢失判案文书也要根据有罪人的判刑进行不同

① 《庆元条法事类》卷八《漏泄传报》，第147页。
② 《天盛律令》卷十二《失典藏门》，第418~419页。

的处罚①：①已经施行完毕的文书被盗损，根据无心以及故意为之分别判以一年或两年的徒刑②；②用于赏赐以及官员升迁等文书，未施行完毕时，故意为之判以徒三年，无心为之判以徒一年，已施行完毕时比之减一等③；③被盗损之文书，当评估其价值，根据偷盗法的规定进行量刑，跟前述判罚进行比较，从重判罚④。

三、各种物品、器械的账册按有无副本量刑

有副本存放时量刑较轻，最多徒三年；无副本存放时，最高可判为绞杀⑤。

对于丢失的文书在规定的时间内要积极寻找，若能寻得，还能减轻因盗损、丢失文书而受到的判罚。

> 失自引导族部逃以上要言及兴兵火急文书等者，限期内得之期罪勿治，逾期，得与不得一律当承全罪。
>
> 失秘事及写牒诏等者，三日以内得之，罪勿治，逾期不得则依法判

---

① 《天盛律令》卷十二《失典藏门》："文书行之未毕中，局分以外人等着手盗、隐、损失文书时，释放有罪人，则当与有罪人同；未释放有罪人，则当比有罪人减一等。无心失误失典者，有死罪及长期徒刑罪徒三年，有自徒六年至徒四年罪徒二年，有自徒三年至徒一年罪徒六个月，有自徒一个月至杖罪笞十。有罪人避罪而盗典者，当于前所有罪上加一等。获无期徒刑及死罪等不须加，无期徒刑笞八十，获死罪笞一百。若自身有轻罪，与彼典相关，有重罪，入盗、隐典中，则当依前局分人无心失误失典之罪情加一等，与前有罪比较，从重者判断。"

② 《天盛律令》卷十二《失典藏门》："官文书行之已毕，已藏置中而盗、损之时，徒二年；若无心失误失之，则徒一年。"

③ 《天盛律令》卷十二《失典藏门》："赏赐臣民之功、升任官事等为文典，行之未毕而盗、隐、损之时，徒三年，无心失误失之则减二等。行之已毕，已藏置中，盗、隐、损之及失之等，比前述盗失二等罪情当各自减一等。"

④ 《天盛律令》卷十二《失典藏门》："盗、损种种官方文书，则其有何雇值，当量价钱，以为偷盗法，与前述罪情高下相较，从重者判断。"

⑤ 《天盛律令》卷十二《失典藏门》："有同本存放之罪法：自一缗至二十缗十三杖，二十缗以上至四十缗徒三个月，四十缗以上至六十缗徒六个月，六十缗以上至八十缗徒一年，八十缗以上至百缗徒二年，百缗以上一律徒三年。无同本存放，失典之罪法：自一缗至十缗十三杖，十缗以上至二十缗徒六个月，二十缗以上至三十缗徒一年，三十缗以上至四十缗徒二年，四十缗以上至五十缗徒四年，五十缗以上至六十缗徒六年，六十缗以上至七十缗徒八年，七十缗以上至八十缗徒十年，八十缗以上至九十缗徒十二年，九十缗以上至百缗无期徒刑，百缗以上一律绞杀。"

断，已判断而后得之者当减三等。

失降恩者，遂即得之，于限期内往至者罪勿治。若逾期，得与不得一律依稽缓罪法判断，不须减罪。

因种种公事失典，死罪、长期徒刑应得四十日劳役。二十日尔外，大小公事当于十日期间寻得，则罪勿治，逾期不得，依法判断，已判断而后得之，则当减三等。

官文书中不涉及罪，失此类大小文书者，一个月以内寻得则勿坐，逾期依法判断，已判断而后得之者当减三等。①

综观宋代与西夏对于丢失、损毁、盗窃文书的判罚，宋代较西夏轻得多，对于漏泄机密文书者，宋代亦不过处以流放三千里的处罚，基本是杖刑与徒刑，绝无死刑的判罚。

---

① 《天盛律令》卷十二《失典藏门》，第 422 ~ 423 页。

下编总结

简要概之，宋代的中央行政体制大致分为三个阶段。第一阶段，即元丰改制前的北宋前期。这一阶段的中央行政体制，实行分散事权的管理机制和彼此限制的约束机制。宋初，承袭唐末五代旧制，在中央设置中书门下和枢密院、三司，分掌民政和军政、财政，分割了门下和中书、尚书三省的主要职权。同时，又陆续分设一些职能机构。第二阶段，即元丰改制后的北宋后期，撤销了中书门下和三司，将其职权分归中书省和门下省以及尚书省有关部、寺、监，仅保留了枢密院。中书、门下和尚书三省上升到与枢密院相同的地位，尚书省六部二十四司的职权绝大部分得到了恢复，各寺、监的职权也绝大部分得到恢复。基本上确立了新的中央行政管理机制。第三阶段，即南宋时期，高宗建炎三年（1129），将门下和中书、尚书三省合并，由左相和右相兼掌三省职事。①

从《天盛律令》的记载来看，西夏的中央行政体系并没有采用三省六部制，也没有宋代那么复杂，保留了宋代的中书、枢密作为管理文、武事宜的最高机构，在中书、枢密之下，分设不同机构掌管不同的具体事务，统归中书、枢密管辖。有些机构由于史料缺乏，无法判断其详细职能，从西夏中央机构的设置情况来看，西夏在尽量按照宋代设司情况设置自己的国家机构，但由于对宋代各职司职能及各职司的运转情况了解不够深入细致，故职司名称虽仿宋代，但职能已多有变化。如殿前司已没有宋代的军事职能，阁

---

① 参见《中国政治制度通史》（第六卷　宋代），第248～254页。

门司也没有礼制功能等。

西夏的地方行政区划体系主要体现出以下几方面的特点：①没有采用历代中原王朝所沿用的州—县两级统属体制，其地方行政机构虽有州、县、郡之分，但其并不存在严格的统属关系，而是采取经略司—监军司两级管理模式，经略司应是仿宋代而建，监军司的设置则应是随着西夏立国以及国家发展，其角色不断演变。监军的西夏文"𗫸𗫦"二字，直译为"军主"，这或许是在西夏立国前就已出现的机构，是西夏作为游牧民族，为了自身的发展，在不断扩张领土的战争中为了统辖各部落，便于军事行动所设立。但随着西夏的立国及中后期与周边政权的战争形势趋于缓和，在国家发展演变中，监军司逐渐成为管理地方事务最重要的一级机构，位列中等司的等级划分也证明了其在地方行政事务中的重要性。②地方行政区划分级遵循两个原则：一是以首都兴庆府为中心的同心圆分布规律，距离兴庆府越近的地区级别越高，越远则越低；二是根据其地所产资源对于国家的重要性来决定其等级高低，鸣沙郡和五原郡作为西夏储粮地和盐池产地均体现出了这个特点。

西夏官制体系中的"官、职、军"从表面上看应是仿宋代官制体系中的"官、职、差遣"体系而建，从《天盛律令》和出土的文献中推测，"官"应与宋代元丰官制改革后的"寄禄官"体系相似，出土的西夏《官阶封号表》虽只是残页，但仍可看出西夏庞大的官阶体系；"职"应该是指担任的具体职务，为《天盛律令》卷十《司序行文门》中所列的各级机构的属员设置名称；"军"应该与西夏的军抄制度相关，应是可以世袭的。虽然可以通过文献大致勾勒出西夏的官品等级，但各等级内的详细划分及各等级的升降制度受史料限制无法详尽知晓，并且各官阶的实际含义也无从得知，故无法知晓其对唐、宋官阶的沿袭与变化。

与宋代相仿，西夏官员的选拔主要通过世袭、恩荫、科举选官的方式实现，世袭和恩荫制度从西夏建立之初就一直实行，科举制度则应是从西夏后期才开始实行。虽然西夏实行了科举制度，但世袭和恩荫仍是西夏官员选拔的主要途径，这也是符合西夏作为游牧民族，实行"父死子继、兄终弟及"的民族特点。西夏的官员实行三年一考核，根据考核结果来决定职位升降。从《天盛律令》和出土文书的记载，西夏没有宋代那么复杂的磨勘考核体制，官员们在三年任职期满后即根据三年任期内的业绩进行考核来决定迁转与否。

通过本编的论述可以看出，作为政令有效施行的重要媒介——文书，在宋代和西夏都有举足轻重的作用，对于文书的各项法律规定也是非常详细。从以上论述中可以得出西夏中央与地方之间的文书传递方式，见图 6-1。

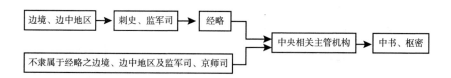

图 6-1 西夏中央与地方之间的文书传递方式

宋代的文书传递相对西夏要复杂得多，见图 6-2、图 6-3。

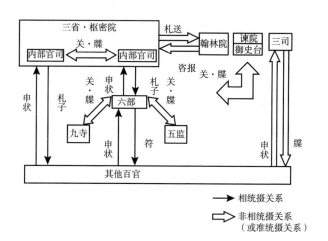

图 6-2 宋代中央官府之间文书传递 （元丰改制以前）①

---

① 引自平田茂树《由书仪所见宋代的政治构造》，载《文书·政令·信息沟通：以唐宋时期为主》，第 207 页。

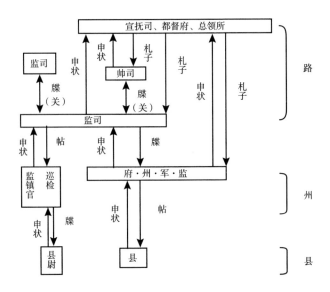

图 6 - 3　宋代地方官府之间的文书传递①

可以看出，宋代不同的传递方向对文书的称呼也不同，如六部向百官下达的文书称为"符"，百官上报至六部的文书则称为"申状"。但从《天盛律令》的记载中没有发现西夏的文书会有因为不同的传递方向而称呼不同的现象，出土的西夏文书只能看到下级官员向上汇报的文书以"告牒""牒"等命名。从上图来看，宋代的"牒"一般作为平级机构间文书传递时对文书的称呼。

对于文书管理中由于盗损、丢失而进行的判罚，西夏也明显高于宋代，一方面说明西夏对于文书管理的重视程度，另一方面在前面几章的论述中也可见此特点，说明西夏采用的是"重典治国"的方针。

---

① 引自平田茂树《由书仪所见宋代的政治构造》，载《文书·政令·信息沟通：以唐宋时期为主》，第 205 页。

结　语

作为深受中原法典影响的《天盛律令》，以及在此法律基础上建立起的西夏行政制度，在立法思想与制度建立方面或多或少都能体现出唐、宋法典的立法精神与编纂方式。尤其在立法精神上，与以《唐律》为代表的中原法典基本一致，法律体系框架对宋代的法律体系框架则承袭颇多，主要体现在以下三个方面：

（1）儒家思想对西夏法典影响深刻。《天盛律令》卷一所列 10 门即为唐、宋律令中的"十恶"罪名。"十恶"罪名源于《北齐律》中的"重罪十条"："一曰反逆，二曰大逆，三曰叛，四曰降，五曰恶逆，六曰不道，七曰不敬，八曰不孝，九曰不义，十曰内乱。其犯此十者，不在八议论赎之限。"① 北周时，"不立十恶之目，而重恶逆不道，大不敬，不孝。不义，内乱之罪"。② 隋文帝即位，"开皇元年（581），更定新律，又置十恶之条，条采后齐之制，而颇有损益。一曰谋反，二曰谋大逆，三曰谋叛，四曰恶逆，五曰不道，六曰大不敬，七曰不孝，八曰不睦，九曰不义，十曰内乱。犯十恶及故杀人狱成者，虽会赦，犹除名"③。唐太宗时，"又有十恶之条：一曰谋反，二曰谋大逆，三曰谋叛，四曰谋恶逆，五曰不道，六曰大不敬，七曰不孝，八曰不睦，九曰不义，十曰内乱。其犯十恶者，不得依议请之例"④。

---

① 《隋书》卷二十五《刑法》，第 706 页。
② 《隋书》卷二十五《刑法》，第 708 页。
③ 《隋书》卷二十五《刑法》，第 711 页。
④ 《旧唐书》卷五十《刑法》，第 2137 页。

宋代因之，仍立"十恶"之名。《天盛律令》卷一中10门的内容与"十恶"之名基本相同。

（2）宋代时，死刑除了绞、斩二刑之外，还有凌迟、腰斩、枭首等多种酷刑，陆游就指出：

> 伏睹律文，罪虽甚重，不过处斩。盖以身首异处，自是极刑，惩恶之方，何以加此。……昔三代以来用肉刑，而隋、唐之法杖脊，当时必亦谓非肉刑杖脊不足禁奸矣。乃汉文帝、唐太宗一日除之，而犯法者乃益稀少，几致刑措。仁之为效，如此其昭昭也。欲望圣慈特命有司除凌迟之刑，以明陛下至仁之心，以增国家太平之福。①

从《天盛律令》的律文来看，西夏并没有出现宋代死刑中的凌迟、腰斩、枭首等酷刑，只保留了从隋律沿至唐律的绞、斩二刑。如前文所述，西夏所采用的"重典治国"的方针，主要体现在刑罚的最高处罚力度上。

（3）律文形式仍保留了宋代律文的"敕、令、格"三种形式。通过分析《天盛律令》的律文发现，其律文中虽不像《庆元条法事类》将"敕、令、格"分开书写，但其律文中均包含了这三种格式的因素，只不过将其杂糅在整部法典之中。宋代法律中"式"这种格式在《天盛律令》中则并不常见。单就行政法规来说，如白滨先生所言："天盛律令几乎是将行政法规系统编排与其律条之中，可能西夏没有专门颁行的行政法规条例。"② 但宋代的独立行政法规自建国伊始就不断编修，涉及中央、地方各行政机构。这也说明西夏的行政机构比宋代的要简单得多。

相比宋代法典，《天盛律令》又有自己的特点。一是徒刑重于宋代法律。宋代的徒刑最高只有三年，而《天盛律令》中出现了八年以上的长期徒刑和无期徒刑。同样情况的处罚，西夏的刑罚力度要高于宋朝。从其中所

---

① （宋）陆游：《渭南文集》卷五《条对状》，四部丛刊初编本。
② 《西夏的政治制度》，第529页。

述的对官员不按时赴任的处罚以及宋与西夏的盗法都可以看出这个特点。二是在"八议"制度之外，有官人在西夏有减轻刑罚的特权。在宋代法律中，并没有规定只有有官人才能以铜赎刑，而在《天盛律令》中的赎刑只限于有官人，除了老幼，一般的庶民是不能以财和物来赎刑的，《天盛律令》中随处可见的"有官罚马一，庶人十三杖"就体现了这一点。

中国古代的法律总是"法"与"制"同体，所以对比西夏与宋代的行政法规就离不开对比西夏与宋代的行政制度。宋代的中央行政体制大致经历了三个阶段的变化，西夏却没有如此复杂的中央行政体制，与宋代相似的主要是中书、枢密，都是作为文、武的最高管理机构。除开没有详细史料说明职能的机构，西夏的中央机构虽然名沿宋代，但对宋代具体职能的了解不够细致深入，故名虽模仿，但职能已多有变化。

在地方机构设置方面，西夏不再采用中原王朝的州—县两级的行政区划体制，仅保留原来州、县之名，主要采取经略使—监军司两级地方行政统属体制，其余地方行政区划只存在等级上的不同，并没有明确的统属关系，各地方行政区划统一纳入不同的监军司管辖，不同的监军司纳入按地域划分的东、南、西、北几大经略司。这种统属关系也体现在西夏行政文书传递方面，同样遵循着先监军司，后经略司的顺序。

人事管理制度方面研究的难点集中在官制研究上，从现有的史料分析，西夏也实行官衔与实际职务分离的制度，西夏的"官、职、军"官制体系从表面上看像是沿袭了宋代的"官、职、差遣"体系，但由于史料缺乏，我们现在还无法得知这三方面的具体含义及之间的联系。从《天盛律令》的记载以及出土文书来推测，西夏的官制体系应十分庞大，不亚于宋代的官制体系，但西夏各官阶之间如何迁转，与宋代的官阶迁转制度有无继承相似制度，都由于史料的缺乏还不可得知。从西夏王陵出土的残碑来看，西夏的爵位制度更多的应是效仿宋代。对官员的管理方面，西夏的处罚力度要明显高于宋代。

综合全书的对比我们可以发现，西夏的《天盛律令》虽然书写方式与唐、宋律令有了很大的不同，但其立法精神以及整个法律体系框架仍没有脱离唐、宋律，尤其是宋代法律的影响，也就是说虽然表面上有变化，实质则没有变化，它只是将自己的民族意识融入法典，并不能说明西夏法典开创了一个新的法典编纂形式。以行政法为研究视角，通过对比西夏与宋行政法规以及在此基础上建立起来的行政制度，可以看出西夏的行政机构并不复杂，没有宋代叠床架屋式的机构设置，当然这也是受西夏自身民族经济、文化发展程度所限。

附　录

一　表格类

附表　《金史·交聘表》中所见西夏官职名称

时间	官职名称	任职官员姓名
金海陵王天德二年（西夏仁宗天盛二年，1150）	御史中丞	杂辣公济
	中书舍人	李崇德
	开封尹	苏执义
	秘书监	王举
金世宗大定元年（西夏天盛十三年，1161）	左金吾上将军	梁元辅
		苏执礼
	翰林学士	焦景颜
	押进、枢密副都承旨	任纯忠
	武功大夫	贺义忠
		芭里昌祖
	宣德郎	高慎言
		杨彦敬
	瓯匦使	王琪
	押进、御史中丞	赵良
大定三年（西夏天盛十五年，1163）	金吾卫上将军	苏执礼
	武功大夫	讹留元智
	宣德郎	程公济
	瓯匦使	李子美

续表

时间	官职名称	任职官员姓名
大定四年（西夏天盛十六年,1164）	武功大夫	嵬啰执信
		纽卧文忠
	宣德郎	李师白
		陈师古
	殿前太尉	梁惟忠
	翰林学士、枢密都承旨	焦景颜
大定五年（西夏天盛十七年,1165）	武功大夫	讹罗世
	宣德郎	高岳
大定六年（西夏天盛十八年,1166）	武功大夫	高遵义
		曹公达
	宣德郎	安世
		孟伯达
	押进、知中兴府	赵衍
	御史中丞	李克勤
		贺义忠
	翰林学士	焦景颜
		杨彦敬
大定七年（西夏天盛十九年,1167）	武功大夫	刘志真
		仁得仁
	宣德郎	李师白
		李澄
	殿前太尉	芭里昌祖
	枢密都承旨	赵衍
大定八年（西夏天盛二十年,1168）	武功大夫	利守信
		咩布师道
	宣德郎	李穆
		严立本
大定九年（西夏天盛二十一年,1169）	武功大夫	庄浪义显
		浑进忠
	宣德郎	刘裕
		王德昌
大定十年（西夏仁宗乾祐元年,1170）	武功大夫	刘志直
		张兼善
	宣德郎	韩德容
		李师白
	左枢密使	浪讹进忠
	参知政事	杨彦敬
	押进、翰林学士	焦景颜
	殿前太尉	芭里昌祖
	枢密直学士	高岳

时间	官职名称	任职官员姓名
大定十一年(西夏乾祐二年,1171)	武功大夫	煞执直
	宣德郎	马子才
大定十二年(西夏乾祐三年,1172)	武功大夫	嵬恶执忠
		党得敬
	宣德郎	刘昭
		田公懿
	殿前马步军太尉	讹罗绍甫
	枢密直学士	吕子温
		严立本
	押进、瓯匣使	芭里直信
	殿前太尉	罔莱忠
大定十三年(西夏乾祐四年,1173)	武功大夫	卧落绍昌
		芭里安仁
	宣德郎	张希道
		焦蹈
大定十四年(西夏乾祐五年,1174)	武功大夫	煞进德、芭里安仁
	宣德郎	李师旦、焦蹈
大定十五年(西夏乾祐六年,1175)	武功大夫	李嗣卿
	宣德郎	白庆嗣
	中兴尹	讹罗绍甫
	翰林学士	王师信
大定十六年(西夏乾祐七年,1176)	武功大夫	嵬宰师宪、骨勒文昌
	宣德郎	宋弘、王禹珪
大定十七年(西夏乾祐八年,1177)	武功大夫	讹嗏德昌、芭里庆祖
	宣德郎	梁宇
	东经略使	苏执礼
大定十八年(西夏乾祐九年,1178)	武功大夫	恶恶存忠、嵬名仁显
	宣德郎	武用和、赵崇道
	殿前太尉	浪讹元智
	翰林学士	刘昭
大定十九年(西夏乾祐十年,1179)	武功大夫	张兼善、来子敬
	宣德郎	张希圣、梁介
大定二十年(西夏乾祐十一年,1180)	武功大夫	安德信、罔进忠
	宣德郎	吴日休、王禹玉
	御史中丞	罔永德
	枢密直学士	刘昭

时间	官职名称	任职官员姓名
大定二十一年（西夏乾祐十二年，1181）	武功大夫	谋宁好德、苏志纯
	宣德郎	郝处俊、康忠义
大定二十三年（西夏乾祐十四年，1183）	武功大夫	刘进忠、吴德昌
	宣德郎	李国安、刘思忠
大定二十四年（西夏乾祐十五年，1184）	武功大夫	刘执中、晁直信
	宣德郎	李昌辅、王庭彦
大定二十五年（西夏乾祐十六年，1185）	御史大夫	李崇懿
	中兴尹	米崇吉
	押进瓯匣使	李嗣卿
大定二十六年（西夏乾祐十七年，1186）	武功大夫	麻骨进德、麻骨德懋
	宣德郎	刘光国、王庆崇
大定二十七年（西夏乾祐十八年，1187）	武功大夫	德昭、遇忠辅
	宣德郎	索尊德、吕昌龄
	殿前太尉	讹罗绍先
	枢密直学士	严立本
大定二十八年（西夏乾祐十九年，1188）	武功大夫	麻奴绍文、浑进忠
	宣德郎	安惟敬、邓昌祖
大定二十九年（西夏乾祐二十年，1189）	武功大夫	纽尚德昌
	宣德郎	字得贤
	殿前太尉	李元贞
	翰林学士	余良
	御史中丞	邹显忠
	枢密直学士	李国安
	知中兴府事	廼令思敬、田周臣
	秘书少监	梁介
金章宗明昌元年（西夏乾祐二十一年，1190）	武节大夫	唐彦超、拽税守节
	宣德郎	扬彦直、张仲文
	知中兴府	罔进忠
明昌二年（西夏乾祐二十二年，1191）	武节大夫	王全忠、孰嵬英
	宣德郎	张思义、焦元昌
	左金吾卫正将军	李元膺
	御史中丞	高俊英
	知中兴府	李嗣卿
	枢密直学士	永昌
明昌三年（西夏乾祐二十三年，1192）	武节大夫	赵好、罔敦信
	宣德郎	史从礼、韩伯容

续表

时间	官职名称	任职官员姓名
明昌四年(西夏乾祐二十四年,1193)	武节大夫	吴啰遂良、庞静师德
	宣德郎	高崇德、张崇师
	御史中丞	莤令思聪
	御史大夫	李元吉
	翰林学士	李国安
	殿前太尉	咩铭友直
	枢密直学士	李昌辅
明昌五年(西夏桓宗天庆元年,1194)	武节大夫	恶恶世忠、野遇思文
	宣德郎	刘思问、张公辅
	御史中丞	浪讹文广
	枢密直学士	刘俊才
	押进知中兴府	野遇克忠
明昌六年(西夏天庆二年,1195)	武节大夫	王彦才、宋克忠
	御史大夫	李彦崇
	知中兴府事	郝庭俊
	宣德郎	高大节、吴子正
承安元年(西夏天庆三年,1196)	武节大夫	员元亨、同崇义
	宣德郎	元叔、吕昌邦
承安二年(西夏天庆四年,1197)	武节大夫	嵬名世安、啰啰守忠
	宣德郎	李师广、王彦国
	知中兴府事	李德冲、高德崇
	枢密直学士	刘思问
	殿前太尉	李嗣卿
承安三年(西夏天庆五年,1198)	武功大夫	隗敏修
	宣德郎	钟伯、罗世昌
	武节大夫	折啰俊义
承安四年(西夏天庆六年,1199)	武节大夫	李庆源、纽尚德昌
	宣德郎	邓昌祖、李公达
	殿前太尉	莤令思聪
	枢密直学士	杨德先
承安五年(西夏天庆七年,1200)	武节大夫	连都敦信
	宣德郎	丁师周
	南院宣徽使	刘忠亮
	知中兴府	高永昌

续表

时间	官职名称	任职官员姓名
泰和元年（西夏天庆八年，1201）	武节大夫	卧德忠、柔思义
	宣德郎	刘筠国、焦思元
	左金吾卫上将军	野遇思文
	知中兴府	田文徽
泰和二年（西夏天庆九年，1202）	武节大夫	白克忠、天籍辣忠毅
	宣德郎	苏寯孙、王安道
	殿前太尉	李建德
	知中兴府事	杨绍直
泰和三年（西夏天庆十年，1203）	武节大夫	崔元佐、德元
	宣德郎	刘彦辅、高大亨
泰和四年（西夏天庆十一年，1204）	武节大夫	梅讹宇文、李德广
	宣德郎	韩师正、韩承庆
泰和五年（西夏天庆十二年，1205）	武功大夫	遇惟德
	宣德郎	高大伦、米元懿
	武节大夫	赵公良
	殿前太尉	哂来思聪
	知中兴府通判	刘俊德
泰和六年（西夏襄宗应天元年，1206）	武节大夫	纽尚德
	宣德郎	郑勖
	御史大夫	罔执中、谋宁光祖
	翰林学士	张公甫
	押进使、知中兴府	梁德枢
泰和七年（西夏应天二年，1207）	武节大夫	隈敏修、啰啄思忠
	宣德郎	邓昌福、安礼
泰和八年（西夏应天三年，1208）	武节大夫	浑光中、李世昌
	宣德郎	梁德懿、米元傑
	枢密使	李元吉
	观文殿大学士	罗世昌
	殿前太尉	习勒遵义
	枢密都承旨	苏寅孙
	御史大夫	权鼎雄
	枢密直学士	李文政
	参知政事	浪讹德光
	光禄大夫	田文徽

续表

时间	官职名称	任职官员姓名
正大二年(西夏献宗乾定三年,1225)	光禄大夫、吏部尚书	李仲谔
	南院宣徽使	罗世昌
	中书省左司郎	李绍膺
正大三年(西夏乾定三年,末帝宝义元年,1226)	精鼎瓯匦使	武绍德
	精鼎瓯匦使副	仪增
	御史中丞	咩元礼
正大四年(西夏宝义二年,1227)	精方瓯匦使	王立之

二　图版类

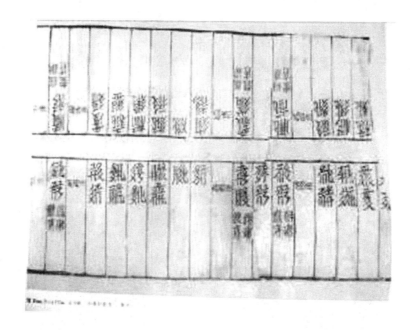

图版 1　4170a 号《官阶封号表》中书、枢密部分

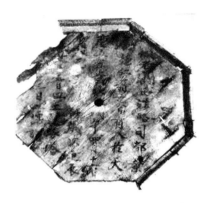

图版 2　西夏八面木缘塔塔顶木板

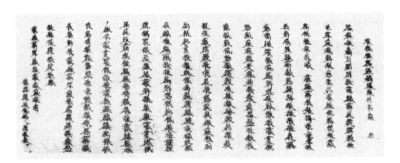

图版 3　乾定酉年黑水城副统告牒

N42·011[M2E:105]　　　　　N42·011[M2E:438]

图版 4　西夏王陵残碑中关于鞑靼的记载

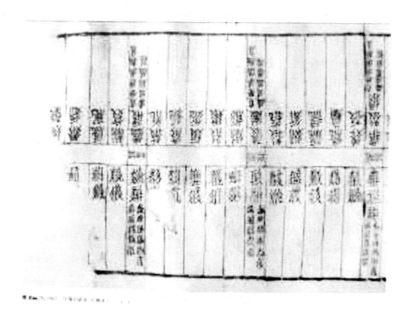

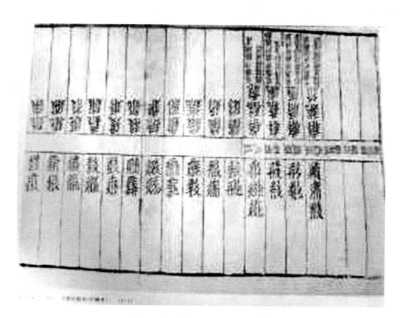

图版 5　5921 号《官阶封号表》

N42·006 H.C.M9:C.B.H-1+275

图版 6 "齐王"碑

N42·021〔Ps:26〕

图版 7 "梁国正献王"碑

N42·021［P8:88］

图版 8 "赵国公"碑

N42·021［P8:149］

图版 9 "郡公"碑

N42·021［P8:196］ M182碑亭出土漢文墓碑（106～93）

图版 10 "忠武王"碑

N42·006〔H.C.M8:C.B.H-4〕

N42·006〔H.C.M8:C.B.H-8〕

N42·011〔M2E:84〕
7號陵東碑亭出土漢文殘碑

图版11　西夏王陵残碑中关于"食邑"记载

N42・011[M2E:439]
7號陵東碑亭出土漢文殘碑

图版 12　西夏王陵残碑中关于"食实封"的记载

图版 13-1　三司设立文书正面

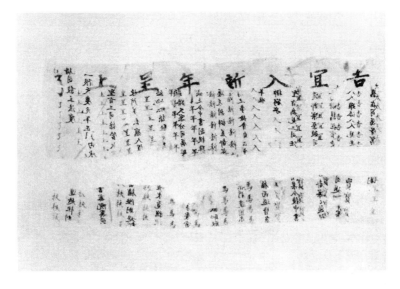

图版 13 - 2   三司设立文书背面

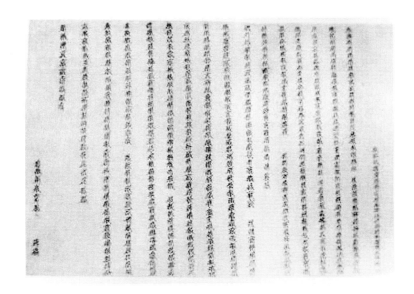

图版 14   乾定申年黑水守将告牒

参考文献

一　古籍史料

（清）徐松：《宋会要辑稿》，北京：中华书局，1957 年。

《宋大诏令集》，北京：中华书局，1962 年。

（宋）张田编《包拯集》，北京：中华书局，1963 年。

（刘宋）范晔：《后汉书》，（唐）李贤等注，北京：中华书局，1965 年。

（唐）魏徵等：《隋书》，北京：中华书局，1973 年。

（元）脱脱等：《辽史》，北京：中华书局，1974 年。

（汉）班固：《汉书》，（唐）颜师古注，北京：中华书局，1975 年。

（后晋）刘昫等：《旧唐书》，北京：中华书局，1975 年。

（宋）欧阳修、宋祁：《新唐书》，北京：中华书局，1975 年。

（元）脱脱等：《金史》，北京：中华书局，1975 年。

（明）宋濂等：《元史》，北京：中华书局，1976 年。

（元）脱脱等：《宋史》，北京：中华书局，1977 年。

（宋）王溥：《五代会要》，上海：上海古籍出版社，1978 年。

（宋）孙奭：《律附音义》，上海：上海古籍出版社影印宋刻本，1979 年。

（宋）范镇：《东斋记事》，汝沛点校，北京：中华书局，1980 年。

（宋）宋敏求：《春明退朝录》，诚刚点校，北京：中华书局，1980 年。

（宋）魏泰：《东轩笔录》，李裕民点校，北京：中华书局，1983 年。

（宋）王存：《元丰九域志》，王文楚、魏嵩山点校，北京：中华书局，1984 年。

（明）胡汝砺编《嘉靖宁夏新志》，（明）管律重修，陈明猷校勘，银川：宁夏人民出版社，1985 年。

（清）沈家本：《历代刑法考》，邓经元、骈宇骞点校，北京：中华书局，1985 年。

（宋）王应麟：《玉海》，南京：江苏古籍出版社，上海：上海书店，1987 年。

（宋）陈振孙：《直斋书录解题》，徐小蛮、顾美华点校，上海：上海古籍出版社，1987 年。

（宋）曾公亮、丁度等：《武经总要》，《中国兵书集成》（第 3～5 册），北京：解放军出版社、沈阳：辽沈书社，1988 年。

（清）戴锡章：《西夏纪》，罗矛昆点校，银川：宁夏人民出版社，1988 年。

（宋）王钦若等编《宋本册府元龟》，北京：中华书局，1989 年。

（西夏）骨勒茂才：《番汉合时掌中珠》，黄振华、聂鸿音、史金波整理，银川：宁夏人民出版社，1989 年。

（明）黄淮、杨士奇编《历代名臣奏议》，上海：上海古籍出版社，1989 年。

（清）柯劭忞：《新元史》，上海：上海古籍出版社、上海书店，1989 年。

（宋）晁公武：《郡斋读书志校证》，孙猛校证，上海：上海古籍出版社，1990 年。

（宋）李心传：《建炎以来系年要录》，上海：上海古籍出版社，1992 年。

陈炳应：《贞观玉镜将研究》，银川：宁夏人民出版社，1995 年。

（宋）赵彦卫：《云麓漫钞》，傅根清点校，北京：中华书局，1996 年。

胡玉冰校注《西夏志略校证》，兰州：甘肃文化出版社，1998 年。

（清）张鉴：《西夏纪事本末》，龚世俊等校点，兰州：甘肃文化出版社，1998 年。

（宋）窦仪等：《宋刑统》，薛梅卿点校，北京：法律出版社，1998 年。

（宋）赵汝愚编《宋朝诸臣奏议》，北京大学中国中古史研究中心校点整理，上海：上海古籍出版社，1999 年。

（唐）长孙无忌等：《唐律疏议》，刘俊文点校，北京：法律出版社，1999 年。

史金波、聂鸿音、白滨译注：《天盛改旧新定律令》，北京：法律出版社，2000 年。

（宋）李心传：《建炎以来朝野杂记》，徐规点校，北京：中华书局，2000 年。

（宋）谢深甫编《庆元条法事类》，戴建国点校，《中国珍稀法律典籍续编》（第一册），哈尔滨：黑龙江人民出版社，2002 年。

刘笃才点校《吏部条法》，《中国珍稀法律典籍续编》（第二册），哈尔滨：黑龙江人民出版社，2002 年。

（宋）刘挚：《忠肃集》，裴汝诚、陈晓平点校，北京：中华书局，2002 年。

中国社会科学院历史研究所隋唐五代宋辽金元史研究室点校《名公书判清明集》，北京：中华书局，2002 年。

（唐）杜佑：《通典》，王文锦等点校，北京：中华书局，2003 年。

（宋）李焘：《续资治通鉴长编》，北京：中华书局，2004 年。

燕永成点校《宋太宗实录》，兰州：甘肃人民出版社，2005 年。

（宋）洪迈：《容斋随笔》，孔凡礼点校，北京：中华书局，2005 年。

（宋）陈均编《皇朝编年纲目备要》，许沛藻等点校，北京：中华书局，2006 年。

（宋）赵升编《朝野类要》，王瑞来点校，北京：中华书局，2007 年。

（宋）乐史：《太平寰宇记》，王文楚等点校，北京：中华书局，2007年。

（唐）李林甫等：《唐六典》，陈仲夫点校，北京：中华书局，2008年。

（宋）宋敏求编《唐大诏令集》，北京：中华书局，2008年。

（宋）司马光：《涑水记闻》，邓广铭，张希清点校，北京：中华书局，2009年。

（元）马端临著《文献通考》，上海师范大学古籍研究所、华东师范大学古籍研究所点校，北京：中华书局，2011年。

（宋）黎靖德编《朱子语类》，王星贤点校，北京：中华书局，2011年。

（宋）曾巩：《隆平集校正》，王瑞来校正，北京：中华书局，2012年。

（宋）徐自明：《宋宰辅编年录校补》，王瑞来校补，北京：中华书局，2012年。

（宋）王溥：《唐会要》，上海：上海古籍出版社，2012年。

（清）吴广成：《西夏书事》，清道光五年小岘山房刻本。

（宋）胡太初：《昼帘绪论》，《文渊阁四库全书》本。

（宋）胡宿：《文恭集》，《文渊阁四库全书》本。

（宋）欧阳修：《文忠集》，《文渊阁四库全书》本。

（明）黄训编《名臣经济录》，《文渊阁四库全书》本。

（明）丘浚：《大学衍义补》，《文渊阁四库全书》本。

（宋）范仲淹：《范文正公集》，四部丛刊本。

（宋）尹洙：《河南先生文集》，四部丛刊本。

（宋）佚名：《皇宋中兴两朝圣政》，续修四库全书本。

（清）周春：《西夏书》，续修四库全书本。

二 今人著作

〔英〕巴克尔著《鞑靼千年史》，向达、黄静渊译，上海：中国书店，1936年。

〔日〕曾我部静雄:《中国律令史の研究》,东京:吉川弘文馆,1971年。

徐道邻:《中国法制史论集》,台北:志文出版社,1975年。

林旅芝:《西夏史》,台北:鼎文书局,1979年。

梁天锡:《宋枢密院制度(上、下)》,台北:黎明文化事业股份有限公司,1981年。

杨树藩:《宋代中央政治制度》,台北:台湾商务印书馆,1982年。

李范文编释《西夏陵墓出土残碑粹编》,宁夏博物馆发掘整理,北京:文物出版社,1984年。

陈炳应:《西夏文物研究》,银川:宁夏人民出版社,1985年。

陈顾远:《中国法制史》,北京:中国书店,1988年。

史金波、白滨、吴峰云编《西夏文物》,北京:文物出版社,1988年。

白滨:《党项史研究》,长春:吉林教育出版社,1989年。

李蔚:《西夏史研究》,银川:宁夏人民出版社,1989年。

邓小南:《宋代文官选任制度诸层面》,石家庄:河北教育出版社,1993年。

鲁人勇等编《宁夏历史地理考》,银川:宁夏人民出版社,1993年。

陈仲安、王素:《汉唐职官制度研究》,北京:中华书局,1993年。

王天顺主编《西夏战史》,银川:宁夏人民出版社,1993年。

〔俄〕孟列夫著《黑城出土汉文遗书叙录》,王克孝译,银川:宁夏人民出版社,1994年。

赵世瑜:《吏与中国传统社会》,杭州:浙江人民出版社,1994年。

王天顺主编《西夏学概论》,兰州:甘肃文化出版社,1995年。

韩小忙:《西夏王陵》,兰州:甘肃文化出版社,1995年。

张迎胜主编《西夏文化概论》,兰州:甘肃文化出版社,1995年。

苗书梅:《宋代官员选任和管理制度》,开封:河南大学出版社,1996年。

李蔚:《简明西夏史》,北京:人民出版社,1997年。

薛梅卿：《宋刑统研究》，北京：法律出版社，1997年。

王天顺主编《西夏天盛律令研究》，兰州：甘肃文化出版社，1998年。

〔德〕傅海波、（英）崔瑞德编《剑桥中国辽西夏金元史（907～1368）》，史卫民等译，北京：中国社会科学出版社，1998年。

李范文主编《首届西夏学国际学术会议论文集》，银川：宁夏人民出版社，1998年。

俄罗斯科学院东方研究所圣彼得堡分所、中国社会科学院民族研究所、上海古籍出版社编《俄藏黑水城文献》（第八册），上海：上海古籍出版社，1998年。

俄罗斯科学院东方研究所圣彼得堡分所、中国社会科学院民族研究所、上海古籍出版社编《俄藏黑水城文献》（第九册），上海：上海古籍出版社，1999年。

王云海主编《宋代司法制度》，开封：河南大学出版社，1999年。

韩荫晟：《党项与西夏资料汇编》，银川：宁夏人民出版社，2000年。

郭东旭：《宋代法制研究》，保定：河北大学出版社，2000年。

钱大群：《唐律研究》，北京：法律出版社，2000年。

戴建国：《宋代法制初探》，哈尔滨：黑龙江人民出版社，2000年。

游彪：《宋代荫补制度研究》，北京：中国社会科学出版社，2001年。

薛梅卿、赵晓耕主编《两宋法制通论》，北京：法律出版社，2002年。

叶孝信主编《中国法制史》，上海：复旦大学出版社，2002年。

杨积堂：《法典中的西夏文化：西夏〈天盛改旧新定律令〉研究》，北京：法律出版社，2003年。

杨一凡、川村康、寺田浩明主编《中国法制史考证（丙编第三卷 日本学者考证中国法制史重要成果选译·宋辽西夏元卷）》，姚荣涛译，中国社会科学出版社，2003年。

胡若飞：《西夏军事制度研究》，呼和浩特：内蒙古大学出版社，2003年。

〔日〕岛田正郎：《西夏法典初探》，东京：创文社，2003年。

中国国家博物馆、宁夏回族自治区文化厅编《大夏寻踪：西夏文物辑萃》，北京：中国社会科学出版社，2004 年。

杜建录：《〈天盛律令〉与西夏法制研究》，银川：宁夏人民出版社，2005 年。

姜歆：《西夏法律制度——〈天盛改旧新定律令〉初探》，兰州：兰州大学出版社，2005 年。

罗福苌、罗福颐集注《宋史夏国传集注》，彭向前补注，银川：宁夏人民出版社，2005 年。

汤开建：《党项西夏史探微》，台北：允晨文化实业股份有限公司，2005 年。

宁夏大学西夏学研究中心、国家图书馆、甘肃省古籍文献整理编译中心编《中国藏西夏文献》（第十九册），兰州：甘肃人民出版社、敦煌文艺出版社，2005 年。

陈永胜：《西夏法律制度研究》，北京：民族出版社，2006 年。

汪清：《两汉魏晋南朝州、刺史制度研究》，合肥：合肥工业大学出版社，2006 年。

郭建、姚荣涛、王志强：《中国法制史》，上海：上海人民出版社，2006 年。

龚延明：《宋代官制辞典》，北京：中华书局，2007 年。

史金波：《西夏社会》，上海：上海人民出版社，2007 年。

戴建国：《宋代刑法史研究》，上海：上海人民出版社，2007 年。

李昌宪：《中国行政区划通史（宋西夏卷）》，上海：复旦大学出版社，2007 年。

周振鹤：《中国地方行政制度史》，上海：上海人民出版社，2007 年。

郭东旭：《宋代法律与社会》，北京：人民出版社，2008 年。

王晓龙：《宋代提点刑狱司制度研究》，北京：人民出版社，2008 年。

杨蕤：《西夏地理研究》，北京：人民出版社，2008 年。

邓小南主编《政绩考察与信息渠道：以宋代为重心》，北京：北京大学出版社，2008年。

邵方：《西夏法制研究》，北京：人民出版社，2009年。

吴天墀：《西夏史稿》，桂林：广西师范大学出版社，2009年。

杜建录主编《二十世纪西夏学》，银川：宁夏人民出版社，2009年。

魏殿金：《宋代刑罚制度研究》，济南：齐鲁书社，2009年。

龚延明：《宋史职官志补正（增订本）》，北京：中华书局，2009年。

瞿同祖：《中国法律与中国社会》，北京：商务印书馆，2010年。

戴建国：《唐宋变革时期的法律与社会》，上海：上海古籍出版社，2010年。

〔日〕辻正博：《唐宋时代刑罚制度の研究》，京都：京都大学学术出版会，2010年。

赵彦龙：《西夏文书档案研究》，银川：宁夏人民出版社，2010年。

〔美〕马伯良著《宋代的法律与秩序》，杨昂、胡雯姬译，北京：中国政法大学出版社，2010年。

赖亮郡：《唐宋律令法制考释——法令实施与制度变迁》，台北：元照出版有限公司，2010年。

戴建国、郭东旭：《南宋法制史》，北京：人民出版社，2011年。

王曾瑜：《宋朝军制初探》，北京：中华书局，2011年。

杜建录、史金波：《西夏社会文书研究（增订本）》，上海：上海古籍出版社，2012年。

邓小南、曹家齐、平田茂树主编《文书·政令·信息沟通：以唐宋时期为主》，北京：北京大学出版社，2012年。

郭声波：《中国行政区划通史（唐代卷）》，上海：复旦大学出版社，2012年。

余蔚：《中国行政区划通史（辽金卷）》，上海：复旦大学出版社，2012年。

曾瑞龙：《拓边西北：北宋中后期对夏战争研究》，北京：北京大学出版社，2013年。

杜建录、波波娃主编《〈天盛律令〉研究》，上海：上海古籍出版社，2014 年。

三　论文

章巽：《西夏诸州考》，《开封师院学报》1963 年第 1 期。

黄振华：《评苏联近三十年的西夏学研究》，《社会科学战线》1978 年第 2 期。

陈炳应：《略论西夏的社会性质及其演变》，《兰州大学学报》（自然科学版）1980 年第 2 期。

白滨：《西夏文献及其史料价值》，《中国史研究动态》1981 年第 7 期。

柯昌基：《宋代的官、职、差遣》，《历史教学问题》1982 年第 6 期。

汤开建：《〈西夏蕃官名号表〉补正》，《四川大学学报》（哲社版）1983 年第 2 期。

白滨：《〈西夏志略〉考》，《民族研究》1985 年第 4 期。

朱瑞熙：《官僚政治制度的产物—复杂多变的宋代官制》，《文史知识》1986 年第 1、2、3、4、7、8 期。

邓小南：《北宋的循资原则及其普遍作用》，《北京大学学报》（哲学社会科学版）1986 年第 2 期。

苗书梅：《宋代任官制度中的荐举保任法》，《河南师范大学学报》（哲学社会科学版）1986 年第 5 期。

邓小南：《北宋文官磨勘制度初探》，《历史研究》1986 年第 6 期。

陈炳应：《西夏监军司的数量和驻地考》，《西北师院学报》（社会科学版）1986 年增刊。

李蔚：《西夏‘建官置兵不用禄食’弁析》，《宁夏大学学报》（社会科学版）1987 年第 1 期。

周伟洲：《唐代的安乐州和长乐州——兼论西夏时期的威州和韦州》，《西北史地》1987 年第 3 期。

戴建国：《宋代的狱政制度》，《上海师范大学学报》1987 年第 3 期。

贾玉英：《试论北宋的官、职、差遣分授制度》，《河南大学学报》（哲学社会科学版）1987 年第 4 期。

白滨：《论西夏使臣的"蕃号"问题》，载《中国民族史研究》，北京：中国社会科学出版社，1987 年。

顾吉辰：《西夏官品考》，《宁夏大学学报》（社会科学版）1988 年第 4 期。

曾小华：《宋代荐举制度》，《中国史研究》1989 年第 2 期。

苗书梅：《宋代巡检初探》，《中国史研究》1989 年第 3 期。

刘兴全、吴炎：《论西夏政权的蕃官问题》，《中央民族学院学报》1989 年第 4 期。

邓小南：《宋代文官差遣除授制度研究》，《中国史研究》1989 年第 4 期。

龚延明：《论宋代官品制度及其意义》，《西南师范大学学报》（哲学社会科学版）1990 年第 1 期。

曾小华：《略论宋朝磨勘制度的特点及其社会原因》，《浙江学刊》1990 年第 2 期。

刘兴全：《谈西夏蕃官》，《宁夏大学学报》（社会科学版）1991 年第 1 期。

李范文：《西夏官阶封号表考释》，《社会科学战线》1991 年第 3 期。

郭东旭：《宋刑统的制定及其变化》，《河北学刊》1991 年第 4 期。

龚延明：《宋代官吏的管理制度》，《历史研究》1991 年第 6 期。

王绍坤：《西夏官制述略》，载宁夏回族自治区文史研究馆编《宁夏文史》（第 9 辑），1991 年。

史金波：《西夏文〈官阶封号表〉考释》，载《中国民族古文字研究》（第三集），天津：天津古籍出版社，1991 年。

龚延明：《两宋官制源流变迁》，《西南师范大学学报》（哲学社会科学版）1992 年第 3 期。

戴建国：《〈宋刑统〉制定后的变化——兼论北宋中期以后〈宋刑统〉

的法律地位》，《上海师范大学学报》1992 年第 4 期。

史金波：《西夏〈天盛律令〉略论》，《宁夏社会科学》1993 年第 1 期。

邓小南：《试论宋代资序体制的形成及其运作》，《北京大学学报》（哲学社会科学版）1993 年第 3 期。

刘玉权：《再论西夏据瓜沙的时间及其相关问题》，《敦煌研究》1993 年第 4 期。

江晓敏：《宋代中央政府对地方官员的任用、管理与监察》，《南开学报》1994 年第 1 期。

陈炳应：《西夏的印章制度初探》，《宁夏社会科学》1994 年第 2 期。

史金波：《西夏的职官制度》，《历史研究》1994 年第 2 期。

李温、罗矛昆：《西夏法的特点》，《宁夏法学》1994 年第 3 期。

雷天寿：《西夏行政管理探微》，《宁夏大学学报》（人文社会科学版）1995 年第 2 期。

贾玉英：《宋代中央行政体制演变初探》，《中州学刊》1995 年第 4 期。

李昌宪：《略论宋代知州制形成及其历史意义》，《南京大学学报》（哲学人文社会科学）1996 年第 4 期。

史金波：《西夏刑法试析》，载《民大史学》（第 1 辑），北京：中央民族大学出版社，1996 年。

雷天寿：《西夏行政管理体制特点刍议》，《天津师范大学学报》（社会科学版）1997 年第 6 期。

聂鸿音：《俄藏 6965 号〈天盛律令〉残卷考》，《宁夏大学学报》（哲学社会科学版）1998 年第 3 期。

刘菊湘：《关于〈天盛律令〉的成书年代》，《固原师专学报》（社会科学版）1998 年第 4 期。

李学江：《〈天盛律令〉所反映的西夏政区》，《宁夏社会科学》1998 年第 4 期。

孔学、李乐民：《宋代全国性综合编敕纂修考》，《河南大学学报》（哲社版）1998 年第 4 期。

聂鸿音：《西夏〈天盛律令〉成书年代辨析》，《寻根》1998 年第 6 期。

史金波：《西夏〈天盛律令〉及其法律文献价值》，载《法律史论集》（第一卷），北京：法律出版社，1998 年。

杜建录：《西夏水利法初探》，《青海民族学院学报》1999 年第 1 期。

杜建录：《西夏畜牧法研究》，《中国农史》1999 年第 3 期。

王天顺：《〈天盛律令〉与西夏社会形态》，《中国史研究》1999 年第 4 期。

赵江水：《西夏的立法概况》，《宁夏大学学报》（哲学社会科学版）1999 年第 4 期。

刘菊湘：《西夏的库及管理制度》，《固原师专学报》（社会科学）1999 年第 4 期。

赵江水：《西夏的立法概况》，《宁夏大学学报》（人文社会科学版）1999 年第 4 期。

邵方：《西夏亲属关系的法律效力及拟制》，《固原师专学报》1999 年第 4 期。

刘菊湘：《西夏疆域研究》，载漆侠、王天顺主编《宋史研究集》，银川：宁夏人民出版社，1999 年。

杜建录：《西夏的符牌制度》，载漆侠、王天顺主编《宋史研究集》，银川：宁夏人民出版社，1999 年。

张玉海：《从天盛律令看西夏榷禁制度》，《宁夏社会科学》2000 年第 1 期

孔学：《〈庆元条法事类〉研究》，《史学月刊》2000 年第 2 期。

聂鸿音：《关于黑水城的两件文书》，载《中华文史论丛》（第 63 辑），上海：上海古籍出版社，2000 年。

鲁人勇：《西夏监军司考》，《宁夏社会科学》2001 年第 1 期。

刘华、杨孝峰：《西夏天都监军司所遗址及神勇军考》，《宁夏社会科学》2001 年第 2 期。

陈旭：《儒家的"礼"与西夏〈天盛律令〉》，《西北第二民族学院学

报》2002 年第 3 期。

苗书梅：《宋代州级属官体制初探》，《中国史研究》2002 年第 3 期。

戴建国：《20 世纪宋代法律制度史研究的回顾与反思》，《史学月刊》
2002 年第 8 期。

鲁人勇：《西夏的疆域和边界》，《宁夏大学学报》2003 年第 1 期。

刘长东：《论宋代的僧官制度》，《世界宗教研究》2003 年第 3 期。

杜建录：《论西夏的司法制度》，《西北民族研究》2003 年第 4 期。

杜建录：《西夏的审判制度》，《宁夏社会科学》2003 年第 6 期。

李鸣：《西夏司法制度述略》，《西南民族大学学报》（人文社科版）
2003 年第 6 期。

姜歆：《论西夏法典结构及私法在其中的地位》，《宁夏大学学报》（人
文社会科学版）2003 年第 6 期。

李昌宪：《西夏疆域与政区考述》，《历史地理》（第 19 辑），上海：上
海人民出版社，2003 年。

杨蕤：《西夏地理研究述评》，《宁夏社会科学》2004 年第 2 期。

赵彦龙：《浅谈西夏公文稽缓制度》，《档案》2004 年第 2 期。

姜歆：《西夏法律思想定型化的初探》，《固原师专学报》2004 年第 2 期。

胡玉冰：《考古发现的西夏文献极其研究价值》，《人文杂志》2004 年
第 3 期。

姜歆：《论西夏法典中的狱政管理制度——兼与唐、宋律令的比较研
究》，《宁夏大学学报》（人文社会科学版）2004 年第 5 期。

杜建录：《西夏〈天盛律令〉的历史文献价值》，《西北民族研究》2005
年第 1 期。

杜建录：《论西夏〈天盛律令〉的特点》，《宁夏社会科学》2005 年第 1
期。

姜歆：《西夏〈天盛律令〉厩牧律考》，《宁夏社会科学》2005 年第 1 期。

崔红芬：《〈天盛律令〉与西夏佛教》，《宗教学研究》2005 年第 2 期。

姜歆：《论西夏法典中的刑事法律制度》，《宁夏社会科学》2005 年第 6

期。

马泓波：《〈宋会要辑稿·刑法〉整理与研究》，陕西师范大学 2005 年博士学位论文。

李华瑞：《西夏巡检简论》，《中国史研究》2006 年第 1 期。

姜歆：《论西夏法律制度对中国传统文化的传承与创新——以西夏法典〈天盛律令〉为例》，《固原师专学报》（社会科学版）2006 年第 2 期。

刘华：《西夏西寿保泰监军司遗址考述》，《宁夏社会科学》2006 年第 4 期。

姜歆：《论西夏法典〈天盛律令〉中的法医学》，《宁夏大学学报》（人文社会科学版）2006 年第 5 期。

姜歆：《论西夏法律制度对中国传统法律文化的传承与创新——以西夏法典〈天盛律令〉为例》，载李范文主编《西夏研究》（第 3 辑），北京：中国社会科学出版社，2006 年。

陈永胜：《西夏〈天盛律令〉再认识》，载李范文主编《西夏研究》（第 3 辑），北京：中国社会科学出版社，2006 年。

赵彦龙：《西夏文书机构与文书官吏论》，载杜建录主编《西夏学》（第 1 辑），银川：宁夏人民出版社，2006 年。

曹家齐：《宋代文书传递制度述论》，载氏著《宋史研究论稿》，台北：新文丰出版股份有限公司，2006 年。

邵方：《唐宋法律中儒家孝道思想对西夏法典的影响》，《法学研究》2007 年第 1 期。

〔日〕佐藤贵保：《西夏の二つの官僚集団——十二世纪后半におけゐ官僚登用法》，《东洋史研究》2007 年第 3 期，34～66 页。

杨蕤：《〈天盛律令·司序行文门〉与西夏政区刍议》，《中国史研究》2007 年第 4 期。

杨蕤：《〈天盛律令〉所见西夏地名考略》，载《历史地理》（第 22 辑），上海：上海人民出版社，2007 年。

孙伯君：《西夏文献中的"城主"》，《敦煌学辑刊》2008 年第 3 期。

聂鸿音：《黑山威福军司补证》，《宁夏师范学院学报》（社会科学）2008 年第 4 期。

文志勇：《〈西夏官阶封号表〉残卷新译》，《宁夏社会科学》2009 年第 1 期。

高宗池、赵彦龙：《论西夏法典中的文书制度》，《青海民族研究》2009 年第 1 期。

赵彦昌、吕真真：《宋代公文邮驿制度研究》，《浙江档案》2009 年第 3 期。

戴建国：《〈永乐大典〉本宋〈吏部条法〉考述》，《中华文史论丛》2009 年第 3 期。

吕志兴：《论宋代法典体例的演变》，《贵州社会科学》2009 年第 8 期。

魏淑霞、孙颖慧：《西夏官吏司法审判的职责权限及对其职务犯罪的惩处》，载杜建录主编《西夏学》（第 6 辑），上海：上海古籍出版社，2010 年。

翟丽萍：《西夏蕃名官号异译考释》，载《西夏学》（第 6 辑），上海：上海古籍出版社，2010 年。

翟丽萍：《西夏官僚机构及其职掌与属官考论》，宁夏大学 2010 年硕士学位论文。

陈洁：《宋代监狱制度探析》，西南政法大学 2010 年硕士学位论文。

李昌宪：《略论北宋前期官制中的比品和序班》，《中山大学学报》（社会科学版）2010 年第 6 期。

孙国栋：《宋代官制紊乱在唐制的根源》，载氏著《唐宋史论丛》，上海古籍出版社，2010 年。

邵方：《西夏法典对中华法系的传承与创新——以〈天盛律令〉为视角》，《政法论坛》2011 年第 1 期。

聂鸿音：《〈辽史·西夏外纪〉中的"团练使"和"刺史"》，《东北史地》2011 年第 2 期。

孙继民、许会玲：《西夏汉文"南边榷场使文书"再研究》，《历史研究》2011 年第 4 期。

　　宋国华：《论西夏法典中的拘捕制度》，《宁夏社会科学》2011 年第 5 期。

　　许伟伟：《〈内宫待命等头项门〉中的职官问题》，载杜建录主编《西夏学》（第 7 辑），上海：上海古籍出版社，2011 年。

　　杜立晖：《关于两件黑水城西夏汉文文书的初步研究》，载杜建录主编《西夏学》（第 8 辑），上海：上海古籍出版社，2011 年。

　　魏淑霞、陈燕：《西夏官吏酬劳——封爵、俸禄及致仕》，《西夏研究》2012 年第 3 期。

　　潘洁：《西夏地理区划考论——以〈天盛改旧新定律令〉中的方位词为中心》，《西夏研究》2012 年第 4 期。

　　张玉海：《西夏官吏"禄食"标准管窥——以〈天盛律令〉为中心》，《宁夏社会科学》2012 年第 5 期。

　　李姝：《宋与西夏法律编纂形式比较研究》湖北大学 2012 年硕士学位论文。

　　邵方：《儒家思想对西夏法制的影响》，《比较法研究》2013 年第 2 期。

　　周峰：《西夏文〈亥年新法·第三〉译释与研究》，中国社会科学院研究生院 2013 年博士学位论文。

　　于光建：《〈天盛改旧新定律令〉典当借贷条文整理研究》，宁夏大学2014 年博士学位论文。

　　陈瑞青：《黑水城所出西夏榷场使文书中的"头子"》，《中华文史论丛》2015 年第 3 期。

　　张多勇：《西夏监军司的研究现状和尚待解决的问题》，《西夏研究》2015 年第 3 期。

　　于熠：《西夏法律多元文化属性的特征及其演进方式》，《贵州民族研究》2015 年第 12 期。

　　李炜忠：《〈天盛律令·行狱杖门〉研究》，宁夏大学 2015 年硕士学位论文。

图书在版编目（CIP）数据

《天盛律令》与《庆元条法事类》比较研究／刘双
怡，李华瑞著 . －－北京：社会科学文献出版社，2018.2
（西夏文献文物研究丛书）
ISBN 978 - 7 - 5201 - 0877 - 5

Ⅰ . ①天…　Ⅱ . ①刘…　②李…　Ⅲ . ①法制史 - 对比
研究 - 中国 - 西夏、宋代　Ⅳ . ①D929.4

中国版本图书馆 CIP 数据核字（2017）第 114755 号

· 西夏文献文物研究丛书 ·

《天盛律令》与《庆元条法事类》比较研究

著　　者／刘双怡　李华瑞

出 版 人／谢寿光
项目统筹／宋月华　李建廷
责任编辑／李建廷　王蓓遥

出　　版／社会科学文献出版社 · 人文分社（010）59367215
　　　　　　地址：北京市北三环中路甲 29 号院华龙大厦　邮编：100029
　　　　　　网址：www. ssap. com. cn
发　　行／市场营销中心（010）59367081　59367018
印　　装／北京季蜂印刷有限公司

规　　格／开 本：787mm × 1092mm　1/16
　　　　　　印 张：15　字 数：224 千字
版　　次／2018 年 2 月第 1 版　2018 年 2 月第 1 次印刷
书　　号／ISBN 978 - 7 - 5201 - 0877 - 5
定　　价／98.00 元

本书如有印装质量问题，请与读者服务中心（010 - 59367028）联系